莫萨营销沟通情景对话系列

保险销售人员超级口才训练

——保险销售人员与客户的111次沟通实例

王　宏◎编著

人民邮电出版社
北　京

图书在版编目（CIP）数据

保险销售人员超级口才训练：保险销售人员与客户的 111 次沟通实例 / 王宏编著 . —北京：人民邮电出版社，2010.7(2016.7 重印)

（莫萨营销沟通情景对话系列）

ISBN 978-7-115-23149-9

Ⅰ.①保…　Ⅱ.①王…　Ⅲ.①保险业—销售—口才学　Ⅳ.①F840.4②H019

中国版本图书馆 CIP 数据核字（2010）第 096433 号

内容提要

本书从 8 个角度展现了保险销售人员在工作中可能会遇到的 111 个销售情景，针对每个情景，分别提供了保险销售人员需要掌握的沟通技巧与方法，将情景对话与技巧说明相结合，是保险销售人员提升沟通能力的实务工具书。

本书适合保险销售人员、保险客户（营业）主任、培训师使用，也可作为沟通培训的教材，还可作为保险公司的内训教材。

莫萨营销沟通情景对话系列

保险销售人员超级口才训练

——保险销售人员与客户的 111 次沟通实例

◆ 编　　著 王　宏

责任编辑 刘　盈

◆ 人民邮电出版社出版发行　　北京市丰台区成寿寺路 11 号

邮编 100164　　电子邮件 315@ptpress.com.cn

网址 http://www.ptpress.com.cn

北京鑫正大印刷有限公司印刷

◆ 开本：800×1000 1/16

印张：20　　2010 年 7 月第 1 版

字数：220 千字　　2016 年 7 月北京第 25 次印刷

ISBN 978-7-115-23149-9

定　价：39.80 元

读者服务热线：(010)81055656　印装质量热线：(010)81055316

反盗版热线：(010)81055315

“莫萨营销沟通情景对话系列”总序

好口才能带来好业绩，好口才能有效说服客户。具备有效沟通技能、拥有好口才对于销售、客服人员来说尤为重要。

“莫萨营销沟通情景对话系列”图书旨在通过模拟沟通情景，引出沟通技巧，解决沟通问题，让销售、客服人员在轻松阅读中掌握沟通技能，提升沟通能力，打造超级口才。

“莫萨营销沟通情景对话系列”图书共计9本，包括《销售人员超级口才训练》、《电话销售人员超级口才训练》、《服装销售人员超级口才训练》、《导购促销人员超级口才训练》、《保险销售人员超级口才训练》、《房产销售人员超级口才训练》、《汽车销售人员超级口才训练》、《客服人员超级口才训练》、《物业管理人员超级口才训练》。

“莫萨营销沟通情景对话系列”图书分别从销售、客服两种工作入手，全景模拟各类沟通情景，将沟通对话与技巧说明相结合，寓理于景。本系列图书具有如下三大特点。

1. 沟通技巧情景化

模拟销售、客服工作中可能出现的情景，通过情景对话引出每一环节可能用到的沟通技巧，让读者快乐读对话，轻松学沟通。

2. 问题解决情景化

针对销售、客服工作中可能出现的沟通问题、客户异议等，通过情景对话展现问题解决之道，使读者从中学到沟通技能，掌握问题解决办法。

3. 应对话术模板化

在本系列部分图书中，我们总结了“万能话板”，以便于读者在实际情景中灵活套用。本系列图书旨在成为销售、客服人员提升沟通能力的实务性手册。

“莫萨营销沟通情景对话系列”图书适合销售、客服一线的各类销售、客服人员学习使用，也可作为销售管理者指导下属的参考指导书，或者培训师开发沟通培训教材的参考书。

莫萨营销是弗布克公司下属专门研究市场营销管理实务的专业机构。由于我们经验有限，书中难免存在疏漏，恳请各位读者在阅读本系列图书时提出宝贵意见，以便本书修订时加以补充和完善。

在本系列图书的创作过程中，陈娇、郭建北、赵成、梁华、蔡昕宏、袁艳烈、毕汪峰、王刚、陈俊芳、王丽、刘井学等朋友给予了大力支持和帮助，在此深表感谢。

前　言

保险是一种无形商品，其意义在于今日作明日的准备，没有人能预知未来的风险与意外，所以人们很难认识到它的好处，也就没有主动购买的意识，保险销售人员必须主动出击，与客户进行有效沟通才能展业，说服客户才能成功签单。

面对客户的各种情况、客户提出的不同问题、同一问题客户的不同表现，你该如何应对，如何进行有效沟通，提升自己的销售业绩呢？

本书以“四位一体”的框架形式将保险销售过程中常见的111个销售情景一一展现，并针对保险销售人员展业过程中需要解决的8大问题提供了解决方案。

8大问题：找对客户、电话初访、拒绝应对、上门拜访、需求挖掘、异议处理、缔结成交和售后服务。

111个销售情景：详细列出每一类问题可能出现的情况，每一个情景都是一个问题点、技巧点。

四位一体：本书针对每一个销售情景，通过情景对话进行实景再现，借助情景分析说明对话沟通中的成功之处，同时提醒可能出现的错误，最后进行技巧展示，帮助保险销售人员应对销售过程中出现的各类问题，从而提升自身的沟通能力。

本书呈现的111个销售情景为保险销售人员全程演绎了销售的整个过程，再现了优秀保险销售人员解决客户提出的各类问题及同一问题在不同场景中的沟通话语，是保险销售人员全面学习沟通的经典教材和案例。

值得注意的是：我们提供的销售情景和呈现的具体问题有的可以直接运用于具体的保险销售沟通中，有的则需要根据现场实际情况变通使用，切不可生搬硬套。

本书适合保险销售一线人员使用，也可作为保险销售沟通培训的教材，或者是营业主任、客户主任指导下属的参考指导书。

目　录

第 1 章　找对客户好推销 / 1

第 1 节　明确谁是目标客户 / 3

情景 1　人人都是客户 / 3

情景 2　看客户的购买力 / 5

情景 3　找有决策权的人 / 7

第 2 节　找到准客户的途径 / 9

情景 4　利用人脉关系 / 9

情景 5　陌生拜访积累 / 12

情景 6　老客户转介绍 / 15

情景 7　网络保险营销 / 18

情景 8　参加商务活动 / 20

情景 9　社区定点展台 / 22

情景 10　参加团体活动 / 24

情景 11　随时随地开发 / 26

第 3 节　准客户的筛选分级 / 27

情景 12　目标客户分析 / 28

情景 13　把握特殊时机 / 32

第 2 章　电话初访讲技巧 / 35

第 1 节　突破障碍 / 37

情景 14　赞美赢好感 / 37

情景 15　请求得机会 / 40

情景 16　灵活应变法 / 42

情景 17　绕道找弱点 / 45

第 2 节　精彩开场白 / 48

情景 18　介绍优势 / 48

情景 19　制造话题 / 52

情景 20　故作熟悉 / 55

第 3 节　足够的吸引 / 57

情景 21　强调利益 / 58

情景 22　制造悬念 / 60

第 4 节　恰当时约见 / 63

情景 23　约见面时间 / 64

情景 24　约见面地点 / 66

情景 25　约见熟悉的人 / 69

情景 26　约见转介绍客户 / 70

情景 27　约见陌生的客户 / 73

第 3 章　客户拒绝善应对 / 77

第 1 节　尽量避免被客户拒绝 / 79

情景 28　隐藏销售意图 / 79

情景 29　争取说话权利 / 82

第 2 节　巧妙应对客户的拒绝 / 84

情景 30　没需要 / 85

情景 31　没兴趣 / 89

情景 32　没时间 / 92

情景 33　没钱买 / 95

情景 34 要资料 / 98
情景 35 不面谈 / 100
第 3 节 无法化解则巧妙收尾 / 103
情景 36 道歉化解不满 / 103
情景 37 约定下次通话 / 105
情景 38 留下相关资料 / 107

第 4 章 上门拜访增好感 / 111

第 1 节 好印象 / 113
情景 39 专业形象 / 113
情景 40 巧妙赞美 / 115
情景 41 适度寒暄 / 118
第 2 节 巧发问 / 121
情景 42 选好时机 / 121
情景 43 注意方式 / 124
情景 44 思路清晰 / 126
第 3 节 善倾听 / 128
情景 45 少说多听 / 129
情景 46 积极回应 / 131
情景 47 听出重点 / 135
第 4 节 会表述 / 138
情景 48 站对立场 / 138
情景 49 表达清楚 / 140
情景 50 适当幽默 / 143
情景 51 以退为进 / 145
情景 52 兼顾陪同者 / 147

第 5 章 需求挖掘促成交 / 149

第 1 节 挖掘客户的详细资料 / 151
情景 53 了解客户的家庭信息 / 151
情景 54 了解客户的保险计划 / 155
情景 55 了解客户的经济状况 / 158
情景 56 了解客户的保险需求 / 161
第 2 节 引导客户的潜在需求 / 165
情景 57 家庭保障 / 165
情景 58 清偿债务 / 169
情景 59 医疗保障 / 172
情景 60 教育基金 / 176
情景 61 养老保障 / 179
情景 62 储蓄计划 / 183
情景 63 财产保全 / 187
情景 64 应急现金 / 190
第 3 节 从需求出发推介产品 / 193
情景 65 做好产品建议计划 / 193
情景 66 介绍产品不离需求 / 197

第 6 章 异议处理用实招 / 203

第 1 节 支付的异议 / 205
情景 67 资金紧张支付保费存在困难 / 205
情景 68 担心经济状况改变续保困难 / 208
情景 69 只要基本保额不要高额全保 / 210
第 2 节 产品的异议 / 212
情景 70 买保险不如买股票 / 213
情景 71 买保险不如存银行 / 215
情景 72 体检核保非常麻烦 / 217

第 3 节　需求的异议 / 220
情景 73　客户已经购买社会保险 / 221
情景 74　年轻健康不需要买保险 / 222
情景 75　爸妈没保险也过得很好 / 224
情景 76　给孩子买了保险就够了 / 226
情景 77　养儿防老不需要养老金 / 228
第 4 节　信用的异议 / 230
情景 78　你离职了怎么办 / 231
情景 79　公司倒闭怎么办 / 233
情景 80　你能返多少折扣 / 235
情景 81　旁人劝阻准客户 / 237
情景 82　买人情保单放心 / 239
第 5 节　拖延的异议 / 241
情景 83　考虑考虑等等再说 / 242
情景 84　我要综合比较一下 / 245
情景 85　我和家人商量商量 / 248

第 7 章　缔结成交有方法 / 251
第 1 节　掌握技巧赢订单 / 253
情景 86　购买信号不可忽视 / 253
情景 87　借用案例劝服签约 / 256
情景 88　利用危机促成签单 / 258
情景 89　营造氛围利于成交 / 260
第 2 节　巧用方法促签单 / 262
情景 90　直接请求法 / 262
情景 91　假设促成法 / 264
情景 92　选择促成法 / 266
情景 93　利益诱导法 / 267
情景 94　“是的”逼近法 / 268
情景 95　激将促成法 / 270
情景 96　参与成交法 / 272
第 3 节　签单细节多注意 / 274
情景 97　从容签单客心靓 / 274
情景 98　保单填完要道贺 / 277
情景 99　有礼有节来辞别 / 279

第 8 章　利用服务业绩增 / 283
第 1 节　日常维护暖如流 / 285
情景 100　递送保单 / 285
情景 101　适时联络 / 288
情景 102　登门拜访 / 291
情景 103　接受咨询 / 293
情景 104　提醒服务 / 295
情景 105　办理理赔 / 297
第 2 节　超值服务给惊喜 / 299
情景 106　做好顾问 / 299
情景 107　巧送礼物 / 300
情景 108　至诚关怀 / 302
情景 109　创新服务 / 303
第 3 节　抱怨处理需坦诚 / 304
情景 110　客户抱怨及时处理 / 304
情景 111　退保要求先查原因 / 307

第1章　找对客户好推销

保险作为一种无形商品，看不到、摸不着，一般人很难真正认识到它的好处，也就没有主动购买的意识，所以保险销售人员必须主动出击，寻找自己的客户，这是保险销售工作的第一步。

"巧妇难为无米之炊"，客户是保险销售人员最宝贵的财富。那么哪些人是目标客户，如何找到这些客户，又如何筛选出准客户呢？这是每一位保险销售人员必须解决的问题。只有持之以恒地开拓客源，拥有了稳定充足的客户群，保险销售人员才能有效地开展工作，实现自己的人生理想。

第 1 节　明确谁是目标客户

保险的意义在于今日作明日的准备，没有人能预知未来的风险与意外，因此人人都有购买保险的需求，人人都可以是客户。那么谁更可能成为真正的目标客户呢？目标客户是指那些有保险需求和购买能力，并且具有购买决策权的客户。

情景 1　人人都是客户

实景再现

李虹初入保险行业时，没有人脉资源，一直发愁找不到客户，每一次进行陌生拜访都没什么成果。有一次，李虹感冒了去医院看病，排队挂号时遇到了一对母女，孩子也感冒了，妈妈抱着她来看医生。李虹与这位女士聊起了孩子的病情，彼此熟悉之后，李虹灵机一动，想到这位妈妈或许会对少儿险感兴趣，于是她慢慢转入保险话题，谈到现在家庭负担都挺重的，生养孩子非常不容易，要是孩子生病了有保险，上学了有保障，家里负担就会轻多了。这位妈妈非常认同李虹的说法，很想多了解一些少儿险的信息，于是给李虹留下了电话和地址。两天后，李虹带着精心准备的计划书和送给小女孩的礼物上门拜访，顺利地签下了两万元的少儿健康险。

这次的成功，让李虹开始关注生活中随时接触到的人：常常光顾的饭馆的老板，晨练时遇到的遛狗的阿姨，打车时见到的出租车司机，美发店里遇见的大姐……这些平时被李虹忽视了的人在她的热心介绍下一一投保，并且为她介绍了很多新客户。

情景分析

李虹的经历代表了很大一部分保险销售新人在入行之初不得不面对的一个困境：没有人脉，想展业，不知从何入手，不知道自己的准客户到底在哪里？其实在现实生活中，每个人都需要保险，人人都可能成为保险销售的对象。

李虹就是准确地理解了这一点，成功地把保险销售工作融入到日常生活中，开发自己平常接触到的客户。这些客户是在现实生活场景中与李虹认识的，彼此的生活有了特殊的交集，因此相对于陌生拜访，这些客户拒绝李虹的几率要小很多，成单的可能性也就大很多。所以说，只要有心、用心，身边的每一个人都可以成为保险销售的目标客户。

技巧展示

心态决定视野，人人皆是客户

保险销售新人在开始展业时都很容易走入“盲忙茫”的怪圈——盲目、忙碌，然后是茫然，往往在这个怪圈中走上一遍，就丧失了信心和勇气，甚至退出了这个行业。如图 1-1 所示。

盲目：没有人脉，客户难寻
忙碌：陌生拜访，电话销售
茫然：屡遭拒绝，心灰意冷

图 1-1　保险销售新人展业怪圈

美国寿险行销协会（LIMRA）的调查显示：在保险销售人员退出本行业的众多因素中，90%以上是因为没有客户，缺乏新的客户源。保险销售新人要跳出“盲忙茫”的怪圈，就必须有足够的客户源。要想找到客户，保险销售人员必须对产品、客户、保险销售工作有深刻的理解。如图 1-2 所示。

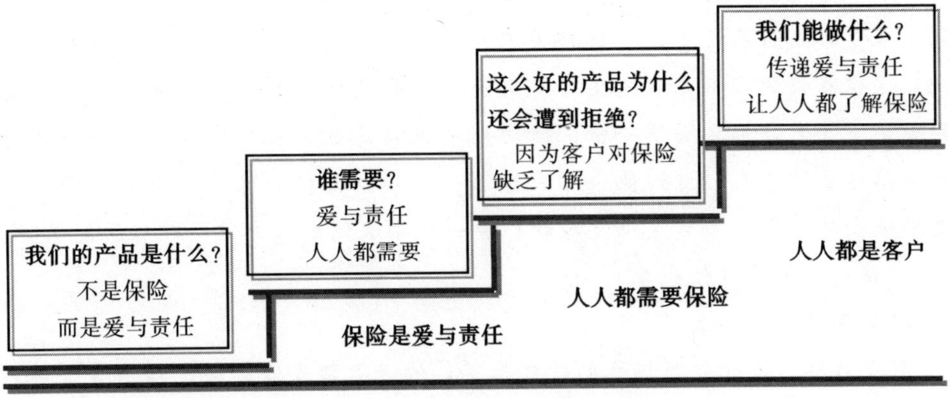

我们能做什么？
传递爱与责任
让人人都了解保险
这么好的产品为什么还会遭到拒绝？
因为客户对保险缺乏了解
谁需要？
爱与责任
人人都需要
我们的产品是什么？
不是保险
而是爱与责任
人人都是客户
人人都需要保险
保险是爱与责任

图 1-2　保险销售人员对保险的理解

美国保险推销大师柏特·派罗曾经这样诠释保险工作：“我们销售的是明天而不是今天，我们销售的是未来而不是现在；我们销售的是一家之主的尊严以及免于恐惧、免于疾苦的自由；我们销售的是牛奶、面包、子女的教育、家庭的幸福、圣诞节的玩具和复活节的兔子；销售的是天伦之乐和自尊，销售的是希望、梦想和祈祷。每个人都需要保险，快去帮助他们!”

其实客户就在身边，只是你没有看见而已。保险销售，不是单纯地做销售，而是为客户规划明天的幸福与健康。有了这样的心态，保险就成为一份珍贵的礼物，保险销售人员也就不会再为难找客户发愁了，因为自己的工作就是把这份礼物送给生活中的每一个人。

情景 2　看客户的购买力

实景再现

有一天，素有日本保险“推销之神”之称的原一平先生来到一家商场，他看中了一款价格为 7 万日元的手表，但是觉得有点儿贵，很犹豫。正在这时，他听到旁边有人问售货员：“这块表多少钱?”真巧，问话的这位先生与原一平看中了同一款手表。售货员礼貌地报出了价格，这位先生想都没想，就说："好，我要了，你给我包起来。"

原一平先生听着心里很不是滋味，同一样东西，别人眼睛都不眨一下就买下来了，而自己还要为了价格左右思量。可是，他转念一想，立刻兴奋起来，这位爽快的"不差钱先生"一定有着很强的经济实力，他既然能毫不迟疑地买下手表，那么买下一份保险对他来说肯定也不成问题！于是原一平先生一路跟着这个人，看到他进了一幢办公大楼，大楼的保安和电梯员都殷勤恭敬地向他鞠躬，果然是位大人物！原一平等这位先生走进电梯后就问保安：

"请问刚才的这位先生是……"

"你问这个做什么？"

"是这样，刚才在商场我的钱包掉了，他好心帮我捡起来，却不肯告诉我姓名，我很想写一封信感谢他，所以跟着他，冒昧向你请教。"

"哦，他是我们的董事长××。"

于是，原一平先生找到了一位具备极强购买力的准客户。

情景分析

人人都是客户，但是如何从客户群中甄别出准客户、大客户呢？购买力就是一个关键指标，不同收入水平的客户所能承担的保费以及适合的险种是有差别的。原一平先生提倡"保险生活化，生活保险化"，在生活中他也不忘寻找保险销售的机会。上述案例中，他细心地通过他人的购物行为来判断其购买力，并巧妙地编织理由向知情人请教，挖掘出客户的详细信息。有支付能力的客户只要能深入了解保险的价值与利益，就很有可能作出投保决定。更为重要的是，具备相似经济能力的人很容易形成一个圈子，只要取得了其中一个人的信任，就有可能通过他的转介绍而获得一个高质量的客户群。

技巧展示

见微知著，判断客户的购买力

客户的购买力与收入水平是分不开的，二者是"水涨船高"的关系。一般来说，客户的购买力体现在衣食住行娱等生活的方方面面，消费能力在一定程度上可以反映收入水平。平时，保险销售人员可以多留意一些高档的、高消费的场所，例如，高档写字楼、高级餐厅、星级酒店、机场、品牌商场、停车场、高档小区或别墅区、高级娱乐场所、行业聚会沙龙、企业家论坛、EMBA 学习班等。

当然，把握客户的购买力绝不意味着经济实力强的客户就一定是好客户、大客户，经济水平一般的客户就没有开发的潜力和必要。购买力不是保险销售人员选择客户的惟一标准，而是为客户推荐合适险种与保险计划的一个重要参考标准。

情景 3　找有决策权的人

实景再现

刘玲在自家小区里人缘很好，很多邻居都在她这里买了保险。小区里有一对年轻夫妻，丈夫吴先生经营着一家小公司，经常出差。吴太太知道刘玲是做保险的，很想为她丈夫买份保险。吴先生也没什么意见，当刘玲带着保单登门拜访时，却被吴先生的母亲挡在了门外，原来老太太比较迷信，坚持认为保险是个不吉利的事儿，坚决不让儿子投保。吴先生很孝顺，对老人家的话从来都是百依百顺。这次签单失败后，刘玲经常在天气好的时候陪老人家散步。老太太慢慢地也喜欢跟刘玲聊天了，有一次说起吴先生去南方出差，车子半路抛锚了，幸好人平安归来。刘玲趁机聊到了保险的话题，提到保险是一种保障，不仅能保障吴先生，还能保障老人家和吴太太，保险保险，有保才无险，她还举了几个老客户受益于保险的故事。一番劝导之后，老太太终于明白了保险的重要性，当天就亲自为吴先生选择了一个 5 万元的保险套餐。

情景分析

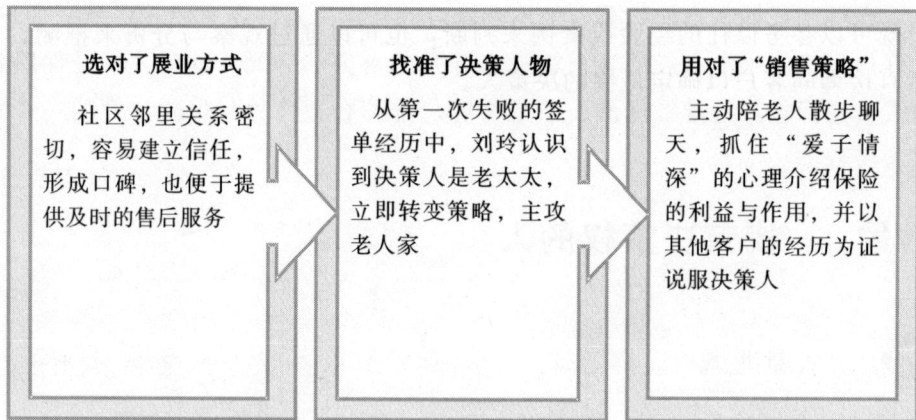

刘玲能签下这个保单，得益于三点：选对了展业方式，找准了决策人物，用对了“销售策略”。

选对了展业方式

社区邻里关系密切，容易建立信任，形成口碑，也便于提供及时的售后服务

找准了决策人物

从第一次失败的签单经历中，刘玲认识到决策人是老太太，立即转变策略，主攻老人家

用对了“销售策略”

主动陪老人散步聊天，抓住“爱子情深”的心理介绍保险的利益与作用，并以其他客户的经历为证说服决策人

老年人是容易动感情的，刘玲主动接近，先建立信任，再找准时机介绍保险，步步为营，稳扎稳打，自然能够得到决策人的支持与认可，最后达成保单。

错误提醒

错误一：如果刘玲只关注最终出保费的人，只争取吴太太与吴先生的认同，而忽视老太太的想法与情感，很可能会引起吴太太与老人之间的矛盾，给吴家制造家庭“内乱”，最后将很难达成保单。

错误二：说话的方式也很重要，老太太认为保险是不吉利的，所以刘玲在切入正题的时候强调的是保险的保障作用，列举的也是其他老顾客的故事。试想一下，如果刘玲跟老人说“您想想如果您儿子出事了，您怎么办”或者“谁也不能保证您儿子一辈子平平安安的”。爱子如命的老太太会对这样的话语作出什么样的反应呢？

技巧展示

技巧一：抓主要矛盾，找准决策人

保险销售一定要抓住主要矛盾，找准决策人物，这样既能节约双方的沟通时间，又能准确高效地达成保单。谁有决策权，谁能拿主意，保险销售人员既可以参考以往的经验或案例来判断，也可以通过观察与分析来推测，或者直接询问客户以确定最终的决策人。

技巧二：有主有次，面面俱到

保险销售人员无论是面向个人、家庭还是团体，都需要与很多人打交道，如投保人、被保险人、受益人、决策人、有影响力的相关人等。找到主要的决策人，确实能提高成交的效率和几率，但是保险销售人员不能只关注决策人，而忽略其他相对次要的非决策者。只要是与保单有紧密关系的人，保险销售人员都要争取他们的认同与支持，这样还能有效防止反悔或者退保的状况出现。

第2节　找到准客户的途径

人们都有保险的需求，每个人都可能成为投保人。传统的寻找准客户的方式有三种：缘故、陌生拜访和转介绍。很多成熟的保险销售精英已不再拘泥于传统，而是通过网络、商务活动、社区展台和团体活动等多种方式寻找客户，做到“保险生活化，生活保险化”，把人人都看作客户，时时都想着保险，处处都不忘销售。

情景4　利用人脉关系

实景再现

张利刚刚进入保险行业不到一年，由于他平时待人热情豪爽，因此人缘不错，很多客户都是他的亲戚朋友。大学时代他是学校的学生会主席，毕业之后每隔两三年他都会组织一次同窗聚会。在最近的一次聚会上，他偶然得知一位老同学出了车祸，伤得很严重，现在还在医院治疗，这位同学的家庭条件本来就一般，现在出事了，生活就更困难了。张利听到这件事情后很受震撼，他在同窗聚会上发起了募捐行动，自己带头捐了1 000元，老同学们都很支持这次行动。募捐后，张利很有感触地与同学们分享了自己在工作中经历的很多故事，并谈到了保险对于保障家庭和孩子的重要性，同学们很受启发，不少人当场就要找他投保。同窗聚会后，张利还接到了很多人的咨询电话。通过这次特殊的聚会，张利签下了将近 20 万元的保单。

情景分析

当风险与意外降临的时候，保险是可靠的经济屏障。人人都需要保障，身边的亲朋好友当然也不例外。销售在很大程度上是建立在信任基础之上的，所以，向熟识的亲友展业就容易得多，因为双方是有感情和信任基础的。张利成功地利用了自己的人脉关系网，以充满爱与责任的情怀看待他人的不幸，及时组织募捐，并且抓住时机，分享自己的保险心得。面对老同学的不幸，张利的感触当然就更容易得到在场同学们的共鸣与响应。

错误提醒

很多保险销售人员不敢开发缘故客户，他们要么担心被亲朋好友笑话，要么担心被拒绝，或者担心服务不到位会影响双方感情，其实归根到底，这些担忧还是由于对保险产品信心不足，对自己信心不足引起的。想一想，如果亲人朋友出现了意外，你会不会后悔当初没有向他们介绍保险，他们会不会埋怨你当初没有力劝他们买下保险呢？

技巧展示

技巧一：爱与责任——保险销售人员的职业情怀与操守

保险不是锦上添花，而是雪中送炭，在风险和意外发生时，保险是最可靠、最实际的支持，它既能让被保险人得到及时的救助，又能为其家人带来生活保障，因此可以说保险就是爱与责任。作为保险销售人员，也应该有这种爱与责任的职业情怀和操守。

技巧二：保险展业，始自缘故

没有信任，就很难达成销售。保险销售人员从身边熟悉的人群着手，既能尽到自己对亲友的爱与责任，又能减小销售的阻力与难度，有利于保险销售新人在工作初期建立信心。保险销售人员从认识、了解和熟悉的缘故客户开始展业具有独特的优势，如图 1-3 所示。

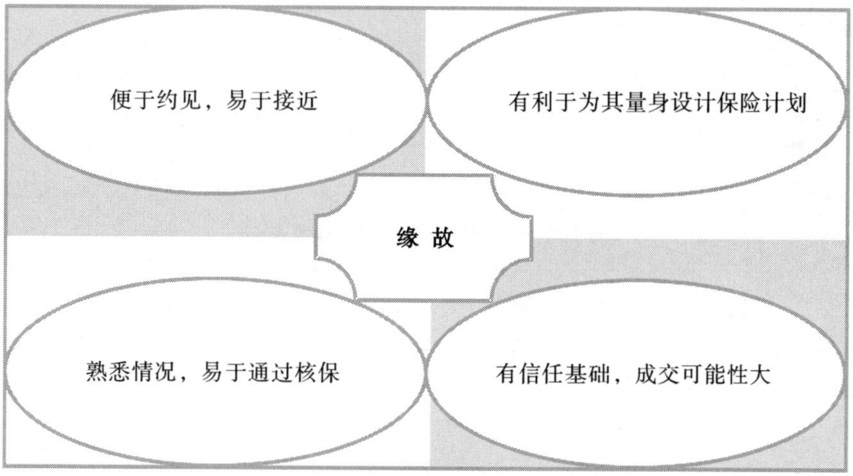
便于约见，易于接近
有利于为其量身设计保险计划
缘 故
熟悉情况，易于通过核保
有信任基础，成交可能性大

图 1-3　缘故客户对保险销售工作的促进作用

缘故可以说是保险销售人员的人脉关系网，这张“大网”可以细分为“五同”，即同宗、同学、同事、同乡、同好。如图 1-4 所示。

保险销售人员在开发缘故客户时，不能因为双方认识，就简单对待；相反，更应该充分利用熟知对方情况的优势，为客户量体裁衣设计科学合理的保险计划，并做好售后服务工作。每一位缘故客户的身后都有各自的缘故群体，只有赢得了缘故客户的信任与支持，保险销售人员才能获得进入这个群体的“钥匙”。

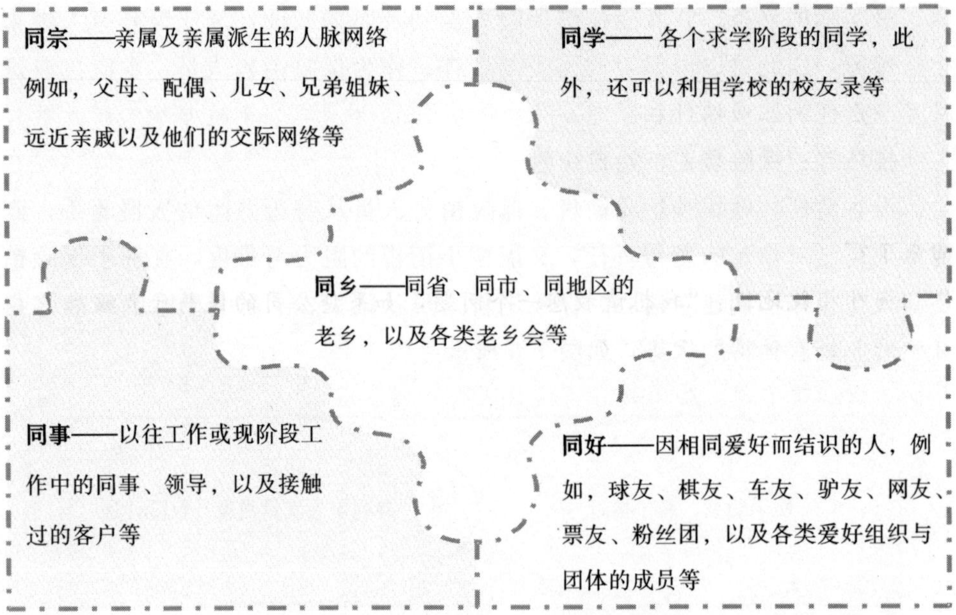
同宗——亲属及亲属派生的人脉网络
例如，父母、配偶、儿女、兄弟姐妹、
远近亲戚以及他们的交际网络等
同学——各个求学阶段的同学，此
外，还可以利用学校的校友录等
同乡——同省、同市、同地区的
老乡，以及各类老乡会等
同事——以往工作或现阶段工
作中的同事、领导，以及接触
过的客户等
同好——因相同爱好而结识的人，例
如，球友、棋友、车友、驴友、网友、
票友、粉丝团，以及各类爱好组织与
团体的成员等

图 1-4　保险销售人员的人脉关系图

情景 5　陌生拜访积累

实景再现

杨叶是一名保险销售精英，在异地从业三年来，由举目无亲到目前积累了 400 多位客户，她每年都是公司的年度销售冠军。与公司新人分享经验时，她总会说起一句话“精耕细作，坚持做好陌生拜访”。她初入行时，就听过原一平先生的故事：早上出门时左边裤兜里放 10 枚硬币，每拜访一位客户，就挪一枚硬币到右边口袋，只有 10 枚硬币全移到右边，才允许自己下班。杨叶也按照这种方法开始了每天 10 位陌生客户的拜访，一坚持就是两年。

有一次，她走进一栋办公楼，从一层爬到五层，一共八家公司，都不让她进门。到第六层的一家医药公司时，她看到这家公司的门上贴着一张纸，上面写着显眼的“拒绝推销”四个字，还有一个很刺眼的大红叉，杨叶心里很不服气，于是径直走了进去，跟前台说要找总经理谈业务，前台通报之后，引领她进入办公室。

总经理问她："你是哪家公司的？"

杨叶答道："我是××保险公司的，我叫杨叶。"

总经理直接叫过前台，不客气地训斥道："不是让你别放推销的进来嘛！"于是杨叶被"请"出了办公室。

不到一分钟，杨叶转身回到了办公室，总经理满脸诧异地问："你怎么又回来了？"

杨叶礼貌地说："我想请教您一个问题，如果您公司的医药代表被客户拒绝了一次就放弃了，您还会雇用这样的医药代表吗？"

总经理想了想，脸上的神情缓和下来，回答道："我不会。"

杨叶笑了笑，说："所以，我又回来了……"

这位总经理也笑了，主动和杨叶聊了起来，几天之后，他成为了杨叶的客户，不仅自己投了保，还为公司的员工买了意外险，而且，他介绍了很多朋友给杨叶。

杨叶说："每一位客户都有50%的成交机会。我拜访十位客户，签下一单，属于正常；签下两单，属于意外；签下三单，那是巨大的突破。"她的400多位客户都是这样由陌生到熟悉，由熟悉到信任，再到转介绍，一步步积累起来的。

情景分析

缘故客户的开发难度较小，但是缘故总是有限的，当这一版块"弹尽粮绝"的时候，陌生拜访就成为了保险销售人员主要的展业方式。大多数保险销售精英都是经过陌生拜访的锤炼成长起来的。杨叶每天拜访十位陌生客户，即使屡战屡败，也坚持屡败屡战，陌生拜访成功的秘诀就是坚持。杨叶不只是坚持，而是有勇有谋地坚持。杨叶在遭到第一次拒绝后，再次杀了个"回马枪"，把自己与客户公司的医药代表等同起来，让客户无法不认同她的勇气与胆略。事实就是这样：越是成功的人士，越喜欢有自信、有勇气、有能耐的营销人员，杨叶无疑就是这样的人。

错误提醒

错误一：轻言放弃

如果杨叶被医药公司的总经理“请”出办公室后，就断定这家公司对保险有偏见，投保的可能性很小，然后放弃了，还会有后面的保单吗？客户拒绝N次，保险销售人员只要坚持N+1次，离成功就不远了。

错误二：逞口舌之快，与客户发生冲突

这位总经理拒绝杨叶的方式非常粗鲁，如果杨叶没有调整好情绪，与客户打起口水仗来，这位客户就很难挽回了。保险行业中一些不好的个例确实影响了保险销售人员的整体形象。客户对于陌生拜访的保险销售人员粗鲁回绝甚至言语攻击是很正常的，因此，保险销售人员要练就良好的心态和情绪调整能力，做到不卑不亢，避免与客户发生冲突。

技巧展示

技巧一：简单的事情重复做

陌生拜访就是简单的事情重复做，即使不断地被拒绝，保险销售人员也要坚信下一个就是准客户。每天拜访十位客户，即使被拒绝了九次，也会有一次成功的机会。面对一位陌生客户，保险销售人员只要坚持拜访十次，不管他是拒绝还是投保了，至少他已经不再是陌生客户了。陌生拜访的成功就在于保险销售人员永远都比客户多坚持一次。

技巧二：随缘式陌生拜访

陌生拜访并不等同于一家家去敲门、去推销。随缘式、随机式的展业也是陌生拜访的一种方式。乘车、外出就餐、晨练、逛商场……保险销售人员可以把日常生活中接触到的人们都看作客户。随缘式陌生拜访不仅能拓宽开发客户的渠道，又不会给他人留下强行推销的印象，成功率更高。

技巧三：陌生拜访的量变到质变

保险行业有句流行语“拜访量定乾坤”，许多保险销售人员在经受住陌生拜访失败的考验后，又很容易发展成“拜访机器”，为了完成拜访任务而进行盲目、机械的拜访。一天十次的陌生拜访并不能成就一名成功的保险销售人员，只有在每一次拜访之后，不断学习、不断思考、不断总结、不断改进，才能实现陌生拜访从量变到质变的跨越。

情景 6　老客户转介绍

实景再现

李先生是一名很有名气的律师，一年前成为了保险销售人员小王的客户。在这一年里，小王给李先生介绍过两个案子，每逢节假日也会打电话送祝福，李先生生日时小王还亲手做了一个蛋糕作为礼物。李先生对小王的服务很满意，提出要续保，于是小王亲自登门为李先生办理手续。

小王：李大哥，咱们认识也有一年了，您觉得我的工作做得怎么样？有哪些地方您觉得我还可以改进呢？

李先生：你做得很好，要是不相信你，我也不会续保啊。

小王：谢谢您的信任，我做好服务是应该的。李大哥您能续保，说明您知道保险的价值，有价值的好东西应该跟亲人朋友们一起分享，像您这样的成功人士，您的朋友肯定也和您一样观念先进，能够认识到保险的价值。如果您有朋友可以介绍给我，我一定会像对您一样，尽心做好他们的服务。

李先生：这个……我还是先问一下他们的意见吧。

小王：我理解您，您放心，我绝对不会打扰您的朋友。其实很多人并不是不需要保险，而是不了解保险，不知道找谁去咨询，我只跟您的朋友分享我了解到的保险知识，至于买不买，我完全尊重他们的决定。您放心，对于您的朋友，我会当成是自己的朋友对待的。

李先生：这样吧，这周六你跟我参加一个聚会，多带点儿名片，我很多朋友都会来的，到时候我把他们介绍给你认识。

小王：谢谢李大哥。

情景分析

保险销售人员寻找客户一般有三条途径：开发缘故，陌生拜访，老客户转介绍。其中，转介绍是最能获取客户信任与认可，成单几率最大的一种方法。保险销售人员提出转介绍请求时，老客户可能会有这样的顾虑：如果保险销售人员没有处理好与他介绍的客户的关系，就很有可能会危及他们之间的关系。小王准确地把握了李先生的这一心理，并把他作为影响力中心精心维护，倾全力做好服务，在李先生对自己的服务完全满意并主动续约后再提出转介绍的请求，同时声明不会打扰客户的朋友，只提供专业的保险介绍和服务，这样就很容易取得客户的信任，从而获取转介绍的机会。

错误提醒

急功近利要求转介绍

如果没有前期精心的维护与服务，小王就贸然地向李先生请求转介绍，会得到李先生的全力帮助吗？答案显而易见。老客户只有在充分认可和信任了保险销售人员及保险产品之后，才可能放心地把亲朋好友介绍给保险销售人员。因此，在没有得到客户的信任与认同之前，保险销售人员不要急功近利地请求转介绍。

技巧展示

技巧一：转介绍的时机

原则上，保险销售人员要利用各种可能的机会向客户请求转介绍。但是在什么时机提出请求最容易得到客户积极的响应呢？如下所示。

转介绍的时机

1. 达成第一份保单

客户愿意购买保险，说明客户认可了保险销售人员或者理解了购买保险的意义，这时可以提出转介绍的请求。

2. 续保或者签第二份保单

第一份保单是基于初步的信任，而续保或者第二份保单则说明双方的信任度已经相当稳固，这时保险销售人员请客户转介绍，一般不会遭到拒绝。

3. 客户亲身感受到保险利益

客户得到理赔款或者期满金时，亲身感受了保险的真实利益，此时保险销售人员请求转介绍，客户会非常乐意提供亲友名单的。

4. 客户拒绝投保

在多次接触、仔细讲解后，客户认可了保险销售人员或者保险产品，但是因为某些原因仍然拒绝投保时，此时可以请求转介绍。

5. 创造机会，见缝插针

与客户交谈时，保险销售人员对客户提及的人物要留心记住，多了解一些信息，方便以后拜访。

技巧二：转介绍的步骤

1. **取得认同与信任**—— 没有认同和信任，就很难有转介绍。比如“李先生，跟您认识这么长时间了，您觉得我的服务做得怎么样？哪里还需要改进的呢？”真诚求教一般都能得到客户真实的想法和看法

2. **表明立场与态度**—— 除非绝对信任，否则客户在转介绍时总会有顾虑，保险销售人员需要诚恳地表明立场和态度，保证不打扰客户介绍的人，绝不强行推销。

3. **启发名字与范围**—— 让客户立即想出潜在客户的名字是比较困难的，保险销售人员需要给出提示与启发，比如“您有刚刚生下宝宝的朋友吗?”“您公司哪些同事和您关系比较好呢？”“您朋友里有新婚的吗？”等

4. **挖掘信息与资料**—— 获得名字后，保险销售人员还要尽量挖掘潜在客户的信息与资料，询问方式要迂回一些、委婉一些。比如“李先生，谢谢您把朋友介绍给我。我想为他们提供最科学、最合适的保障计划，您不介意我问几个小问题吧？”

5. **表达谢意与诚意**—— 在获得名单与详细资料后，如果客户可以亲自引荐，这样成单的几率会更大些，保险销售人员更要全力争取这样的机会。对于客户的转介绍，保险销售人员要表示真诚的感谢，并及时向客户反馈信息

技巧三：培养影响力中心

阿基米德说：“给我一根杠杆和支点，我就能撬动地球。”对于保险销售人员来说，转介绍就是这根杠杆，老客户就是这个支点。

转介绍是保险销售人员应采用的一条非常重要的展业途径。如果能找到一位具有高度影响力和号召力的客户，精心培养，使其认同自己或理解保险的意义，再以这位客户为杠杆和支点，进入客户的影响圈子，那么，保险销售人员也能“撬动地球”。这一类型的客户即为影响力中心，比较有代表性的影响力中心有：

* 专业人士（比如医生、会计师、银行家、律师、工程师、高级技师等）；
* 社会知名人士、演艺明星、体育明星等；
* 公务员、企事业单位领导或主管等；
* 教师、房产代理人、社区居委会负责人等。

需要说明的是，影响力中心并不以经济实力作为惟一的选择标准。其实，任何一位客户的身后都有一个圈子，由点到面，保险销售人员只要认真经营好一位客户，就可以获得一个圈子、一片市场。从这个意义上来说，每一位客户都可以视作“影响力中心”。

情景 7　网络保险营销

实景再现

秦方在 2007 年考取保险代理人资格后进入了一家保险公司。他在读书的时候就喜欢写博客，把生活中有趣的、有意义的事情一一记录下来，进入保险行业后，他依然保持着用博客记录自己每一天工作的习惯。随着博客访问量的增加，他发现越来越多的网友对他工作中发生的故事感兴趣，甚至留言向他请教如何选择险种，如何购买保险，秦方意识到网络也可以成为寻找客户的一种好方式。

随后，他花 4 000 块钱开设了自己的个人保险网站，并在主流的搜索引擎上做推广。每天他都会把自己的工作心得和经验上传到网站上与网友分享，对于在线咨询的网友，他也会热情地给予回复和帮助，同时他积极地活跃于各个专业的保险论坛，为大家答疑解惑。

个人保险网站开张一年多后，秦方就拥有了120多位客户，保费最低的不足百元，最高的达到5万元。很多客户都非常熟悉网络，秦方利用聊天工具就可以随时和他们保持联系，一旦出现问题，秦方总能在第一时间为客户提供帮助与服务。现在，随着业务量稳步提升，秦方已经发展了一支专注于保险网络营销的销售团队。

情景分析

新事物、新科技总能带来新变革。互联网的广泛应用为保险销售开辟了另一片天地。现在，不仅知名保险公司已经开通了网络保险的销售平台，很多保险销售人员也开设了自己的个人保险销售网站，并运用网络营销的先进技术对网站进行推广和宣传。秦方就是这样一位深通网络的“e时代”保险销售人员，他不仅综合利用博客、个人网站、保险论坛和搜索引擎等方式推广，更重要的是，他通过网络平台与客户分享自己的专业知识与经验，先提供“保险咨询”的价值，再引导保险销售。他的专业、及时与热情吸引了网友，赢得了信任。

错误提醒

建好网站，守株待兔

网络销售保险渐渐流行起来后，很多观念先进的保险销售人员或建设个人网站，或通过网络发布广告信息，然后就守着互联网这棵“大树”等“兔子”，结果成效并不明显。其实，客户需要的并不是精美的网站，或者论坛广告，他们需要的是专业、及时的保险咨询服务与建议，就像秦方所做的那样，先把内容和服务做好，然后再来推进保险销售。

技巧展示

技巧一：如何利用好网络

网络是保险销售人员展业的新方式，如果利用得当，也会是一种好方式。通过互联网，保险销售人员可以建立个人网站或者团队网站，还可以通过保险专业论坛和博客等方式来宣传公司及产品；另外，保险销售人员也可以通过搜索引擎搜索目标客户的信息与资料，而聊天工具、电子邮件则是邀约客户、与客户沟通的有效途径。

技巧二：网络只是形式，服务才是内容

互联网确实为保险销售提供了一个无限可能的市场和平台，但是，保险销售人员要清楚地认识到：网络只是形式，服务才是内容。在网络上，客户可以自由地比较各个公司、各个保险产品之间的优劣，信息更加透明，可选择的范围也更大，只有服务最能突显自身的优势，帮助保险销售人员在激烈的竞争中胜出。因此，选择网络作为保险销售的方式时，保险销售人员更要重视专业、及时的服务。

情景8　参加商务活动

实景再现

吴欣从事保险销售工作三年了，年年都入选公司的销售明星俱乐部。谈到自己的成功经验，她总会提起自己参加过的各种商务活动。吴欣以前是一家展会公司的业务经理，对展会这一行非常熟悉。转行做保险销售工作后，她仍然坚持参加各种展会，像婚博会、建筑材料展、国际服装展等。展会的级别越高，规模越大，她越是看重。通过展会，她收集了大量企事业单位及其管理人员的名片和信息，然后她通过电话和登门拜访来联系客户。虽然遭到了多次拒绝，但同时也促成了很多保单，这些客户一般都是大中型企事业单位的中高层主管，有着较强的经济实力，很多保单的保费金额都不小。三年里，吴欣参加了将近两百场展会，累计成单达到200多万元。

情景分析

在不同的社会群体里，有一个群体只占社会总人数的小部分，却创造了社会财富的大部分，他们被称为社会精英。对于保险销售人员来说，这一群体无疑是理想的目标客户，要接近他们，就必须找到他们生活、工作和学习的圈子。这就是“目标导向”的思维，目标客户在哪里，保险销售人员就去哪里。各类展会是企业会聚的商务活动，当然也是企业精英会聚的平台，吴欣利用自己的专业所长，以展会为突破口，通过参加展会获取了大量真实的客户信息与资料，为展业打下了坚实的客户基础。

技巧展示

技巧一：从熟悉和擅长的地方开始展业

每位保险销售人员都会有自己熟悉和擅长的地方，大到一个行业、一块领域，小到一件事情，展业就可以从这些熟悉的地方开始。这样做的好处有：第一，因为熟悉，所以专业，保险销售人员的专业对于客户而言就是价值，就是共同话题；第二，同一个圈子容易形成口碑，容易进行案例说服或者对比；第三，同一个行业或者圈子的客户往往比较集中，有利于保险销售人员集中拜访和开展售后服务。

技巧二：目标导向

保险销售人员开发客户时一般有两种策略，一种是“广播种、遍撒网”，即全面出击，开发一切可能的客户；另一种是“深耕细作”，即划定一个区域、一个行业或者一个圈子，集中开发。在展业初期，前一种策略是主要的方式，随着保险销售人员的不断成熟，深耕细作、集中开发就显得愈加显得重要了。在圈定了目标客户群体之后，要以目标为导向，客户在哪里，保险销售人员就出现在哪里。例如，吴欣选择了企业客户这个群体，她就通过展会这一企业比较集中的平台来接近客户，此外，企业家研修班、专业沙龙、企业界庆典或论坛等都可作为很好的突破口。

情景 9　社区定点展台

实景再现

徐进是一名保险销售新人，他主要在大型社区里摆展台。刚开始工作的时候，他不知道如何吸引客户，就向路过的每一位居民发放保险产品小册子，每天宣传资料不少发，但是两个星期下来一直没有多少业绩。在公司的早会上，他了解到在附近另一个社区摆了九个月展台的同事小胡每周都能达成两三个单子，徐进觉得很不解，于是提出第二天跟小胡一起去社区摆展台。

第二天，两个人一起摆下展台，徐进发现小胡把公司的易拉宝挂起来后，不仅把公司简介和各种保险产品的说明书在展台上陈列出来，还带着一叠保险报。当有人从展台前路过时，小胡都会微笑着打招呼："张阿姨，今天买的什么菜啊?""李大爷，您出来晒太阳啦，腰疼好些了吗?""赵姐，接孩子放学啦。小明今天乖吗?"小胡热情地叫出一个又一个名字，有的居民只是停下来看看，他也会微笑着递上宣传册、报纸和名片。当有人走过来问起保险时，他会先问对方的情况，然后耐心细致地介绍适合的险种，有时，他还会指着报纸上的某篇报道给客户看。晚上下班的时候，小胡又签下了一单。他对徐进说："摆展台就像播种子一样，一定要细心、耐心，社区是人们的家，只有熟悉了他们的名字、家庭，人家才会把你看作是这个社区的一分子，他们天天看见你，信任你，才会放心地跟你谈保险、买保险。"这一番话让徐进陷入了反省与沉思之中。

情景分析

在一个社区里，往往聚集着相同工作单位或者相近收入水平的家庭与潜在客户群，如果能顺利进入社区展业，借助邻里口碑的力量，保险销售人员往往能够取得稳定的销售业绩。相比陌生登门拜访，进社区摆展台不会给客户带来压力感和强迫感，是保险销售人员接近潜在客户的一种好方式。小胡能够通过摆展台签下保单的最根本原因就在于他与社区居民建立了信任感——九个月的坚持，脱口而出的客户名字，了如指掌的客户家庭信息，精心准备的展业工具，热情耐心的保险咨询服务。他深刻认识到了“社区”与“家”的内涵，以“社区一分子”的态度与准客户相处，先打下信任的基础，再销售保险，这就是小胡展台销售的成功之处。

错误提醒

错误一：三天打鱼，两天晒网

摆展台很容易给人一种不稳定感，如果保险销售人员三天打鱼、两天晒网，不持续、不坚持，就更难让客户信任。摆展台必须坚持数月甚至更长时间，客户天天能看到，就会产生稳定感和安全感，才敢放心投保。

错误二：急于求成，硬性推销

保险销售新人入行之后，都会接受心态、潜能方面的培训，也会分享到保险销售精英的成功故事，在这些激励下，很大一部分新人都会豪情万丈，急于签单以证明自己的能力和价值。徐进就是这样，一心想做好展业，想在短时间内看到成绩。心态会影响状态，急于求成很容易导致硬性推销，见一个人就塞资料、谈保险，这会让社区居民反感和厌烦。

技巧展示

技巧一：选好“根据地”

如果将保险销售比作战役，那么选择好的社区，就相当于选择好的“根据地”。社区居民的收入情况、人流量、年龄层次和家庭构成等都是重要的衡量指标。选择展业社区时，保险销售人员要先摸底，仔细观察小区的车辆、周边配套设施的档次、居民吃穿住行的标准、居民作息时间规律、人流密集的社区出入口等，同时，还应与社区物业或者居委会保持良好的关系。

技巧二：做好“五心”保险销售人员

保险销售人员利用社区展台这一方式来展业，要做到如下“五心”。

恒心	持之以恒，能够坚持摆展台，做到不急躁、不气馁
信心	对自己有信心，对产品有信心，对社区展业的方式有信心
关心	对客户的家庭与生活状况表达适度的关心
细心	细心准备公司资料与产品说明书，细心收集对客户有价值、有意义的信息，细心记住客户的名字以及家庭信息等
责任心	对客户负责，根据客户的实际情况介绍合适的险种；对公司和自己负责，坚守社区展台的岗位，不断改进和创新社区展业方法

技巧三：积极向能者学习，复制成功经验

成功是可以学习和复制的。保险销售行业藏龙卧虎，每一位保险销售精英都有自己成功的秘诀与方法。保险销售人员要永远保持“空杯”的心态，积极向能者请教、学习，汲取他人的经验，并加以吸收、消化和改进，最终形成自己的销售方法体系。

情景 10　参加团体活动

实景再现

胡英在一家保险公司工作一年多了，工作非常努力，平时都没怎么休息，于是她利用国庆长假的时间参加了一个出境旅游团。这个团的游客大部分都是上班族，平时收入还不错，就是工作压力大，都想利用长假旅游来放松一下。年轻人聚在一起很快就熟悉起来。旅途中一位姓李的女士聊起她的母亲非要让她买份意外险再出游，她想着既然报了旅游团就没必要再买保险了。胡英听完后，想起了自己的一位客户王先生，当时胡英怎么也说服不了他投保，结果几个月前王先生因车祸致残了，现在日常起居都需要妻子照料，家里失去了经济来源，日子过得很艰难。胡英将这个故事讲给李女士听，她当时就沉默了，其他游客也纷纷聊起了身边发生的一些故事，趁此时机，胡英讲起了自己工作中遇到的故事和积累的工作经验，很多游客都被吸引了，主动和胡英交换了联系方式。这次旅游之后，胡英接到了好几位同行游客的咨询电话，并达成了5万元的保单。后来这些客户与胡英成为了很好的朋友，还多次结伴出游，通过他们的热心介绍，胡英又认识了很多准客户。

情景分析

团体活动不仅人员多，而且相互之间关系较为融洽，保险销售人员如果能在活动中找到合适的切入点，就可能吸引整个群体的注意力。胡英的经历就是这样，旅游团成员都是年龄相仿、经历相似的上班族，有收入，缺乏保险的意识。当李女士提出保险的话题时，胡英抓住机会讲了自己客户的故事，吸引其他游客也加入对保险话题的讨论。从始至终，胡英并没有刻意地销售保险，只是在相互认识的基础上，分享自己的工作经验与经历，当她的故事唤起其他游客的保险意识，而她的专业经验又博得了大家的认同之后，同行游客想咨询保险、投保的时候，自然会想起胡英。

技巧展示

技巧一：保险销售人员的工作时间比较自由，但也非常宝贵，要想通过参加团体活动来认识和接触更多、更优质的客户，就必须有目的地选择这类活动。例如，参加出境旅游团，MBA、EMBA或者高级研修培训班，以及俱乐部、联谊会等，参与这类团体活动的潜在客户一般都具有一定的文化水平和经济能力，容易接受保险理念，有利于销售工作的推进。

技巧二：95%的给予＋5%的获取

优秀的保险销售人员不会跟客户说“您买保险吗?”或者不停地要求“您买一份我的保险吧”，他们与客户接触的95%的时间里，都是在给予，在为客户解决困难，为客户提供专业的保险咨询和建议，为客户设计科学的保险计划。只有在双方建立了充分的信任和好感之后，才会水到渠成地提出签单的请求。不要只盯着客户的钱袋，当保险销售人员将95%的功课做足后，客户甚至会主动投保。

情景 11　随时随地开发

实景再现

场景一：王艺是一个两岁宝宝的妈妈，一年前进入保险销售行业。有一天，她路过一个婴幼儿用品商店，发现店内的生意非常红火，很多准妈妈、准爸爸都在为宝宝添置衣服与用品。她突然产生了一个想法，在跟店老板沟通好后，她在店里发出了很多邀请信，组织家长们参加一个亲子交流会，相互学习育儿经验。这个交流会后来办了好几次，反响很不错，参加的家长越来越多。通过交流会，王艺也提出了保险对于保障宝宝健康、教育的重要性，并举出了自己为宝宝买保险的例子，很多家长在她的介绍和建议下为宝宝买了保险。偶然的想法，精心准备的交流会，为王艺带来了很多客户。

场景二：李祥平时喜欢通过运动来舒缓保险销售工作带来的压力，周末常去一家健身房，在那里他结识了很多人。有一次，他在健身房遇到了好久没来运动的陈先生，通过跟他聊天，李祥得知陈先生家11岁的儿子骑车时不小心摔伤了，由于忙着照顾孩子所以没顾得上健身。李祥出于职业习惯，问了一句："老陈，你难道没给孩子买保险吗?"陈先生满脸不解地摇了摇头，李祥抓住机会向他介绍了少儿险，陈先生很感兴趣，邀请李祥去他家详谈，两天后陈先生不仅为孩子买了保险，还在李祥的建议下为自己也买了一份。

场景三：赵刚在公司的一次早会上，听到了汽车销售大王乔·吉拉德看球时必选定好位置，以便分发名片的故事，他很受启发，于是也精心准备了许多名片，名片的正面是公司和他的个人信息，背面只有短短的一句话"如果有一天您不能再陪着所爱的人，您会留下什么?"这些名片他随身带着，去超市买东西的时候他会放上好几张名片在超市门口的购物车里，去饭馆吃饭时他也会留几张名片在餐桌和收银台上，甚至在每次交水电费和电话费时他都会留下好几张名片……他路过哪里，都会在那里留下名片。不久，赵刚接到了一位陌生人的电话，他说："赵先生，我姓刘，你不认识我，我却有你的名片，我好几次去超市买东西都看到了购物车里你放的名片，开始我都没认真看，但昨天我把你的名片带回家了，名片背面这句话让我想了很久，你看什么时候咱们聊聊？”就这样，赵刚的“名片战术”为他带来了第一位准客户。后来他还接到了很多这样的咨询电话，不仅签了许多单，还交了很多好朋友。

情景分析

保险是一种非常特殊的商品，人人都需要它。当保险销售人员理解了保险的意义和价值后，无论任何时候，到任何地方，心里都应该有保险销售的意识，都想着寻找客户，只有这样才能成功。王艺由婴幼儿用品商店的火爆场面想到亲子交流会，再通过交流会销售保险；李祥抓住陈先生孩子的小意外来推荐少儿险；赵刚的“广发名片战术”，他们都是有心的销售人员，抓住身边的每一个机遇，随时随地地开发，将保险推向更多的家庭与更多的客户。

技巧展示

时刻做个有心人

作为保险销售人员，不管在任何场合、任何时间，遇到任何人，都要做个有心人。强迫自己有意识、有技巧地与陌生人接近、寒暄、沟通，最好能留下自己的联系方式或者取得客户的电话与资料，为之后的拜访工作打基础。当这样的“有心”成为一种习惯的时候，“保险生活化，生活保险化”也就做到了极致。

第3节　准客户的筛选分级

通过多种渠道和方式得到的客户名单并不一定都是准客户。为了最大限度地提高拜访效率和成单率，保险销售人员必须对手中的客户进行分析评估和筛选分级，使工作有主有次，有先有后。同时，当客户的生活发生了有利于保险销售的变化时，保险销售人员要及时把握时机，将普通客户发展成准客户。

情景 12　目标客户分析

实景再现

肖鹏入行近两个月了，他坚持每天打 10 个陌生约访电话，进行 10 次陌生拜访，两个月下来，收集到了两百多张名片，但是只签下了一单。肖鹏每天大量地拜访，与客户大部分都是一面之交，隔几天就忘了客户的样子了。在晨会上，他提出了这个困惑，经理建议他对所有客户进行分析筛选，重点突破优质客户。于是，在经理的帮助下，他对这两百张名片进行了分级，按照经济能力、保险意识以及前期的沟通交流情况将客户分为如下三类。

A 类：9 人，为经济条件好，保险意识强，沟通顺利的客户。

B 类：43 人，为经济条件好，保险意识差或者保险意识强而经济能力较差，或者沟通有一定难度的客户。

C 类：为经济条件差，保险意识也差，难以沟通的客户。

分类后，肖鹏将工作的重点放在 A 类和 B 类客户上，以拜访为主，对 C 类客户主要通过电话保持联系。拜访客户之前他都事先进行电话约访，然后根据路线、距离、约定时间进行拜访次序的规划和编排，如果约访的客户不在，再就近拜访陌生客户。这样坚持两个月后，肖鹏的业绩有了明显的提升，A 类客户达成了三单，B 类客户达成一单，并且有 5 位 B 类客户升级为 A 类客户，C 类客户里有 3 位升级为 B 类客户。通过对客户进行分析、分级，对路线进行规划，肖鹏大大提高了拜访效率和成功率。

情景分析

当保险销售新人通过几个月的积累接触到了一定数量的客户后，对这些目标客户进行筛选分析和分级管理就很必要了。肖鹏最开始是“眉毛胡子一把抓”，盲目拜访，盲目积攒客户，缺乏理性的规划和分析。在经理的建议下，他采取“ABC 三级分类”对客户群进行整理，确定主要目标，同时不轻视、不放弃低级别的客户，作到有主有次、有先有后，并对拜访的流程和路线进行规划，这样既提高了效率，也取得了良好的效果。保险销售人员的精力和时间都是有限的，只有对潜在客户进行科学的评估和管理，减少工作中的无用功，才能把最大的精力和更多的时间放在高质量的准客户身上。

技巧展示

技巧一：谁是准客户

保险销售的成功不仅取决于拜访的数量，更取决于客户的质量。什么样的客户是最佳的准客户呢？如图 1-5 所示。

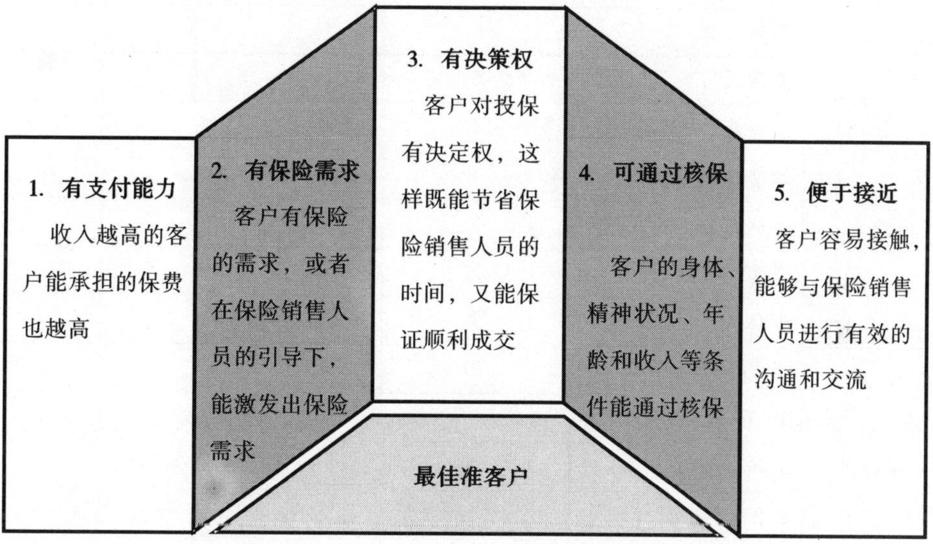

1. 有支付能力
收入越高的客户能承担的保费也越高
2. 有保险需求
客户有保险的需求，或者在保险销售人员的引导下，能激发出保险需求
3. 有决策权
客户对投保有决定权，这样既能节省保险销售人员的时间，又能保证顺利成交
4. 可通过核保
客户的身体、精神状况、年龄和收入等条件能通过核保
5. 便于接近
客户容易接触，能够与保险销售人员进行有效的沟通和交流
最佳准客户

图 1-5　最佳准客户应具备的条件

技巧二：目标客户的分析和评估

保险销售人员需要综合考虑客户的经济能力、需求状况、接触情况以及影响力等因素，以此对目标客户进行分析和评估，从而区分出重点客户和普通客

户。如表 1-1 所示的评估表可以帮助保险销售人员对客户进行评分与分级。

表 1-1　目标客户评估表

来源及编号		客户来源	2	4	8	9
1. 亲戚 2. 朋友 3. 同学校友 4. 同事 5. 同乡 6. 相同爱好者	7. 邻居 8. 转介绍 9. 陌生拜访 10. 社交团体 11. 其他 ________	姓名 分值	黄珊珊 （女）	李清 （女）	杨庆 （男）	许南 （男）
职业	行政管理	10				
	商务管理	10	10			
	专技人员	8				
	业务人员	6			6	
	文职人员	5		5		
	服务业	4				
	制造业	4				4
	家庭主妇	3				
	学生	2				
	退休人员	1				
年收入	20 万元以上	10				
	10 万～20 万元	8				
	5 万～10 万元	6	6		6	
	2 万～5 万元	4		4		
	2 万元以下	2				2
年龄	25 岁以下	4			4	4
	25～34 岁	10	10	10		
	35～44 岁	10				
	45 岁以上	5				

（续）

来源及编号		客户来源	2	4	8	9
1. 亲戚 2. 朋友 3. 同学、校友 4. 同事 5. 同乡 6. 相同爱好者	7. 邻居 8. 转介绍 9. 陌生拜访 10. 社交团体 11. 其他 ________	姓名 分值	黄珊珊 （女）	李清 （女）	杨庆 （男）	许南 （男）
婚姻状况	单身	2			2	2
	已婚无子女	6	6			
	已婚有子女	10		10		
相识时间	5年以上	10	10			
	2～5年	8		8		
	2年以下	4			4	4
交往程度	亲朋好友	10	10			
	一般朋友	5		5		
	陌生客户	2			2	2
接近难易	非常容易	10	10			
	容易	7		7	7	7
	有点困难	4				
	非常困难	1				
影响力（转介绍能力）	10人以上	10				
	6～9人	8	8	8		
	3～5人	4			4	
	2人以下	1				1
分级标准	70分以上：A级 50～70分：B级 30～50分：C级 30分以下：D级	总分	70	57	35	26
		等级	A	B	C	D

技巧三：科学规划拜访流程和路线

拜访数量会直接影响保险销售人员的业绩，但时间总是有限的，既然不能延长时间，那就只能提高效率，因此，保险销售人员必须科学规划拜访流程和路线。拜访之前先进行电话邀约，再根据约定的时间及地点合理安排每天的行程，随时把5～10位陌生客户的名单带在身边，利用中途的时间或者约定的客户不在的时机进行联系或拜访。这样不仅可以节省时间，而且能够提高拜访的数量与效率。

情景13　把握特殊时机

实景再现

李亚有一位姓方的客户，是当地一家小型加工企业的老板，最近才中年得子。之前李亚拜访过方先生三次，都被客户拒绝了。这一次拜访，李亚专门为小宝宝买了一套婴儿玩具。见面后，李亚绝口不提保险，而是关切地询问起了宝宝和方太太的情况，看到刚满月的孩子，李亚一个劲儿地夸赞宝宝的长相有福气，方先生听了非常高兴。两个人聊到兴头时，李亚感慨地说："有这么可爱的宝宝，我要是您呀，恨不得能活到100岁，让他一辈子都有保护、有保障。"方先生听完，有些忧心忡忡地说："是啊，我也想，可是我现在都40啦，等这娃娃20岁，我都60了，那时就干不动啦。我不可能陪他一辈子啊。"李亚摇摇头，一字一顿地回答道："其实，您完全可以给宝宝一辈子的保障。"看着满脸迷惑的方先生，李亚继续说："您白手起家创业，经历过很多，肯定知道人这一辈子就是有起有伏的。您现在事业有成，为宝宝的未来打算，就应该从现在开始。"接着，李亚拿出了精心准备的计划书，为方先生详细地介绍起来。最后，方先生留下了计划书，表示再认真考虑一下，两天之后，他终于作出了投保的决定。

情景分析

保险销售也是讲究时机的。原本对保险很排斥的客户，当其经历特殊的生活变化时，会对保险有新的认识和更为迫切的需求。李亚之前与方先生接触三次都遭到拒绝，但是他巧妙地把握了客户中年得子的契机，抓住客户爱子心切的心理，最终激发出方先生对保险的迫切需求。李亚能够发现并把握这个特殊的时机，是因为他对再三拒绝的客户仍然保持着关注。他能够说服方先生，是因为他采取了“避实就虚、循循善诱”的战术，开场并不谈保险，而是询问方家母子的情况，然后围绕小宝宝这个客户最关心、最重视的话题来谈，并引导客户思考孩子的未来保障问题，最后才拿出计划书，切入保险销售主题。发现特殊时机，并且巧妙地利用机会，这就是李亚赢得保单的窍门所在。

技巧展示

技巧一：把握特殊时机

虽然人人都有保险的需求，但只有当生活中出现某些变化时，客户对保险的需求才会比平常更为显著、更为紧迫。哪些变化与机会能让普通客户升级为准客户呢？

1 **责任增加时：**结婚，子女出生，买房，买车，即将过生日（保费会随着年龄的增长而提高），债务增加等

2 **保费支付能力增加时：**就业，晋升，公司成立（可以通过创业者投保或股东互保来减小创业的风险，紧急情况时也可以凭保单质押贷款），有大笔意外收入（遗产、年终分红、不动产收入等），资金充足（刚还完房贷或者车贷）等

3 **突发意外事故时：**客户的亲人、朋友或者交往圈子内的人出现意外事故或者疾病时，会改变客户对保险的认识和需求

技巧二：眼观六路，耳听八方

保险销售人员应该有“眼观六路、耳听八方”的本领，这样，当客户生活中发生了有利于保险销售的变化时，保险销售人员才能把握住这些机会。平时，保险销售人员应与客户多联系、多走动，随时了解客户生活中的变化，随时发现保险销售良机。

第 2 章　电话初访讲技巧

找到了目标客户之后，保险销售人员就可以拿起电话初访客户。前期的电话沟通非常重要，因为只有在电话中引起了客户的强烈兴趣，才有可能顺利开展保险销售。那么，该如何利用这简短的电话沟通时间吸引客户，实现与客户的有效沟通呢？保险销售人员必须做好四个环节的工作，如图 2-1 所示。

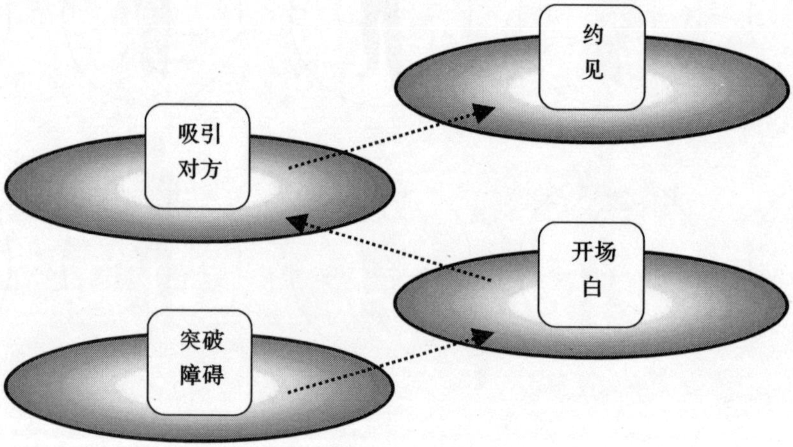
约见
吸引对方
开场白
突破障碍

图 2-1　通过电话接近客户的四个环节

第 1 节　突破障碍

对于团险客户或者在企业内担任领导职务的客户，找到他们并非易事，这就需要保险销售人员突破前台或秘书这一关，因为一般企业都由前台或秘书对来电进行过滤，推销电话往往在他们这里就会被过滤掉。保险销售人员必须设法突破前台或秘书的拦截，争取与对方有决策权的人进行沟通。

突破前台、秘书等阻碍的方法有很多，总的来说有接近、请求、瞒天过海和绕道而行四种思路，如图 2-2 所示。

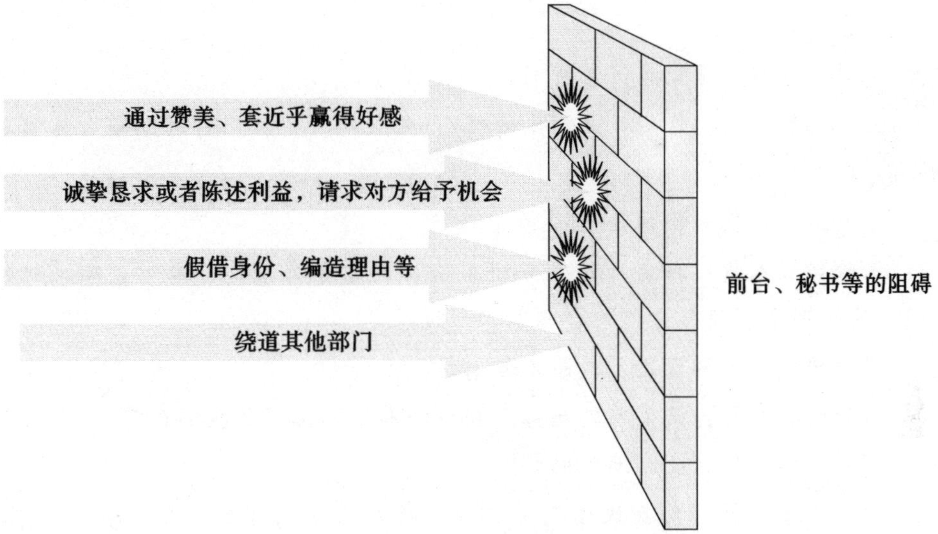
通过赞美、套近乎赢得好感
诚挚恳求或者陈述利益，请求对方给予机会
假借身份、编造理由等
绕道其他部门
前台、秘书等的阻碍

图 2-2　突破前台、秘书阻碍的四种方法

情景 14　赞美赢好感

实景再现

场景一：

客户：您好！这里是××公司。

保险销售人员：您好，我找王总。

客户：他不在，有什么事情您可以跟我说。

保险销售人员：好的，请问您贵姓？

客户：我姓刘。

保险销售人员：哦，刘小姐呀，您以前学过播音吗？您的声音真好听！（赞美对方）

客户：呵呵，谢谢！您找王总有什么事情吗？

保险销售人员：我是××公司的王浩，跟贵公司的王总有一个合作要谈，这件事情非常重要！

客户：那我给您转过去吧！

场景二：

客户：您好，这里是××公司。

保险销售人员：您好，是刘小姐吧？（先致电其他部门打听到前台人员的姓名）

客户：嗯，您是哪位？

保险销售人员：我是××公司的王浩，我原来去过你们公司，还见过您呢！（找个理由表明与这位前台相熟，套近乎）

客户：哦，不好意思，我想不起来您了。

保险销售人员：没关系，您每天接触的人多，记不住我很正常。

客户：那有什么能帮助您的吗？

保险销售人员：我要找你们王总谈一件很重要的事情，帮我转一下吧，谢谢！

客户：好的，我这就给您转过去，请稍等。

情景分析

前台、秘书人员的一项重要职责就是把打给领导的电话中那些没有用的尽可能地过滤掉，然而对于具体什么样的电话要过滤掉，很多企业都没有明确的标准，完全由前台、秘书人员根据经验掌控，推销电话是否会被过滤掉往往就在他们的一念之间。所以保险销售人员要设法接近前台、秘书人员，赢得她们的好感，这样一来她们就可能在好感的驱使下放行，成全保险销售工作。

在和前台、秘书人员简短的电话沟通中，保险销售人员想要迅速地接近她们，与她们拉近距离，通常可以采用赞美对方和套近乎两种方法。场景一中保险销售人员就通过赞美赢得了对方的好感；场景二中保险销售人员先致电其他部门打听到了该前台小姐姓“刘”，然后在电话中称双方曾有过一面之缘，有效地拉近了彼此的距离。

错误提醒

错误一：老实回答对方的问题，没有抓住赞美的时机

客户：他不在，有什么事情您可以跟我说。

保险销售人员：哦，是这样的，我们公司新推出一个团体险，非常适合贵公司，我想跟王总推荐一下。

客户：哦，对不起，我们公司不接受推销。

错误二：夸赞过头，引起对方反感

保险销售人员：刘小姐啊，哇！您的声音可真好听，您一定特别漂亮吧，果然是大公司啊，才有像刘小姐这样年纪轻轻就事业有成的。

客户：什么啊？有什么事情赶紧说。（不要夸前台人员事业有成）

错误三：赞美不恰当，反而引起对方讨厌

保险销售人员：刘小姐，您声音可真好听，听得出来您的心情肯定特别好，的确，快乐是人生之本。

客户：你从哪儿听出来的我心情好啊？（也许对方刚刚失恋，心情极差。）

错误四：套近乎的方法不恰当，意图太明显

保险销售人员：听您的口音，您是山东人吧？

客户：对呀，怎么了？

保险销售人员：哎呀！您真是山东人啊，我是山西人啊，也算半个老乡，以后一定要互相照顾啊。

客户：北京的山西人多了，你怎么不去找啊？

技巧展示

如何在电话中赞美前台、秘书人员

赞美能够有效拉近和前台、秘书人员之间的距离，但保险销售人员一定要注意“适度”赞美，不要为了让对方高兴，就随便捡好听的乱说，那样可能会适得其反。一般来说，保险销售人员只要认真倾听，从电话中是能够了解很多信息的，如声音、年龄、文化修养和性格等，完全可以从这些方面夸赞对方；当然，还可借第三方之口来赞美就显得更真实了，容易让对方产生好感。

声音	刘小姐，您的声音非常好听，您一定接受过专业的训练吧？
性格	听得出来，刘小姐是一位对工作非常负责的人，您做起事情来肯定也特别利索。
文化修养	刘小姐，听您说话，就知道您是一个特别有修养的人。
借他人之口	刘小姐，我原来一个同事跟我说过您，他说您长得非常漂亮，还很有主见。

赞美前台、秘书人员的四个方面

情景15　请求得机会

实景再现

场景一：

客户：您好，这里是××公司。

保险销售人员：您好，我找王总。

客户：您是谁？您找王总有什么事情？

保险销售人员：我是××公司的王浩，有一件非常重要的事情必须跟王总谈，这关系到你们公司每一位员工的利益，请帮我转接，谢谢！

客户：嗯，好吧，请稍等。

场景二：

客户：怎么又是您啊？我真不能帮您转接！

保险销售人员：刘小姐，如果没记错的话，这已经是我第四次打电话找王总了吧，确实是有很重要的事情想跟王总谈，不然我也不会这么坚持的，您说对吧？

客户：可是……

保险销售人员：刘小姐，我理解您，听得出来您对工作非常负责，但是请您相信我，肯定不会给您带来麻烦的。

客户：好吧，我给您转过去，等一下。

情景分析

保险销售人员也可以直截了当地请求前台、秘书人员给予和领导沟通的机会。请求时态度要诚恳，但也不要低声下气，可以强调自己将给对方带来很大的利益，如场景一；当然，保险销售人员还可以用诚意打动对方，如场景二中保险销售人员已经是第四次打来电话了。凡事只要坚持不懈，最后总能取得成功。

错误提醒

错误一：请求时太过“诚实”，暴露了自己的推销意图，推销电话一般是各企业前台的重点过滤对象

客户：您是谁，找王总有什么事情？

保险销售人员：我是××保险公司的王浩，是这样的，我们公司有一个财产险非常适合王总这样的成功人士，请您容许我跟他推荐一下。

客户：我们王总不需要！（挂断电话）

错误二：低声下气，让对方更加厌恶

保险销售人员：求求您了，好吗？您帮我把电话转接过去吧，我一定要跟王总谈一下，求您了！

客户：求我有什么用？（挂断电话）

技巧展示

和前台、秘书人员沟通时的四个要点

保险销售人员请求前台、秘书人员时，一定要注意自己的语气，不能露出丝毫的胆怯，必须做到以下四点，如图 2-3 所示。

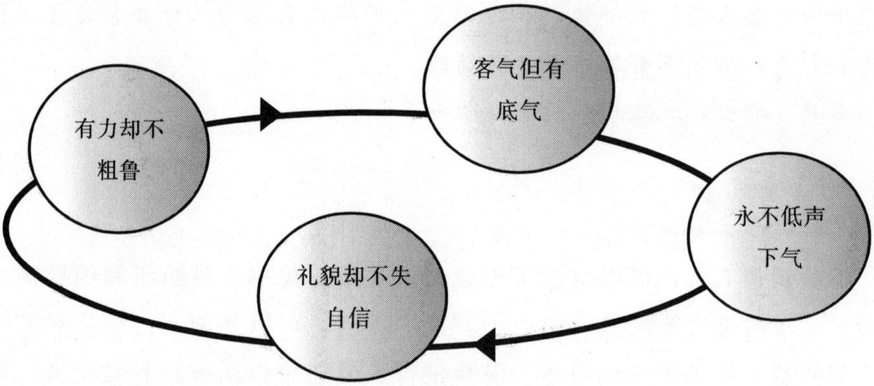
客气但有底气
有力却不粗鲁
永不低声下气
礼貌却不失自信

图 2-3　和前台、秘书人员沟通时的四个要点

情景 16　灵活应变法

实景再现

场景一：

客户：您好，欢迎致电××公司，请问有什么能帮助您的？

保险销售人员：小姐，张总刚才打电话的时候我正在开会，现在回电！

客户：好的，请稍等，我帮您转过去。

场景二：

客户：您好，这里是××公司。

保险销售人员：您好，帮我转下你们张总，我是××公司的李总啊！（声音要大）

客户：李先生请稍等，我现在就给您转过去。

场景三：

客户：您好，这里是××公司，请问有什么能帮助您的吗？

保险销售人员：帮我转下张老板，我有点私人事情要跟他谈。

客户：您是？

保险销售人员：哦，我是他老家的亲戚，你跟他说他就知道了。

客户：哦，不好意思！请您稍等，我这就给您转过去。

场景四：

客户：您好，这里是××公司。

保险销售人员：我找老张。

客户：您是要找我们张总吗？请问您是哪位，找他有什么事情吗？

保险销售人员：小姐，你姓什么？我很不习惯你这样的问话！

客户：不好意思，请您别生气，这是我的职责。

保险销售人员：职责？我找老张有很重要的事情，这要是出点儿差错你能负得起责任吗？

客户：对不起，我这就给您转过去，请您不要生气。

情景分析

灵活应变是保险销售人员突破前台、秘书人员最常用的方法，在具体沟通中保险销售人员可以根据当时的状况变换不同的“瞒”法。如场景一中，保险销售人员制造了一个需要回电的理由；场景二中保险销售人员假借别人的身份；场景三中保险销售人员说有私人事情，因为一般的前台、秘书人员对于上级的私人事情都不便于盘查；场景四中保险销售人员采用了强硬闯关的方法，以强硬的态度“逼”前台、秘书人员就范，因为她们不知根底，最后只好转接了电话。

错误提醒

错误一：对客户了解不足，编理由或者假借身份时露出破绽

客户：您好，这里是××公司。

保险销售人员：您好，请帮我转下张总，谢谢！

客户：请问您是哪位？找他有什么事情吗？

保险销售人员：我是你们公司的一个大客户，要和张总谈一下销售合同的事情。

客户：什么销售合同？你了解我们公司吗？（该公司的销售业务全部外包）

错误二：“撒谎”时心虚，让对方听出端倪

保险销售人员：我找你们公司的张总，请问他在办公室吗？（紧张，小声地）

客户：他在办公室，请问您是哪位？

保险销售人员：我是张总的——侄子，请问我叔叔在吗？（结巴，语气不自然）

客户：你在骗我吧！

错误三：强硬闯关时语气不对，气势不足

客户：您是要找我们张总吗？请问您是哪位，找他有什么事情吗？

保险销售人员：小姐，你姓什么？我很不习惯你这样的问话！

客户：不好意思，请您别生气，这是我的职责。

保险销售人员：哦，那就请你帮我转一下吧，好吗？（显得没有底气）

客户：您还没告诉我您是谁呢。

保险销售人员：我说了你也不知道。

客户：对不起，那我帮不了您。

技巧展示

灵活应变的四种方法

保险销售人员随机应变突破前台、秘书人员的方法大概可以分为如图2-4所示的四类，在具体操作中可将各种方法结合使用。

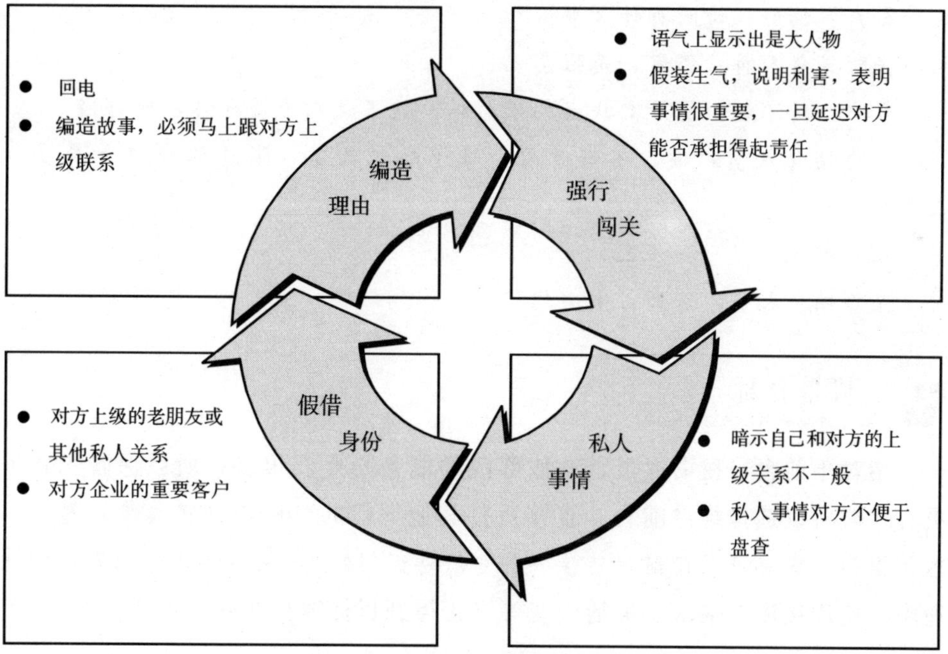

● 回电
● 编造故事，必须马上跟对方上级联系
● 语气上显示出是大人物
● 假装生气，说明利害，表明事情很重要，一旦延迟对方能否承担得起责任
编造
理由
强行
闯关
假借
身份
私人
事情
● 对方上级的老朋友或其他私人关系
● 对方企业的重要客户
● 暗示自己和对方的上级关系不一般
● 私人事情对方不便于盘查

图2-4 灵活应变的四种方法

情景17 绕道找弱点

实景再现

客户：您好，这里是××公司。

保险销售人员：您好，我找张总。

客户：他正在忙呢，请问您有什么事情？

保险销售人员：我是××招聘网站的，有关你们公司招聘的事情我要跟他谈。

客户：招聘不是人力资源部负责的吗？

保险销售人员：嗯，人力资源部的负责人也行，请您帮我转一下吧！

客户：好的，请稍等。

（接通后……）

客户：您好，请问有什么事情？

保险销售人员：您好，是张总吧？

客户：对不起，您是要找我们张总吗？这里是人力资源部，您打错了。

保险销售人员：哦，不好意思，难道我记错了，张总的分机号是多少来着？

客户：3901。

保险销售人员：好的，谢谢您。

情景分析

相对于前台、秘书人员，其他部门的戒备心要弱很多，所以保险销售人员有时候可以选择绕过前台，直接拨打其他部门的分机号（在收集信息时很容易找到，或者可以请前台转接一些非敏感部门），并在与这些部门人员的沟通中，使用接近、请求、灵活应变等方法得到目标客户的联系方式。

错误提醒

错误一：让前台转接一些敏感部门

客户：您好，这里是××公司，请问有什么能帮助您的？

保险销售人员：您好，帮我转一下财务部。

客户：你找财务部有什么事情？

保险销售人员：你们公司购买了我们的设备但还没有打款，我想了解一下情况。

客户：购买设备？您是哪个公司的？

保险销售人员：……（穿帮）

错误二：和其他部门沟通时不讲策略，没有使用接近、请求、灵活应变等方法

客户：您好，找哪位？

保险销售人员：我问一下，张总的分机号是多少？

客户：你是谁？

保险销售人员：我是××保险公司的，想给张总推荐一套方案。

客户：对不起，我们公司拒绝推销。（挂断电话）

技巧展示

冲破障碍的六个沟通技巧

无论是和前台、秘书人员联系，还是绕道其他部门，保险销售人员在沟通中经常要用到以下六个技巧，如图 2-5 所示。

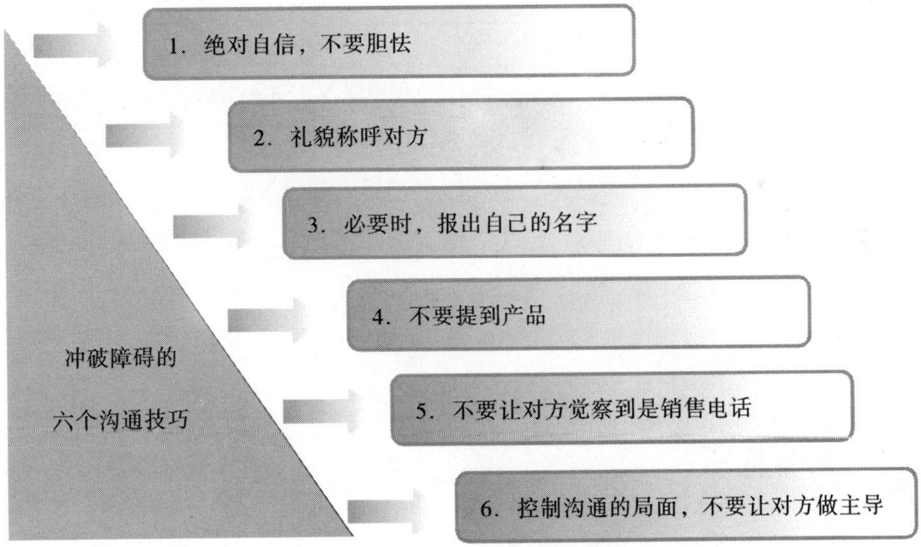

冲破障碍的
六个沟通技巧
1. 绝对自信，不要胆怯
2. 礼貌称呼对方
3. 必要时，报出自己的名字
4. 不要提到产品
5. 不要让对方觉察到是销售电话
6. 控制沟通的局面，不要让对方做主导

图 2-5　冲破障碍的六个沟通技巧

第2节 精彩开场白

成功绕过了障碍后，在与客户的初次电话沟通中，开场白就显得异常重要了。一名优秀的保险销售人员必须在30秒以内完成公司及自我介绍，并成功地引起客户的兴趣，使对方愿意继续沟通下去。

那么，什么样的开场白才能吸引客户呢？保险销售人员一般可以采取三种策略，如图2-6所示。

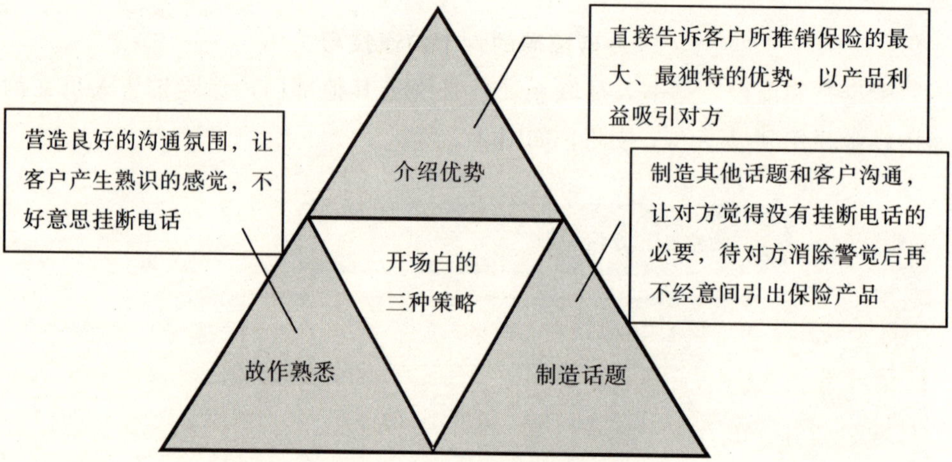
直接告诉客户所推销保险的最大、最独特的优势，以产品利益吸引对方
营造良好的沟通氛围，让客户产生熟识的感觉，不好意思挂断电话
介绍优势
制造其他话题和客户沟通，让对方觉得没有挂断电话的必要，待对方消除警觉后再不经意间引出保险产品
开场白的三种策略
故作熟悉
制造话题

图2-6 开场白的三种策略

情景18 介绍优势

实景再现

场景一：

客户：您好。

保险销售人员：您好，张先生，我是××公司的保险代理人田宁，请问您现在说话方便吗？

客户：方便，怎么了？

保险销售人员：张先生，您曾经在我们公司购买过一份家庭财务保障计划，对吗？

客户：是的。

保险销售人员：现在我们公司为了回馈客户，新推出了一种少儿教育储备计划，这份计划比较特别，只有购买过那份家庭财务保障计划的客户才能享受到，非常划算，我给您简单介绍一下吧？

客户：好的。

场景二：

保险销售人员：您好，是李小姐吗？

客户：你好，我就是。

保险销售人员：嗯，您好，我是××保险公司的代理人王浩，我们公司新推出了一种提前给付的疾病保险，目前销售情况非常火热，××地区已经有30%的白领都购买了这份保险，我给您简单介绍一下，好吧？

客户：嗯，你说吧。

情景分析

这是最直接的一种开场白方式，一开始就自报家门，然后简单介绍自己打电话的目的以及所推荐的产品，重点强调购买该产品的巨大优势，以此来吸引客户。如场景一中保险销售人员强调机会难得，场景二中则利用人们的从众心理，强调30%的白领都已经购买了这份保险，两种方法都是在暗示客户“我们这份保险非同于一般的保险，您应该花点时间认真了解一下”。

为了既使优势突出又让客户觉得可信，保险销售人员还可以采取其他方法，但需要注意的是，介绍优势时不可太过累赘，保险销售人员一定要抓住重点，在最短的时间内以一两个关键点引起客户的兴趣，然后再和他交谈，在双向沟通中解除客户的疑惑。

错误提醒

错误一：介绍产品优势时叙述累赘，长篇大论，无法引起客户的兴趣，让对方感到厌烦

保险销售人员：李小姐，我给您介绍一下我们公司新推出的一种财富分红保险，您只需要在5年的时间内每个季度缴纳5 888元的保险费，您就可以享受高达30万元的保险金额，而且在5年以后就开始返还，每年的年终都有分红；可以终身领取，次数不封顶的哦！还有，您还可以用我们的保单抵押贷款，可以说非常超值，……

客户：不用了，我不需要。(挂断电话)

错误二：过度夸大产品优势，让客户不信任甚至反感

保险销售人员：张先生，我要给您推荐我们公司新推出的一种保险，这可以保证您和您的家人在今后至少20年内绝对不会担心钱不够花的问题，还可以帮您解决生活中的很多问题，……

客户：行了！别说了，哪有那么好的事呀，说得好像天上真会掉馅饼一样！(挂断电话)

技巧展示

技巧一：学会打造良好的开场白

良好的开场白是保险销售迈向成功的重要一步，保险销售人员必须学会打造良好的开场白。一个好的开场白需明确告诉对方四大问题并遵循六大原则，如图2-7所示。

技巧二：总结最优卖点融入开场白

产品的卖点是多方面的，保险销售人员一定要学会总结提炼，本着短、少、精的原则，与客户的自身背景相结合，找出最能吸引客户的那个卖点，将它融入到开场白之中。保险销售人员在提炼产品最优卖点时可以从以下几个方面思考，如下所示。

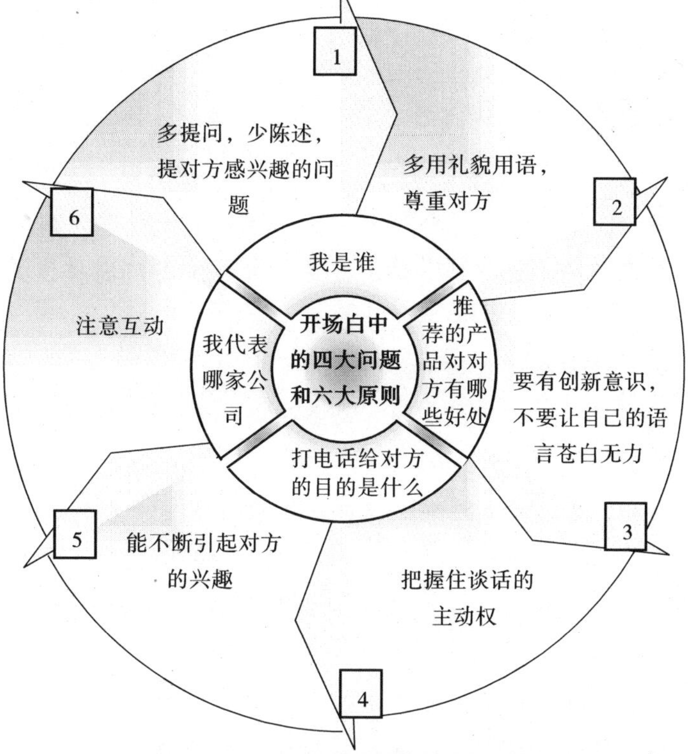
1
多提问，少陈述，
提对方感兴趣的问
题
2
多用礼貌用语，
尊重对方
3
要有创新意识，
不要让自己的语
言苍白无力
4
把握住谈话的
主动权
5
能不断引起对方
的兴趣
6
注意互动
我是谁
推荐的产品对对方有哪些好处
打电话给对方的目的是什么
我代表哪家公司
开场白中的四大问题和六大原则

图 2-7　开场白的四大问题和六大原则

1. 保险费低
2. 保险金额高
3. 理赔容易
4. 从众心理，大家都在买
5. 机会难得，不是每个人都有资格买
6. 用数据说话，证明产品在某方面非常强大
7. 结合客户资料，说明正好适合对方

情景19　制造话题

实景再现

场景一：

客户：您好。

保险销售人员：您好，刘小姐，我是××保险公司的代理人王浩，这可是一个推销电话，您不会一下子就挂断电话吧？

客户：我最讨厌推销电话了。

保险销售人员：呵呵，刘小姐，那我可得小心了，不能让您再增加一个讨厌的人了。

客户：呵呵，你还挺幽默啊，说说你要推销什么产品呢？

场景二：

保险销售人员：您好，张先生，我是××保险公司的王丽，最近可好？您还记得我吗？

客户：不好意思，想不起来了。

保险销售人员：是这样的，您在一个月前曾经购买过我们的一份意外保险。我这次打电话，就是想咨询您对我们产品还有什么宝贵的意见和建议？

客户：我没有从你们那里买过保险啊，你打错了吧？

保险销售人员：不会吧，难道是我的回访档案弄错了，真是不好意思！能冒昧地问下您目前购买了哪些保险吗？

客户：单位给我们交了社保，我自己还买了份……

场景三：

保险销售人员：请问是李小姐吗？

客户：您好，我是。

保险销售人员：您好，李小姐，我是××保险公司的代理人王浩，今天给您打电话最主要是感谢您对我们公司一直以来的支持，谢谢您！

客户：呵呵，没什么！

保险销售人员：为答谢老客户对我公司一直以来的支持，我们公司近期要举行一次优惠酬宾活动，我想李小姐一定会感兴趣的！

客户：你说来听听。

场景四：

保险销售人员：请问是张先生吗？

客户：是的，什么事？

保险销售人员：张先生，您好！我是××保险公司的孙甜甜，我给您打电话的原因是现在有不少客户反映保险的理赔困难，不知道您怎么看待这个问题？

客户：是的，客户在购买时保险公司说得非常好，可到了理赔时却特别麻烦。

保险销售人员：嗯，确实有这样的问题存在，……

情景分析

有效开场白的目的就是在很短的时间内让客户对保险销售人员及他们所讨论的话题感兴趣，在交谈中能够快速进入关键问题，而不是挂断电话。保险销售人员可以在开场白阶段巧妙地制造一个话题，迅速引起客户的兴趣，自然地进入交谈阶段。如场景一中保险销售人员自报家门是推销电话，并提问“您不会一下就挂断电话吧”，这种反常规的开局能够引起客户的兴趣，再通过幽默赢得了对方的好感；场景二中保险销售人员假装打错了电话，消除客户的戒心，并在“无意”间询问客户购买了哪些保险，使沟通继续下去；场景三是保险销售人员跟老客户沟通的最好方式，先告诉对方自己打电话的目的是为了表示感谢，然后再引出新产品；场景四则是保险销售人员提出一个客户普遍关心的问题，和对方展开讨论，待时机成熟时再介绍自己的产品，需要注意的是，该产品在双方讨论的主题方面一般存在明显优势。

错误提醒

错误一：制造话题时悬念不够，客户不感兴趣

保险销售人员：您好，是张先生吗？

客户：是的，有什么事情？

保险销售人员：张先生，我是××公司的孙甜甜，我给您打电话的原因是不少客户都反映仅仅依靠单位给交的养老保险，担心退休以后养老金不够花，不知道您是怎么看待这个问题的呢？

客户：你是不是要给我推销一个养老保险？我不需要！（挂断电话）

错误二：制造话题时扯得太远，引到主题时显得太过生硬

保险销售人员：您好，刘小姐，最近发生了几起车祸，网上炒得非常热，您应该也留意了吧？

客户：是的，我知道的啊。

保险销售人员：出现这样的事故，要是买了商业保险的话还好点儿，不然赔偿起来可非常吃力啊，您说是这样吧？

客户：哦，我明白了，你是要给我推销保险吧？不用了！（挂断电话）

技巧展示

制造话题的四种方法

制造话题是保险销售人员在开场白中经常用到的一种方法，选准话题可以迅速拉近双方的距离，避免中断沟通。制造话题时一般有四种方法，分别是自报家门、故意找茬、巧借东风和制造忧虑，如图 2-8 所示。

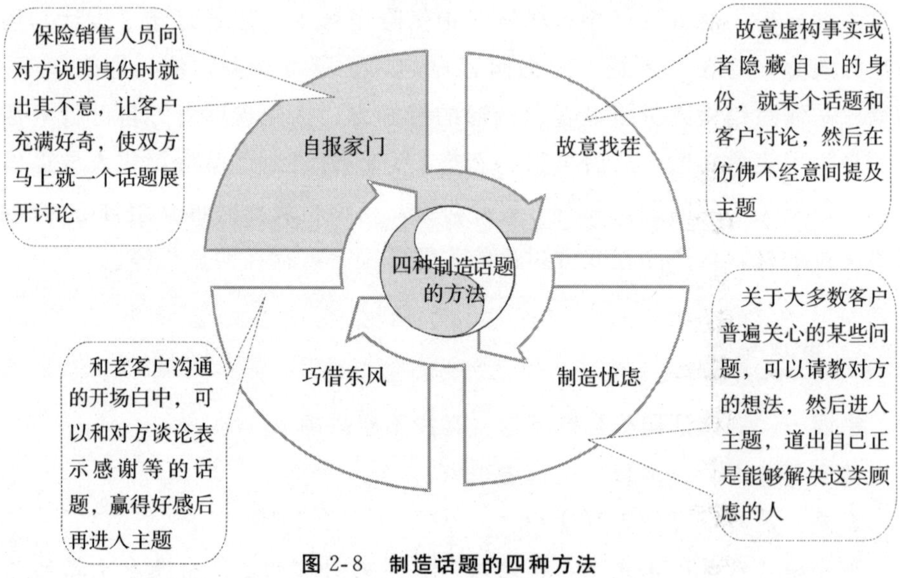
保险销售人员向对方说明身份时就出其不意，让客户充满好奇，使双方马上就一个话题展开讨论
故意虚构事实或者隐藏自己的身份，就某个话题和客户讨论，然后在仿佛不经意间提及主题
自报家门
故意找茬
四种制造话题的方法
巧借东风
制造忧虑
和老客户沟通的开场白中，可以和对方谈论表示感谢等的话题，赢得好感后再进入主题
关于大多数客户普遍关心的某些问题，可以请教对方的想法，然后进入主题，道出自己正是能够解决这类顾虑的人

图 2-8　制造话题的四种方法

情景 20　故作熟悉

实景再现

场景一：

保险销售人员：李小姐，我是××保险公司的理财顾问周明，我可以和您交谈一分钟吗？

客户：对不起，我正在开会呢。

保险销售人员：哦，不好意思，那我一个小时以后再给您打电话。

（一个小时以后）

保险销售人员：李小姐，您好！我姓周，刚才约好一个小时后来电话的，您现在说话方便吗？

场景二：

保险销售人员：张先生，您好，我是××公司的保险经纪人王浩，您的好友李明是我们公司的老客户，是他介绍我打电话给您的，他认为我们公司的产品比较符合您的需求。

客户：李明？我怎么没有听他讲起过呢？

保险销售人员：是吗？不好意思，估计是李先生最近因为忙还没来得及给您引荐吧。您看，我这就心急地主动打电话来了。

客户：没关系的。

保险销售人员：真不好意思，我向您简单介绍一下我们公司的产品吧。

情景分析

保险销售人员可以在开场白中试图创造和客户熟悉的感觉，在这种氛围下客户就不好意思拒绝了，还能有效降低对方的戒备心理，为接下来的沟通做铺垫。如场景一中保险销售人员遭到拒绝时提出“一个小时以后再打电话”，并主动挂断电话，然后在一个小时后再接通电话时就以一种双方很熟悉的口吻进行沟通，很好地拉近了双方的距离；场景二则是保险销售中常用的一种开场白方式——利用熟人介绍，因为人们总是比较信任身边的朋友，告诉客户是其朋友介绍的，可以迅速消除彼此间的陌生感。类似的方法还有很多，其关键就在于一开始就在沟通双方之间营造一种熟悉的氛围，此后的沟通自然就会朝着理想的方向发展。

错误提醒

错误：套近乎的意图太明显，引起客户反感

保险销售人员：李先生，您好！现在方便讲话吧？

客户：你是谁？什么事情？

保险销售人员：我是××保险公司的李明，呵呵！咱俩都姓李啊，500年前都是一家人呢！

客户：什么啊？有什么事赶紧说？

保险销售人员：是这样，我想向李先生推荐一种意外险。

客户：保险啊，我没兴趣！（挂断电话）

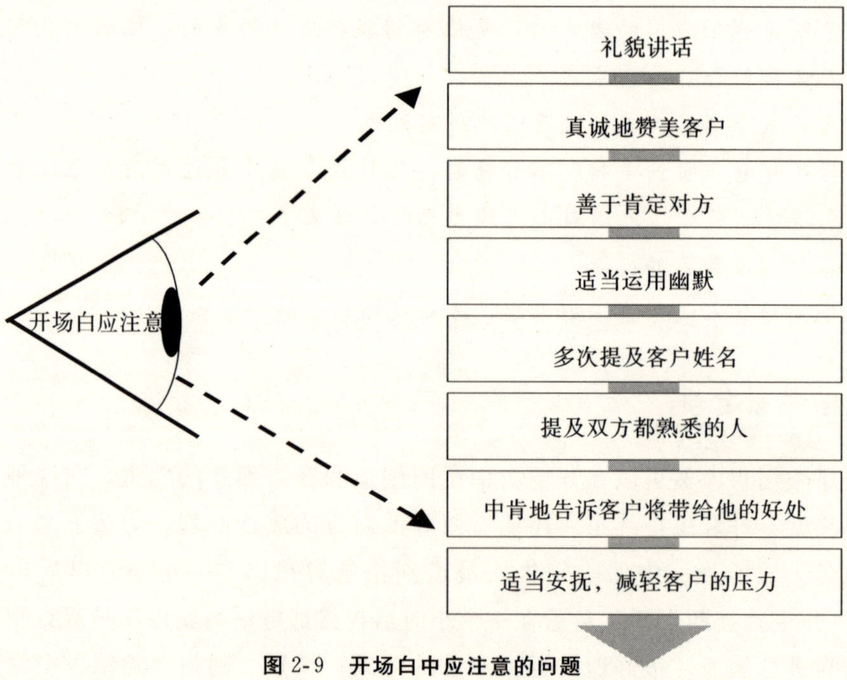
开场白应注意
礼貌讲话
真诚地赞美客户
善于肯定对方
适当运用幽默
多次提及客户姓名
提及双方都熟悉的人
中肯地告诉客户将带给他的好处
适当安抚，减轻客户的压力

图 2-9　开场白中应注意的问题

技巧展示

营造良好的沟通氛围，让彼此熟悉起来

客户一般不好意思拒绝熟人的电话。故作熟悉就是保险销售人员在开场白时营造一种双方很熟识的气氛，拉近双方的距离。良好的沟通氛围对销售工作非常重要，保险销售人员在开场白阶段应特别注意以下几点，如图 2-9 所示。

第 3 节　足够的吸引

在电话沟通中，保险销售人员运用精彩的开场白与客户展开谈话后，一定要抓住机会，进一步吸引对方，让其产生浓厚的兴趣，使保险销售进程继续前行。

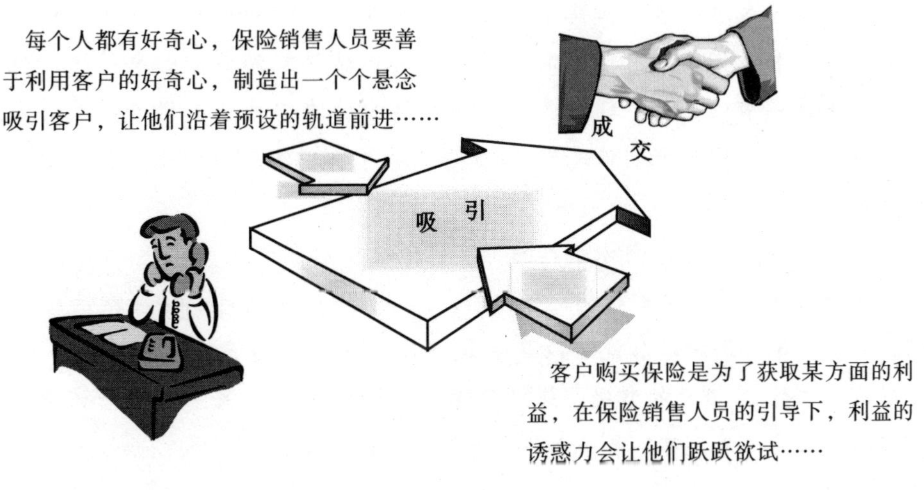
每个人都有好奇心，保险销售人员要善于利用客户的好奇心，制造出一个个悬念吸引客户，让他们沿着预设的轨道前进……
吸引
成交
客户购买保险是为了获取某方面的利益，在保险销售人员的引导下，利益的诱惑力会让他们跃跃欲试……

情景 21　强调利益

实景再现

保险销售人员：您好，是张先生吗？

客户：你好，我是，有什么事情？

保险销售人员：张先生您好，我是××公司的保险代理人孙甜甜，您的好友李明是我们公司的老客户，他介绍我跟您联系，说我们公司的产品一定能够满足您的需求。

客户：哦，是吗？那你说说看吧。

保险销售人员：我们公司新推出了一份养老保障计划，您只要从现在开始每天存 20 块钱，我们就可以为您提供一个非常舒适、温馨的晚年生活。（价格细分法）

客户：哦，养老保险呀，我不需要。

保险销售人员：呵呵！为什么这么说呢？张先生。（提问）

客户：现在还早啊！退休是什么年头的事情呢？

保险销售人员：您这么想很正常，张先生，问一问现在的老人，他们年轻的时候也和我们一样有这样的想法，但是一转眼就到退休的年龄了。现在为了过上高品质的生活，理财是每个人生活中的重中之重，您还是多留意点儿这方面的信息比较好，张先生。（同理心，承认对方的想法很正常，然后理性劝说）

客户：那你说说你刚才推荐的那个保险吧！

保险销售人员：是这样的，张先生，您从现在开始每年只需要缴纳7 000元的保险费，等您退休以后就可以享受每个月3 500元的返还金，并且在您 70 岁时还有一次性 30 万元的奖励。您想想看，这 30 万元加上每个月的3 500元，还有您退休后的工资，可不是一个非常有保障的晚年生活吗？（价值展示）

客户：哦。

保险销售人员：张先生，这份养老保险的保额确实非常高、非常划算，

这也是李先生非常看好的一点，所以才让我们向您推荐的。（从众心理，搬出证人）

情景分析

客户购买保险是为了得到某项利益，所以在与客户的电话沟通中，保险销售人员要重点强调产品将给对方带来的利益，只有这些利益打动了对方，才有可能完成销售。

介绍产品利益时也要特别注意方法，如上面场景中的保险销售人员就做得非常好。起初先用价格细分法告诉对方"每天只需存 20 元钱就可以享受一个舒适的晚年生活"，以此引起兴趣，在遭遇拒绝后又提问，承认对方的想法，开展理性劝说和举证，随着谈话的一步步深入，该养老保险所带来的利益也必然使客户心目中的印象越来越深刻。

错误提醒

错误一：过度夸大产品利益，让客户觉得不可信

保险销售人员：张先生您好，我今天打电话主要是为您推荐一份我们公司新推出的财富保障计划，这份计划可以说是放了保险界的一颗"卫星"，您从此以后不用再工作，就可以轻松享受美好、舒适的生活了。怎么样，张先生，听到这个消息您一定很激动吧？

客户：我没兴趣，再见！（挂断电话）

错误二：产品利益叙述不清楚，模棱两可

保险销售人员：李小姐您好，我向您推荐的是一份健康保障计划，您只需要缴纳5 000元的保费，就可以享受高达 80 万元的保额，怎么样，您一定很心动吧？

客户：有你说得那么好吗？

保险销售人员：是的，李小姐，您只要在一年之内缴纳 5 000 元钱，就可以享受我们为您提供的这份 80 万元的保险，如果您发生一些意外，家人也可以领取，为了家人，李小姐就拿出5 000元，这样也是多一个保障，您说对

吗？（没有说清楚保险期间、保险责任等重要事项就提出成交）

客户：我不需要。

技巧展示

用利益吸引客户时的四个注意点

在电话沟通中，保险销售人员通过简要说明保险产品的利益而引起客户的注意和兴趣，迎合客户求利的心理动机，是吸引客户最直接的方法。在用利益诱导的过程中，保险销售人员需注意如图2-10所示的四个注意点。

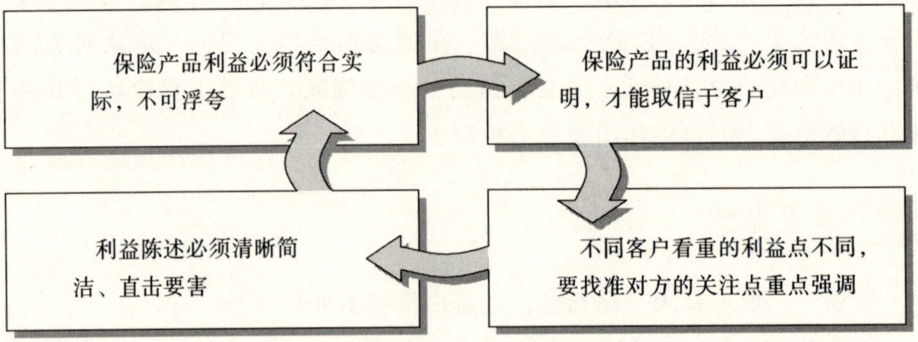
保险产品利益必须符合实际，不可浮夸
保险产品的利益必须可以证明，才能取信于客户
不同客户看重的利益点不同，要找准对方的关注点重点强调
利益陈述必须清晰简洁、直击要害

图2-10　用利益吸引客户时的四个注意点

情景22　制造悬念

实景再现

场景一：

保险销售人员：刘小姐，最近好吗？

客户：还好，你也好吧？

保险销售人员：谢谢刘小姐的关心，我很好，好久没见您了，我有一份惊喜想带给您呢！

客户：哟！是吗？什么惊喜啊？

保险销售人员：现在当然不能告诉您了，等见面您就知道了，您这周五还是周六有空啊？

客户：周六吧！

场景二：

保险销售人员：张先生您好，我是××公司的保险代理人王浩，您现在说话方便吧？

客户：方便，你说什么事情？

保险销售人员：我要向您介绍一种我们公司新推出的财富保障计划，这个产品推出不到一个月的时间，本地区就有1/3的白领参与购买，您听到这里一定很惊讶吧？

客户：是啊，是个什么保险啊？

保险销售人员：因为这份财富保障计划比较特别，规定的内容也比较多，我一时跟您说不清楚，张先生您给我个邮箱，我先给您发份资料然后抽时间见面聊，好吧？

客户：好的。

情景分析

合理地制造悬念可以充分调动客户的兴趣。伴随着悬念的解开，保险产品也就呈现在客户面前了，使保险销售一步步深入下去。

与比较熟悉的人沟通时，制造悬念吸引客户这一方法尤为好用。如场景一中随便设置一个小悬念就达到了约见客户的目的；场景二中，保险销售人员一开场就说“本地区已有1/3的白领购买了该保险”，这本身就是一个悬念，然后又继续制造悬念，表示在电话里说不清楚，要先发资料然后约见，这样就使保险销售工作自然而然地开展下去。

错误提醒

错误一：制造悬念时胡编乱造，欺骗客户

保险销售人员：李小姐，我给您推荐的这个保险产品非常超值，您只要每个季度缴纳500元的保费，就可以在一年内享受20万元的保额。

客户：你说的20万元保额是什么意思？

保险销售人员：这个就是说您一年内只要生病了，就可以从我们公司领取20万元的补偿！

客户：啊，不可能吧？世上不会有这么好的事情吧？

保险销售人员：呵呵，李小姐，这种好事情确实发生了，怎么样？我过去找您面谈吧，您下午两点还是三点比较闲？（等客户明白真相后销售就会失败）

错误二：制造悬念时闪烁其词，让客户觉得不可信

保险销售人员：张先生，听说后天是您孩子一岁的生日？

客户：呵呵！你怎么知道的。

保险销售人员：一个朋友告诉我的。

客户：谢谢你。

保险销售人员：在您的孩子一岁生日之际，我们公司特意准备了一份大礼，张先生不会拒绝吧？

客户：啊？什么大礼啊？

保险销售人员：我找您面谈吧，您今天还是明天比较方便呢？

客户：什么礼物啊？还要面谈？

保险销售人员：呵呵！张先生，事实上是一份保险，孩子一岁了，您应该替他买一份保险。（不够坚定，自己揭破了谜底。）

客户：果然又是推销！

技巧展示

学会制造悬念，提高沟通能力

制造悬念就是一种“先藏后露、欲扬先抑、引而不发”的吸引客户的方法，一旦讲出来，会给客户留下深刻的印象，还可以帮助保险销售人员始终处于主导地位，控制沟通的方向。

制造悬念的方法有很多种（如图2-11所示），通常都可以起到制造悬念的效果。

故意提问：保险销售人员故意向客户提问，引发对方思考，就在客户不能确定之时突然揭晓答案，增强沟通的趣味性

引而不发：保险销售人员引导客户的思维向一个方向发展，对方已经大致猜到了结果，但还不能得到证实，保留最后的悬念让客户的神经异常紧张

引人入胜：保险销售人员用比较夸张的口吻告诉客户产品的某项优点，这可能是绝大多数人梦寐以求的，其优越性令对方很惊讶，不敢相信，仿佛身处梦境之中

分段讲解：保险销售人员讲述一件事情时不按照“因为……，所以……”的逻辑顺序，而是分成几段，然后在逻辑上打乱顺序，这样讲述造成的“自相矛盾”就会吸引客户

图 2-11　沟通中制造悬念的四种方法

第 4 节　恰当时约见

保险销售，大多都得通过面谈才能确定成交，电话仅仅是保险销售人员前期熟悉、接近客户的一种沟通工具。因此，在通过精彩开场白、产品利益的吸引之后，保险销售人员还应适时在电话中约见客户面谈，因为电话沟通毕竟有局限。

保险销售人员在电话中该如何约见客户呢？如图 2-12 所示的为约见客户的基本流程。

约见客户是保险销售工作中很重要也应讲技巧的一个环节，除了确定约见对象、事由和约见时间、地点之外，保险销售人员还可根据与客户的熟悉程度运用不同的方法和技巧。

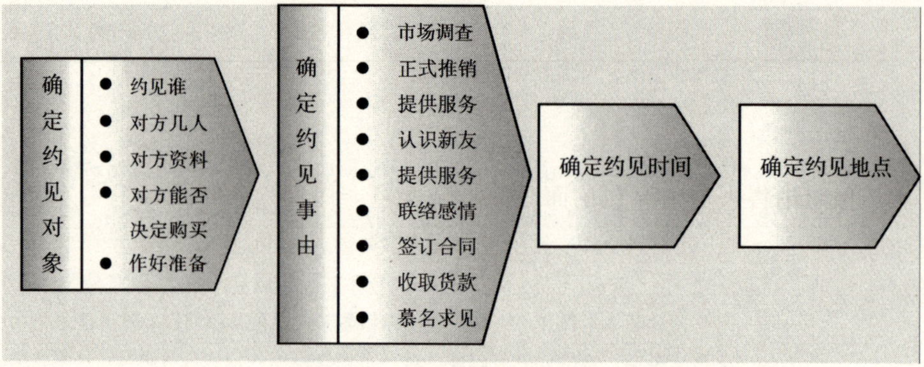
确定约见对象
约见谁
对方几人
对方资料
对方能否决定购买
作好准备
确定约见事由
市场调查
正式推销
提供服务
认识新友
提供服务
联络感情
签订合同
收取货款
慕名求见
确定约见时间
确定约见地点

图 2-12　约见客户的流程图

情景 23　约见面时间

实景再现

保险销售人员：您好，请问是王先生吗？

客户：对啊，你是谁啊？

保险销售人员：王先生，您好！我是××人寿保险公司的代理人孙甜甜。我前两天发给您的邮件您收到了吗？

客户：收到了。

保险销售人员：针对信上的内容，我想和您面谈一下。请问是定在明天下午还是后天下午比较方便呢？

客户：不必了吧。

保险销售人员：您不用担心，王先生，不会耽误您太多时间的，只需要给我 15 分钟就可以。

客户：那就明天下午吧。

保险销售人员：嗯，大概几点呢？两点钟？

客户：就两点吧。

保险销售人员：好的，明天下午两点我会准时上门拜访的，再见。

情景分析

确定见面时间时，保险销售人员一定要尊重客户的时间，并用选择法让客户确定自己方便的见面时间，这样被拒绝的几率会低很多。如果客户比较犹豫，保险销售人员则要在见面时间上做文章，向客户表示见面只需很短的时间，一般15～20分钟为宜，至于见面后能谈多长时间就要看保险销售人员的本事了。

错误提醒

错误一：用提问法询问客户见面时间，容易被拒绝

保险销售人员：针对信上的内容，我想和您面谈一下，您什么时候比较闲呢？

客户：我一直都挺忙的，没时间。

错误二：不尊重客户的时间，自己提出时间要求见面

保险销售人员：针对信上的内容，我想和您面谈一下，今天下午我去你们单位找您吧！

客户：不行啊，我今天下午比较忙。

保险销售人员：没关系，很快的，我最多需要15分钟，怎么样？

客户：那也不行，我今天下午给一位病人做手术，几点能做完我也不知道。

技巧展示

重视细节，约定见面时间

细节决定成败。与客户约定面谈时间看似非常简单，却也要讲求技巧，注意细节。所以保险销售人员一定要重视，针对不同的客户，用“选择法”提出尽量合理的时间，让客户自己选择。如表2-1所示为不同职业的客户适合会客的时间，保险销售人员在约见客户时可以参考。

表 2-1 不同职业客户适合会客的时间

客户	适合见面时间
在写字楼工作，工作时间为朝九晚五的公司职员	中午休息时间
医生	下午 15 时至 17 时
工厂职工	上午 11 时或下午 15 时至 16 时
商人	下午或晚上
酒店员工	下班后
政府、事业单位办公室人员	下午
教师	下午

情景 24 约见面地点

实景再现

场景一：

保险销售人员：是张先生吧？

客户：对啊，您是哪位？

保险销售人员：张先生您好，我是××保险公司的代理人王浩，是您的朋友李明介绍我跟您联系的，他说我们公司的产品一定能够满足您的需求。

客户：哦，是什么产品呀？

保险销售人员：是一个财富保障计划，能确保您正在做的一些事情顺利地进行下去。张先生，您今天还是明天比较闲，我过去跟您面谈吧。

客户：今天下午 3 点以后吧。

保险销售人员：好的，张先生，我们约在您办公室，还是其他地方？

客户：就在我办公室谈吧。

场景二：

保险销售人员：李姐，最近好吗？

客户：挺好的，你怎么样？

保险销售人员：呵呵，我也还好，好久没见了，还挺想您的，正好，我家附近新开了一间茶楼，环境很不错，茶的味道也很好，咱去坐坐吧。

客户：是吗？好啊！

保险销售人员：您有空吧？今天去还是明天去？

情景分析

跟客户约见面地点时，保险销售人员同样应尊重客户的意愿，最普遍的见面地点有客户的办公室、家里或者其他适合的公共场合。同时还要视与客户的熟识程度来定地点，如场景一，与陌生客户约见时最好选择客户的办公室或安静的休闲场所，如果和客户很熟了，甚至已经成为朋友；如场景二，则见面的地点可随意些，双方的家里、休闲娱乐场所等都可以。

错误提醒

错误一：有些保险销售人员觉得做销售就应多请别人吃饭，所以喜欢在饭馆约见客户，即使对方是陌生人，也经常提出请对方吃饭的请求，其实这样是最容易被拒绝的

保险销售人员：李小姐，我是××保险公司的代理人王浩，我想跟您见面谈谈，您周六还是周日比较闲呢？

客户：周日吧。

保险销售人员：好的，周日中午我请您去××吃海鲜吧。

客户：你请我吃饭？为什么啊？

保险销售人员：没什么，李小姐，不就是一顿饭吗！

客户：不用了，我可承受不起！（挂断电话）

错误二：和熟人约见时比较固执，拿对方不当客户，不尊重对方的意愿

保险销售人员：小张，咱明天爬山去怎么样？

客户：嗨，这大热天的爬什么山啊，要我说还不如去游泳呢。

保险销售人员：没事儿，咱早上早点儿去，上到半山腰就不热了，去吧，这几天枫叶都红了，我们正好可以沿途观赏。

客户：我明天真不行，哦，对了，我还有点事儿呢，要不这次你先找别人一起去，下次我再和你一起去吧！

技巧展示

技巧一：约见面地点三原则

与客户约见面地点时，保险销售人员应遵循以下三原则，如下所示。

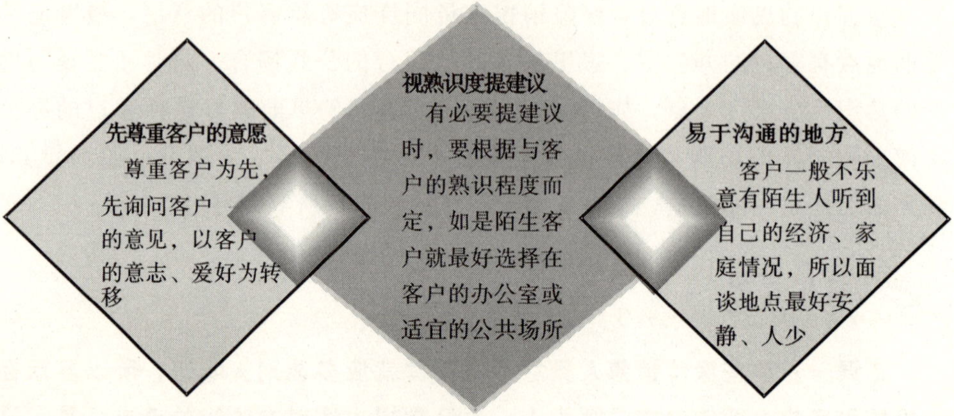

先尊重客户的意愿
尊重客户为先，先询问客户的意见，以客户的意志、爱好为转移
视熟识度提建议
有必要提建议时，要根据与客户的熟识程度而定，如是陌生客户就最好选择在客户的办公室或适宜的公共场所
易于沟通的地方
客户一般不乐意有陌生人听到自己的经济、家庭情况，所以面谈地点最好安静、人少

技巧二：常见的与客户面谈地点

选择见面地点时最重要的就是尊重客户的意愿，尤其是和熟人约见时，保险销售人员应更多地考虑到为了沟通情感的需要，提出一些建议，由客户选择。如图 2-13 所示为常见的可以和客户见面的地点。

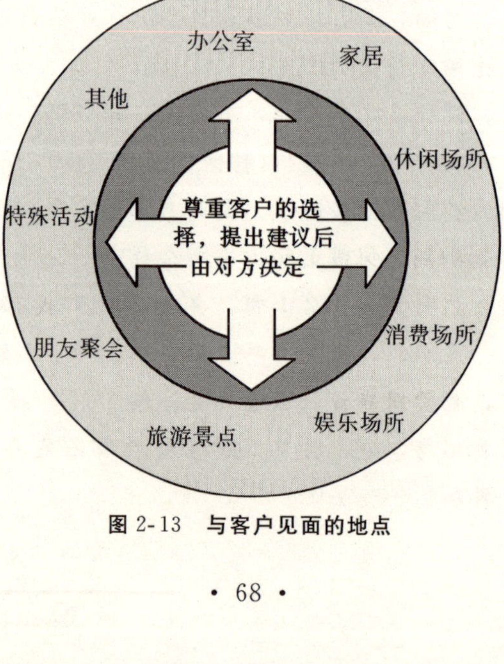

办公室
家居
其他
休闲场所
特殊活动
尊重客户的选择，提出建议后由对方决定
消费场所
朋友聚会
娱乐场所
旅游景点

图 2-13　与客户见面的地点

情景 25　约见熟悉的人

实景再现

保险销售人员：刘哥，您最近忙什么呢？

客户：呵呵，工作呗，还是老样子，你怎么样啊？

保险销售人员：我挺好的，刘哥，您这两天什么时候有空呢？

客户：这些天一直挺忙，明天下午吧。你找我什么事？

保险销售人员：等见面了再告诉您，反正不是坏事，哈哈。

客户：嗨，还挺神秘，那就明天下午来我家吧，我也正好休息休息。

保险销售人员：好的，刘哥，那我下午 3 点过去？

客户：好的，就这样吧。

保险销售人员：好的，再见。

情景分析

约见熟悉的人时，保险销售人员要用大多数时间跟对方闲聊，以联络感情为主，然后在不经意间提起跟对方见面的要求，不要给对方太大的压力。可以像场景中的保险销售人员一样，不告诉对方见面的原因，利用对方的好奇心留点悬念。

错误提醒

错误：为了达到约对方见面的目的而不择手段，故意欺骗朋友

保险销售人员：刘哥，今天还是明天有时间吗？我有很重要的事情要跟您说。

客户：明天吧，你要跟我说什么重要的事情啊？

保险销售人员：现在有个发财的好机会，您可一定要抓住，到时候见面再告诉您。(保险可以用来投资，但不足以发财)

技巧展示

开发熟人成为客户的六个电话约见沟通技巧

身边熟悉的人是保险销售人员最重要的客户资源，他们不仅签单率高，而且还会为保险销售人员介绍其他的优质客户。保险销售人员一定要好好利用，为了使约见的成功率更高，沟通时需注意如图 2-14 所示的六点。

1. 针对需求。打电话前只有先了解对方的需求，才能抓住重点

2. 对答如流。应提前模拟对方可能提出的问题并设计答案，沟通时才能做到从容不迫

3. 点到为止。关于面谈的内容点到为止，不可说得太清楚，要给对方留下一定的悬念

4. 光明磊落。约见电话中的神秘是为了引起对方的兴趣，但要注意一定不可故意欺骗客户

5. 顺势约见。在和熟人的沟通中，大多数时间都要闲聊，应在闲聊中无意间提出见面要求

6. 二选一法。在提出见面时间时，保险销售人员应用选择法提问，约见成功的概率会高一些

图 2-14　开发熟人成为客户的六个电话约见沟通技巧

情景 26　约见转介绍客户

实景再现

场景一：

保险销售人员：张先生您好，我是××公司的保险代理人王浩，是您的朋友李明介绍我跟您联系的。

客户：哦，是吗？

保险销售人员：是的。李先生在我们公司买了一份财富保障计划，他对我们的产品评价非常高，对我们的服务也很满意，并且认为我们的产品也一定能满足您的需求，所以就介绍我跟您联系了。这样吧，张先生，您明天还

是后天有空？我去拜访您，跟您介绍一下这方面的信息。

客户：哦，那就明天下午吧。

保险销售人员：好的，……

场景二：

保险销售人员：李小姐您好，我是××公司的保险代理人王浩，请问您在家吗？

客户：是的，我在家呢，你有什么事情？

保险销售人员：是这样的，我正在您家附近帮一位客户做孩子教育基金的规划，想约您谈谈，给您也介绍一下这方面的信息，毕竟，您也需要考虑孩子未来教育的问题嘛！

客户：嗯，我是想过这方面的事情，可是你怎么知道我的联系方式的？

保险销售人员：是您的朋友王芳介绍我跟您联系的，不好意思，今天冒昧打扰。

客户：哦，没事。

保险销售人员：李小姐，您看（略停顿）我们在哪里见面呢？

客户：那你一会儿来我家吧。

情景分析

对于别人转介绍的客户，介绍人本身就是一张最好的通行证，能帮助保险销售人员迅速拉近与客户的距离，并取得客户的信任，约见就会容易很多，所以保险销售人员一定要利用好这样的机会。

当然，有的时候介绍人有顾虑不让提及或者不方便提及介绍人的姓名，保险销售人员就要通过介绍人尽量多地获取客户的信息，然后有针对性地跟他交流，引起兴趣并约见，如场景二。

错误提醒

错误：不尊重客户的隐私，随意透露老客户的信息

保险销售人员：李小姐吗？我是××公司的保险代理人王浩，是您的朋友李明介绍我跟您联系的，他刚在我们公司买了一份财富保障计划，保额300多万元呢，现在每个月光保费就交4 000元多呢。他觉得我们的服务非常好，就跟我介绍您了。

客户：哦，不用了，谢谢。

保险销售人员：李小姐，您难道不需要为未来储蓄一份财富吗？

客户：不用了，你们公司这么不注意保护客户隐私，我买你们的保险没有安全感。

技巧展示

电话约见客户的10点注意事项

很多保险销售人员和身边的熟人沟通时非常自信流畅，但在电话中约见潜在客户时就经常表现不好，导致约见失败，甚至丧失客户资源。为了避免出现这种现象，保险销售人员电话约见客户时需注意如图2-15所示的10点事项。

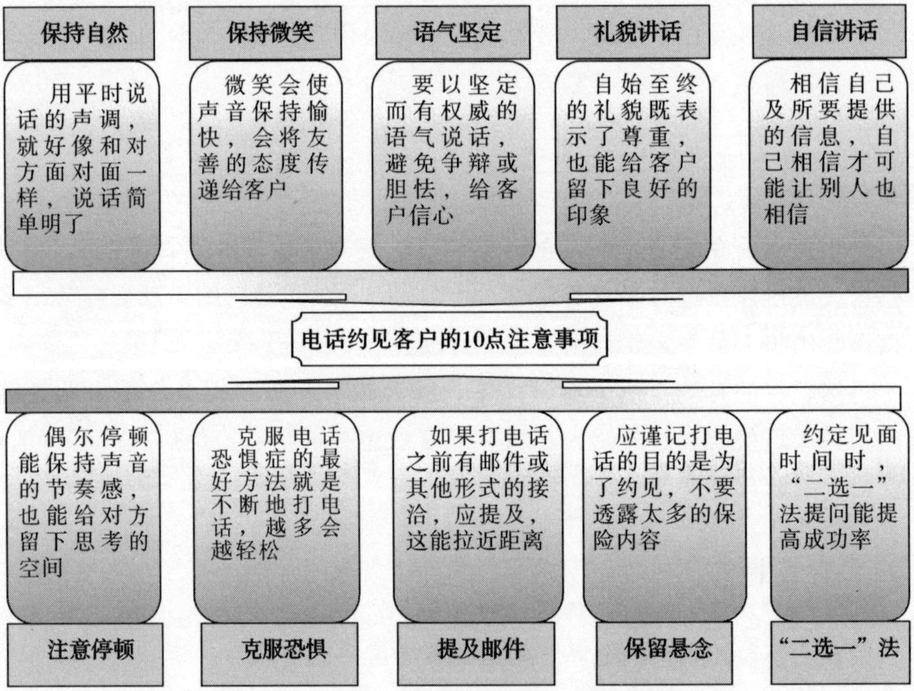
保持自然
用平时说话的声调，就好像和对方面对面一样，说话简单明了
保持微笑
微笑会使声音保持愉快，会将友善的态度传递给客户
语气坚定
要以坚定而有权威的语气说话，避免争辩或胆怯，给客户信心
礼貌讲话
自始至终的礼貌既表示了尊重，也能给客户留下良好的印象
自信讲话
相信自己及所要提供的信息，自己相信才可能让别人也相信
电话约见客户的10点注意事项
偶尔停顿能保持声音的节奏感，也能给对方留下思考的空间
注意停顿
克服电话恐惧症的最好方法就是不断地打电话，越多会越轻松
克服恐惧
如果打电话之前有邮件或其他形式的接洽，应提及，这能拉近距离
提及邮件
应谨记打电话的目的是为了约见，不要透露太多的保险内容
保留悬念
约定见面时间时，“二选一”法提问能提高成功率
“二选一”法

图2-15　电话约见客户的10点注意事项

情景27　约见陌生的客户

实景再现

保险销售人员：是李小姐吗？

客户：嗯，我是。

保险销售人员：李小姐您好，我是××保险公司的代理人王浩，您的孩子现在快满一岁了吧？

客户：嗯，是的。

保险销售人员：恭喜您有一个健康的小宝宝，您此前有没有为他购买过保险呢？

客户：还没考虑呢。

保险销售人员：嗯，现在大家都很忙，很多父母的确没有时间为孩子考虑这方面的事情，不过我建议李小姐还是要抽点儿时间，为孩子做一个长远规划，对他将来的教育以及事业都有好处，万一不幸发生疾病或者意外也有保障，您说对吗？

客户：哦，那你有什么建议？

保险销售人员：谢谢您的信任。我们公司最近推出了“幸福天使”计划，您只要从现在开始每年为孩子储存5 000元，等孩子18到21岁时，每年可以领取1万元的教育金；到孩子满25岁的时候，还可以一次性领取7万元的创业金。除此之外，保单一旦生效，您的宝宝还可以享受22种重大疾病保障和人身意外保障，最高保额达20万元。另外，也是很重要的一点，我们这个产品有一个豁免保障条款，也就是说，如果缴费期间缴费人发生了任何意外而无力继续缴纳，就可以免除剩余的所有保费。

客户：好麻烦啊，您能给我发份资料过来吗？

保险销售人员：好的，请问您的邮箱是？

（两天以后）

保险销售人员：李小姐您好，我是××公司的保险代理人王浩，您现在方便说话吧？

客户：嗯，方便。

保险销售人员：我发的资料您看完了吗？

客户：嗯，看完了，但有些地方还是不太清楚。

保险销售人员：呵呵，这样吧，李小姐，您今天下午还是明天下午比较方便？我过去给您解释一下。

客户：不用了吧，我又不见得买。

保险销售人员：呵呵，李小姐，您不必担心，这是我的工作，买不买没关系。您看我什么时候过去合适呢？

客户：那就明天下午4点，你直接来我的办公室吧。

保险销售人员：好的，那明天见。

情景分析

对于陌生的客户，最好不要第一次通电话就约见，除非客户表示出强烈的兴趣或者主动提出面谈。保险销售人员最好先接触、沟通几次，等客户表现出一定的兴趣，双方建立起一定的信任感之后再提出面谈请求，如果客户仍然反对，保险销售人员就要设法减轻对方的压力，如上述场景中的保险销售人员说的“您不必担心，这是我的工作”、“买不买没关系”等话语，消除客户的顾虑，最后邀约成功。

错误提醒

错误一：第一次通电话就直接约见陌生客户，成功率很低

保险销售人员：王总您好，我是××公司的保险代理人孙甜甜。我们公司新推出了一份“赢家理财”的计划，是专门为您这样的大老板、成功人士量身定做的。您今天还是明天比较闲，我当面为您介绍一下。

客户：不用了，没兴趣。（挂断电话）

错误二：陌生客户的戒备心理比较强，拒绝面谈请求时保险销售人员不是为他减压，而是仍然讲述产品的优势

保险销售人员：我去找您面谈吧，您这周六、周日哪天有时间呢？

客户：不用了，我又没想买。

保险销售人员：您可不能错过这个机会啊，这是我们公司最近很受欢迎的一款保险产品，性价比非常高，现在不买一定会后悔的，怎么样？我还是上门为您介绍一下吧。

客户：真的不用了，我没兴趣。

技巧展示

约见陌生客户的三个重要技巧

约见陌生客户时，对方一般都会有一些顾虑，保险销售人员在电话沟通中要善于引导，需注意如图 2-16 所示的三个要点。

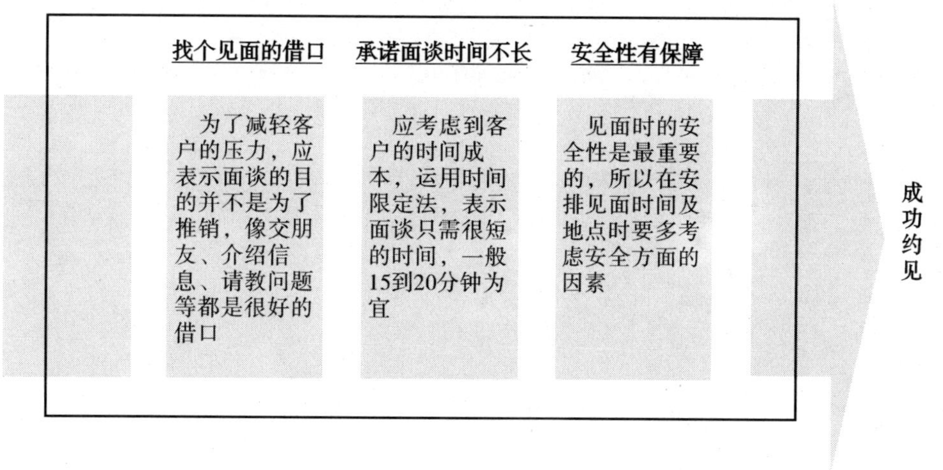
找个见面的借口
为了减轻客户的压力，应表示面谈的目的并不是为了推销，像交朋友、介绍信息、请教问题等都是很好的借口
承诺面谈时间不长
应考虑到客户的时间成本，运用时间限定法，表示面谈只需很短的时间，一般15到20分钟为宜
安全性有保障
见面时的安全性是最重要的，所以在安排见面时间及地点时要多考虑安全方面的因素
成功约见

图 2-16　约见陌生客户的三个重要技巧

第3章 客户拒绝善应对

无论是电话沟通还是约见面谈，保险销售人员经常会遭遇各种各样的拒绝，有的是拒绝推销，有的是拒绝保险产品，甚至有的拒绝只是客户的一种惯性。但无论如何，保险销售人员都要注意自己的沟通方式，尽量避免被拒绝；同时，面对不同的拒绝理由，还要善于用不同的方法应对。面对客户的拒绝，保险销售人员应按如图3-1所示这样处理。

1

尽量避免被客户拒绝

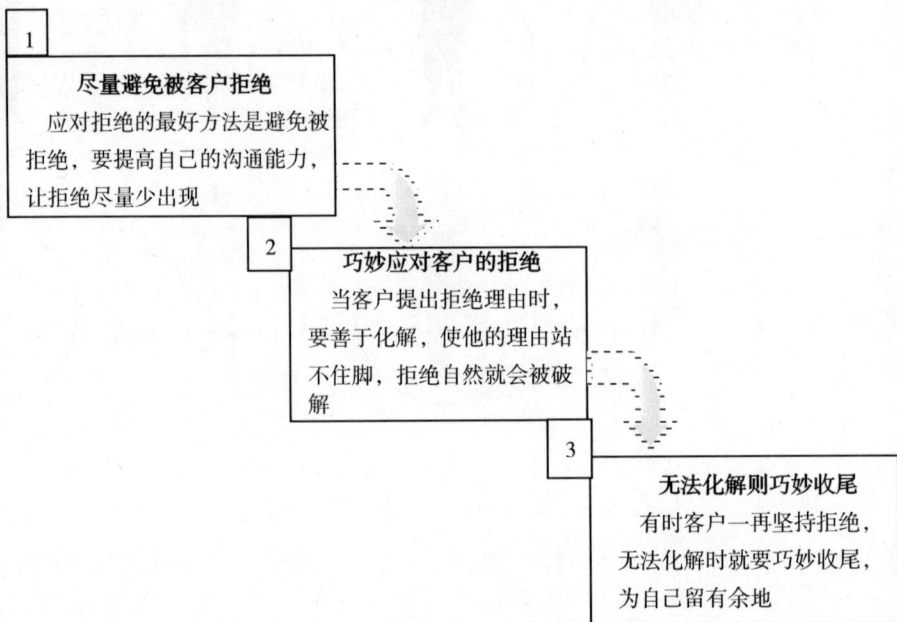

应对拒绝的最好方法是避免被拒绝，要提高自己的沟通能力，让拒绝尽量少出现

2

巧妙应对客户的拒绝

当客户提出拒绝理由时，要善于化解，使他的理由站不住脚，拒绝自然就会被破解

3

无法化解则巧妙收尾

有时客户一再坚持拒绝，无法化解时就要巧妙收尾，为自己留有余地

图3-1　应对客户拒绝的方法

第 1 节　尽量避免被客户拒绝

没有哪位保险销售人员愿意被客户拒绝，而要完全避免客户拒绝的出现，那也是不可能的事情。改变自己的沟通方式，注意一些技巧，就可以让拒绝尽量少地出现。

客户可能每天会接到很多推销电话，不胜其扰，所以保险销售人员要采用下面两种方法避免被客户拒绝，具体如下所示。

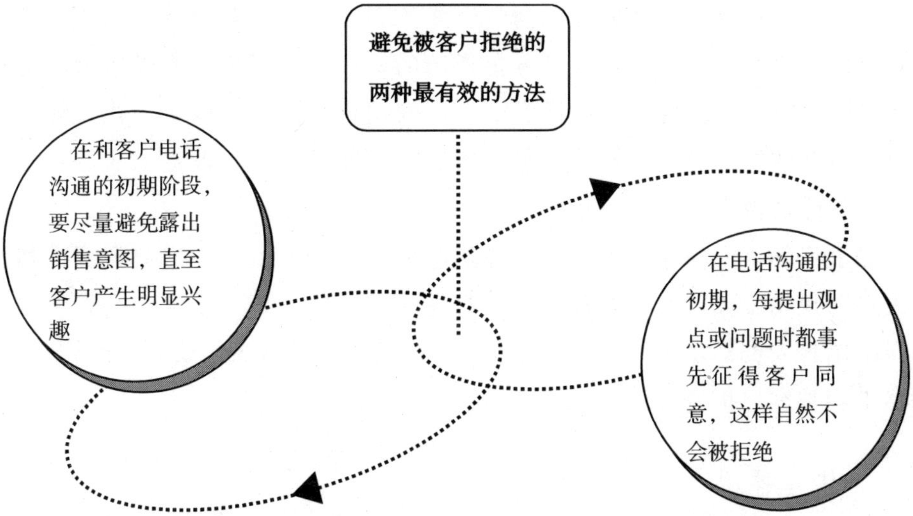

避免被客户拒绝的两种最有效的方法
在和客户电话沟通的初期阶段，要尽量避免露出销售意图，直至客户产生明显兴趣
在电话沟通的初期，每提出观点或问题时都事先征得客户同意，这样自然不会被拒绝

情景 28　隐藏销售意图

实景再现

保险销售人员：您好，是张先生吗？

客户：你好，我是。

保险销售人员：张先生，我是××银行的孙甜甜，您持有一张我行尾号

为____的信用卡，是这样吗？

客户：嗯，是的。

保险销售人员：好的，感谢您对我行的长期支持，为了回馈客户，我们为您这样的优质客户免费赠送个人理财规划的服务，请问张先生最近不忙吧？

客户：还可以，就是帮我做理财规划吗？

保险销售人员：是的，张先生，可以为您提供一些个人理财方面的信息，并帮您做一份理财规划。我们约个时间面谈吧，请问您周四、周五哪天更方便呢？

客户：周四吧。

情景分析

接到陌生电话时，客户自然会产生戒备心理，如果客户没有或还没意识到自己的保险需求，一旦发现对方是推销的就很容易拒绝。所以作为保险销售人员，在电话接通后应先尽量隐藏自己的销售意图，可以找一些其他方面的借口打开话题，引起客户的兴趣，然后在不知不觉中逐渐进入主题，这样可以有效降低被客户拒绝的几率。

如上面场景中的保险销售人员起初假借身份，表示为了回馈客户而赠送个人理财规划服务，根本没有暴露销售保险的意图就约见了客户。整个过程中保险销售人员都是以一个服务者的姿态出现，并没有表示要销售任何产品，自然不会被客户拒绝。

错误提醒

错误一：为打开话题所找的借口不恰当，引起客户的不信任感

保险销售人员：张先生您好，我是××公司的孙甜甜，我们公司正在搞一个幸运抽奖调查活动，只要您参加我们的调查活动，回答有关问题，就有可能赢得5000元的大礼。

客户：你们这种电话我接多了，我不信！

错误二：进入主题的时机不恰当，让客户有受骗的感觉

保险销售人员：张先生您好，我是××公司的保险代理人孙甜甜，现在做个回访，您曾经在我们公司购买过一份教育基金，是吗？

客户：是的。

保险销售人员：在购买过程中及后续期间，您对我公司的服务还满意吗？

客户：嗯，挺好的。

保险销售人员：谢谢张先生的好评，我们公司现在新推出一份养老保障计划非常适合您购买，我给您介绍一下吧。

客户：原来是要卖保险啊，还卖什么关子，我不要了。（挂断电话）

技巧展示

保险销售中的 AIDA 模式

AIDA 即注意（Attention）、兴趣（Interest）、欲望（Desire）、行为（Action）四个英文单词的首字母组成的缩写，也叫“爱达”公式，是国际推销专家海英兹·姆·戈得曼总结的推销模式，它在保险销售中的应用如图 3-2 所示。

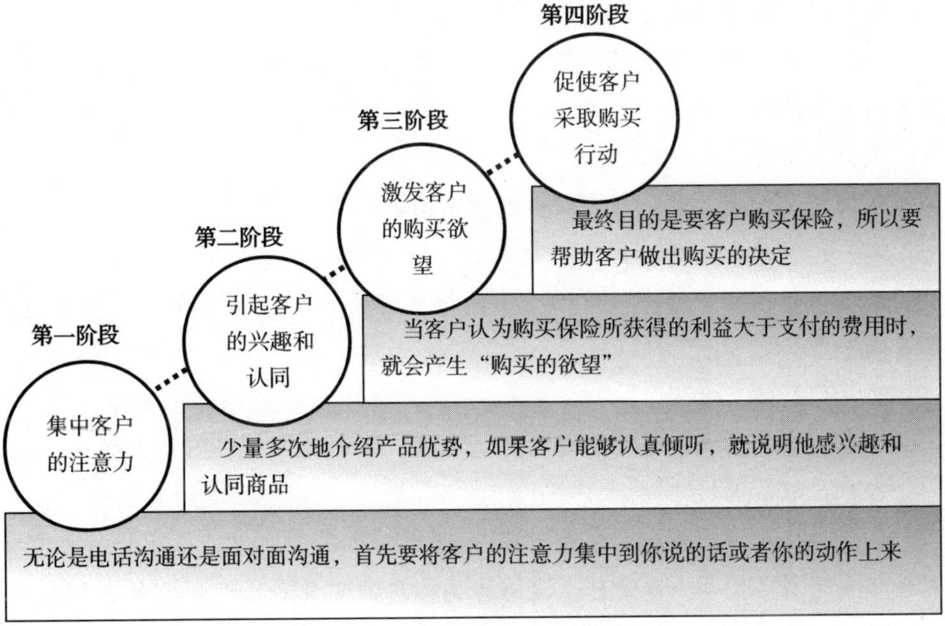

第四阶段
促使客户采取购买行动
第三阶段
激发客户的购买欲望
第二阶段
引起客户的兴趣和认同
第一阶段
集中客户的注意力
最终目的是要客户购买保险，所以要帮助客户做出购买的决定
当客户认为购买保险所获得的利益大于支付的费用时，就会产生“购买的欲望”
少量多次地介绍产品优势，如果客户能够认真倾听，就说明他感兴趣和认同商品
无论是电话沟通还是面对面沟通，首先要将客户的注意力集中到你说的话或者你的动作上来

图 3-2　保险销售中的 AIDA 模式

如图 3-2 所示，在 AIDA 模式的第一阶段，保险销售人员最关键的任务就是要将客户的注意力集中到“与我们的沟通”上面来，此时先不能暴露自己的销售意图，需要通过其他话题引起客户的注意；到了第二阶段才少量多次地介绍产品优势，还是不要太快暴露销售意图，慢慢地吸引客户对保险的兴趣并逐步取得其的认同。

情景 29　争取说话权利

实景再现

保险销售人员：李小姐，我是××公司的保险代理人王浩，您现在方便讲话吧？

客户：嗯，方便。

保险销售人员：好的，我可以请教您两个问题吗？

客户：行，你问吧。

保险销售人员：李小姐，您除了单位集体购买的社保之外，有没有购买其他商业保险？

客户：没有。

保险销售人员：哦，那有没有这方面的打算呢？

客户：暂时还没有。

保险销售人员：嗯，顺便问一下，您有一个非常可爱的女儿，今年两岁了是吗？

客户：是的，呵呵。

保险销售人员：我有一点儿自己的看法，可以谈一下吗？李小姐。

客户：哦，当然可以。

保险销售人员：现在的父母对孩子的教育都非常重视，而孩子的教育成本也越来越高了，李小姐为什么没有考虑为您的宝贝女儿存一份教育基金呢？这对她将来的上学和就业都有好处。

客户：教育基金啊，这当然要存了，所以得攒点儿钱啊。

保险销售人员：哦，我可不可以这样理解，李小姐，您已经意识到孩子的教育将来会需要很多钱，但到目前为止还没有非常具体的规划，也没有想过趁早用尽量少的成本来积累这笔钱，对吗？

客户：我确实没有做过规划，你说的尽量少的成本是什么意思？

保险销售人员：我们公司新推出了一份教育保障计划……

情景分析

在上述场景中，保险销售人员多次提问都是为了争取说话的权利，如"现在方便讲话吗"、"我可以请教两个问题吗"、"顺便问一下"、"我有一点儿自己的看法，可以谈一下吗"、"我可不可以这样理解"等，通常如此礼貌地提出这类请求时客户都不好意思拒绝，既然客户答应了，保险销售人员接下来提出自己的观点或者问题自然也不会被拒绝了。

尤其在电话沟通中，保险销售人员一定要巧用这类"争取说话权利"的话语，这是有效避免被客户拒绝的又一个重要技巧。当然，"争取说话权利"的关键在于赢得客户的同情或信任，拉近与客户的距离，但在电话沟通的初期，双方不可能有太深的接触，这类非常有礼貌的请求是最简单、最有效的。

错误提醒

错误：乞求说话权利，只会让客户反感

保险销售人员：张先生，我是××公司的保险代理人王浩，这是我今天打的第30个电话了，前面29个电话都遭到了拒绝，我希望您能够怜悯我，不要再拒绝我了好吗？

客户：你这么说也没用啊，我又不买保险。

技巧展示

电话沟通中如何"争取说话的权利"

优秀的保险销售人员可以通过在沟通中点缀一些"争取说话权利"的话

语，让沟通气氛显得非常融洽，在不知不觉之中进入销售主题。那么该如何来“争取说话的权利”呢？需掌握以下三点，如图 3-3 所示。

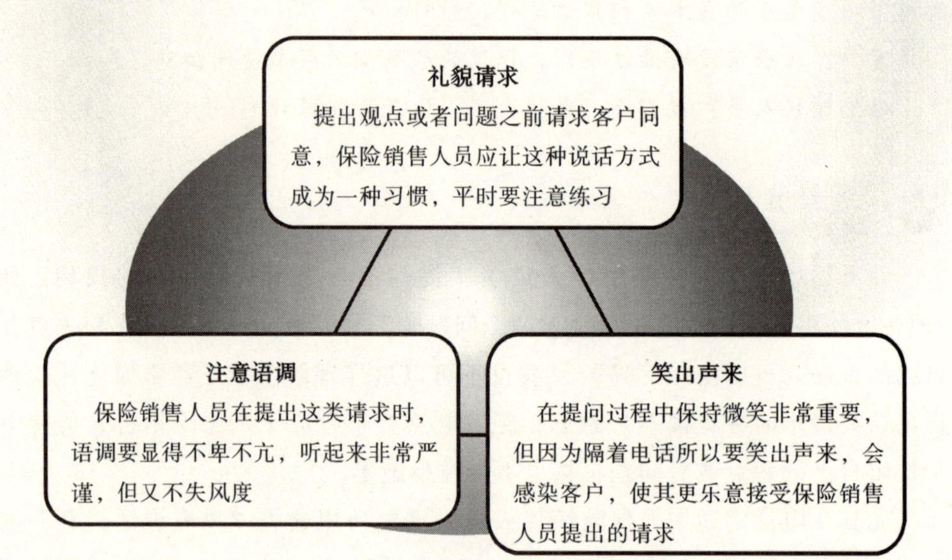
礼貌请求
提出观点或者问题之前请求客户同意，保险销售人员应让这种说话方式成为一种习惯，平时要注意练习
注意语调
保险销售人员在提出这类请求时，语调要显得不卑不亢，听起来非常严谨，但又不失风度
笑出声来
在提问过程中保持微笑非常重要，但因为隔着电话所以要笑出声来，会感染客户，使其更乐意接受保险销售人员提出的请求

图 3-3 “争取说话权利”时的三个要点

第 2 节 巧妙应对客户的拒绝

无论保险销售人员电话沟通的方法多么高明，仍会经常遭到客户的拒绝，如果不能成功化解这些拒绝，保险销售人员还是不能见到客户以实现面谈，销售工作自然会停滞不前。因此，若想获得成功，保险销售人员就要想好预案，以熟练应对那些客户的拒绝。

常见的客户拒绝可归纳为六类，具体如图 3-4 所示。

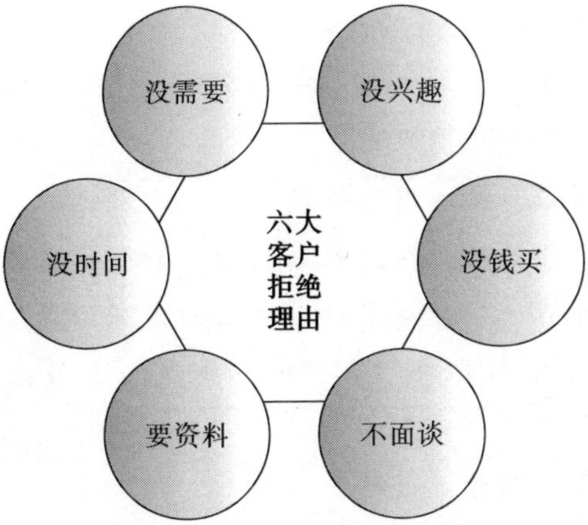
没需要
没兴趣
没时间
六大客户拒绝理由
没钱买
要资料
不面谈

图 3-4　常见的客户拒绝理由

情景 30　没需要

实景再现

场景一："不需要"

客户：我不需要。

保险销售人员：张先生，我当然知道您不需要了，因为没有人在不了解产品的情况下就觉得自己需要，对吧？

客户：你不是要卖保险吗？

保险销售人员：张先生，人人都需要保险，只是具体需要哪些险种不同而已，天有不测风云，买份保险就是对自己和亲人多一份保障，当一个人真正意识到自己需要保险的时候，他可能已经买不了保险了，到时候追悔莫及，您说呢？

客户：也有些道理，你们公司有哪些险种？

……

场景二："我已经买过保险了"

客户：不用了，我已经买过保险了。

保险销售人员：请问李小姐，您能否透露一下买的哪家公司的保险呢？

客户：买了份M公司的寿险。

保险销售人员：哦，M公司呀，是非常有实力的一家保险公司，他们的服务也很不错，李小姐您很有眼光。

客户：呵呵，所以你就不用再找我了。

保险销售人员：李小姐，这没什么影响，看来你也不是一个反对保险的人，我只是想向您推荐一下你从未接触过的财富保障计划，也许能给您一个惊喜呢，即使不符合您的要求，多了解一些保险方面的信息也不是什么坏事吧？

客户：这倒也是，那你说说吧。

场景三："我买了股票和基金，不用再买保险了"

客户：我有投资，还买了股票和基金，不用再买保险了。

保险销售人员：看来王先生确实是理财高手，懂得投资生财。不过，保险也是一个很好的理财产品，而且它与股票和基金等投资方式相比，优势在于有保障、无风险，在获得财富增值的同时给您和家人增添了一份保障。

客户：那你详细给我说说。

保险销售人员：好的。不过，一句两句也说不清楚，这样，正好我们公司最近推出了一个财富保障计划，我当面给您解释吧，王先生。

客户：也行，那你明天上午过来吧。

场景四："我亲戚也是卖保险的"

客户：不用了，我亲戚也是卖保险的。

保险销售人员：没关系的，李小姐，我只是给您提供一些保险方面的信息，至于您买不买，我无权决定，不过这样您至少可以多个选择，您说对吗？

客户：那你说说你推荐的产品吧。

场景五："等我身边的朋友买了我再买"

客户：我身边的朋友都没买保险，等他们买了再说吧。

保险销售人员：李小姐，现在大多数人的保险意识还很淡薄，所以当意外发生时，很多人都没有保险，那时候再想买就已经来不及了，凡事提前做好准备，您说是这样吗？

客户：那你说说，你们的保险产品有什么特别之处？

情景分析

以上五个场景都是客户从自身需求角度出发的拒绝，“我已经买过保险了”的言下之意是“已经买过了，所以不需要”；“我买了股票和基金”等于说“自己选择了其他投资方式，不需要保险”；“我亲戚也是卖保险的”表示“自己有购买保险的渠道，不需要从你这里买”；“等我身边的朋友买了我再买”是要表达“购买保险的时机还未成熟，暂时不需要”。

像这些从自身需求角度出发的拒绝语言还有很多，但无论客户是真的认为自己不需要，还是随意找了一个拒绝的借口，保险销售人员都不要就此放弃，而是应想办法让客户意识到自己需要保险，挖掘其潜在需求；同时还要尽量缓解客户的压力，告诉对方自己只是提供一些保险信息，买不买都没有关系。事实上，保险对每个人的生活都有重要意义，没有人不需要保险，只是具体需要的险种不同而已。

错误提醒

错误一：觉得既然对方说不需要了，那就选择放弃

客户：我已经买过保险了，不需要了。

保险销售人员：哦，那不好意思打扰您了，再见。

错误二：直接反驳，引起对方不满

客户：我不需要。

保险销售人员：您这么说是不对的，没有人不需要保险，就看需要什么险种了。

客户：我就是不需要，告诉你吧，我什么险也不需要，再见！

错误三：说话语气措辞不当，大谈客户忌讳的事项

客户：我不需要。

保险销售人员：您现在可以理直气壮地说自己不需要，等您哪天躺在病床上了还会觉得不需要吗？就怕您那时候想找点儿后悔药吃。

客户：你敢咒我？你才会躺在病床上呢！

技巧展示

技巧一：处理“不需要”类客户拒绝五步骤

“不需要”类拒绝是最频繁出现的，而事实上几乎每个人都需要保险，所以保险销售人员遭遇这类拒绝时不要害怕，如图3-5所示为具体的处理流程。

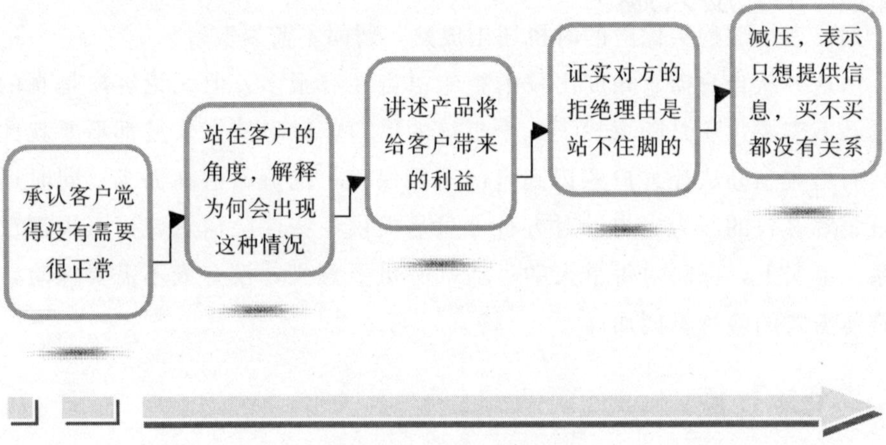
承认客户觉得没有需要很正常
站在客户的角度，解释为何会出现这种情况
讲述产品将给客户带来的利益
证实对方的拒绝理由是站不住脚的
减压，表示只想提供信息，买不买都没有关系

图3-5　处理“不需要”类客户拒绝五步骤

技巧二：针对“不需要”类客户拒绝的应对方法示例

1. 没关系，您现在不需要我能理解，毕竟您还年轻。但从我内心来说，我还是希望您现在就考虑一下，因为只是眼前不需要，等到年老力衰、无法工作时，暂且不说老年人易患的各种疾病，就说没有商业保险的补充，到退休后您去哪里争取额外的保障呢？现在做好准备，购买一份保险，就可以享受无忧的晚年生活了！

2. 您是否需要保险我不知道，但是我想您对钱肯定是需要的，对吧？您对自己的保障也是有需要的，对吧？其实保险就是提供给您这样一个赢得金钱和保障的有力工具。

3. 没有保险，将来万一发生不测，可是没人能帮我们忙的。别人买不买保险是别人的事，自己的事自己要仔细掂量，幸福生活掌握在自己手里。买了保险，各种重大风险我们就不用怕了。

4. 您别忘了，退休后还有二三十年要过，要花掉一生中三分之一的钱。您现在只要每年花10%的钱就能保证这三分之一的钱在您年老时送到您的手中。您说买保险划不划算呢？实际上，现在中国人的保险观念正在逐渐提高，其实很多人都买了，您可能还不知道呢？

情景31　没兴趣

实景再现

场景一："我对保险没兴趣"

保险销售人员：刘总您好，我是××公司的保险代理人孙甜甜，我们公司新推出了一份健康保障计划……

客户：不用了，我对保险没兴趣。

保险销售人员：我能占用您三分钟的时间跟您谈一下吗？我保证，如果谈完之后您还不感兴趣的话，我会马上挂断电话的。

客户：好吧，你说。

场景二："保险不吉利，一保就有险"

客户：保险不吉利，一保就有险。

保险销售人员：李小姐您真是太幽默了，我还是第一次听到这样的观点，哈哈。发生意外和投保的确没有任何关系，可一旦出了意外，如果买了保险就比没买保险的人多了一些保障，也不至于因意外而影响自己及家人的生活，所以像您这样有责任心的人，真应该考虑一下投保，为自己及家人增添一份保障，您觉得呢？

客户：你说得倒有点道理。

场景三："人死了保险有什么用"

保险销售人员：陈先生，给您推荐的这份意外保障计划，只需要一次性缴纳保费1.5万元，意外身故就可以获得50万元，一直保到60岁。

客户：人都死了还要保险有什么用啊？

保险销售人员：是的，生老病死是自然规律。有人无疾而终，有人意外身亡，也有人因病身故，很多人临终前才后悔没给家人买上一份保险，房子的贷款没有还清，家人以后该怎么生活？据我了解，您很爱您的家人，那么买保险更是绝对必要的。

场景四："买保险容易，理赔时太难"

保险销售人员：李小姐您好，我是××公司的保险代理人王浩，您现在方便说话吗？

客户：保险啊，买容易，可理赔太难，你就不要找我了。

保险销售人员：请问李小姐您以前遇到过这样的事情吗？

客户：我当然没有了，我又没买保险。

保险销售人员：哦，这可能中间有些误会。李小姐，保险公司的理赔确实很严格，这也是对所有客户负责。

客户：反正我知道买保险的时候你们都很热情，等到理赔的时候那主动权就在你们手里了。

保险销售人员：呵呵，是有这样的情况发生，李小姐，的确有一些职业道德欠佳的保险销售人员，为了成功销售保险而误导客户，也有些客户对法律契约签署缺少认识导致误会产生。所以，您如果买保险的话一定要仔细阅读条款，对每一条款确认清楚，这样，白纸黑字，保险公司一定会照章办事的！

客户：也有些道理，你刚才说的是什么保险？

场景五："我们都这么熟了，你就别给我推销保险了"

客户：我们都这么熟了，你就别给我推销保险了。

保险销售人员：哈哈，正因为和您熟，我才向您推荐的。我原来和您一样，老觉得买不买保险无所谓。可我现在才真正理解，保险还真是现代生活中不可或缺的一样东西。现在人们工作压力大、赚钱不容易，趁年轻每年拿出点儿钱为自己投保，退休后可以享受更多的养老金，这期间一旦出现意外，也能给家人一份保障。这样，您听我给您介绍完这款产品，再决定要不要吧。

客户：那好吧，你说。

情景分析

以上五个场景中的客户拒绝都表达了其对保险的兴趣不够，如“保险不吉利，一保就有险”是对保险的一种误解，有这种想法的人自然对保险没有兴趣；“人死了保险有什么用”、“买保险容易，理赔时太难”也是因为客户对保险理解有偏差导致兴趣不足；“我们都这么熟了，别给我推销保险了”，言下之意是不要因为保险伤了朋友之间的感情，可见客户对保险的误会之深。

总的来说，客户用“没兴趣”之类的拒绝理由时，可能是他随口的一种托词，更多的情况是其对保险的不了解或有误解。所以，保险销售人员遇到这类拒绝理由时，除了要设法扭转客户的观念，让他正确认识保险外，还要根据具体情况采取忽视法、太极法和直接反驳法等应对。

错误提醒

错误：批驳客户的错误观念，不但不能说服，反而会让客户离得更远

客户：买保险容易，理赔时太难！

保险销售人员：谁说理赔时难了？那都是客户买保险的时候没仔细看，对具体条款理解有问题，不然白纸黑字的，保险公司难道会抵赖你？

客户：你们保险公司都一样！

技巧展示

技巧一：消除误解，改变客户的错误观念

目前在中国，很多人对保险并不熟悉，加之有些保险公司运营、管理不规范，个别保险从业人员职业道德欠佳，使得人们对保险这一惠及未来生活的产品有一定程度上的误解，如保险不吉利、没有用、保险就是骗钱等，客户自然也就对保险没有兴趣，进而遇到保险销售人员时就会避而远之或者直接拒绝。所以保险销售人员在遇到这类拒绝时，首先应表示理解对方的想法，然后通过询问等方式探寻客户产生此类想法、误解的原因，并据此阐述保险能够带给客户的好处，消除客户的误解，改变对方的观念。

技巧二：针对“没兴趣”类客户拒绝的应对方法示例

1. 了解以后就有兴趣了。很多事情都是这样的，知道了用处，才会想要拥有它。所以，还是让我将这款产品的好处介绍给您吧，您觉得好呢，咱们接着聊，买不买全由您决定！

2. 油价上涨没人感兴趣，但汽油不买不行呀，没油怎么开车？所以，很多事情不是兴趣的问题，而是需求的问题。我们每个人就好比一辆车，都开在人生的道路上，保险就是我们油箱里的油和车上的备胎，不是有没有兴趣的问题，而是必须要有。您说呢？

3. 我们可以对保险不感兴趣，可是风险并不会因此不对我们感兴趣。诚然，是有一些保险公司和销售人员缺乏职业道德与专业性，但这并不应该成为您拒绝保险的理由。因为只有保险才能将那些由于风险带来的伤害降到最低，现代生活中每个人都离不开保险，所以如果遇到专业而负责的保险销售人员为您服务，您还是应该设计一套最适合自己的保险方案，对吧？

4. 是啊，您说得对，万一您不在了，钱是没有什么用的。可是，您有没有想过您家人的生活呢？如果您不在了，他们还要继续生活下去，没有您做支柱，他们的生活是不是会受到影响？生活水平会不会大打折扣呢？如果您现在投保，将来保险公司就可以代替您继续关爱您的家人。

情景 32　没时间

实景再现

场景一：“我很忙，没时间”

客户：我很忙，没时间。

保险销售人员：张先生，这已经是我第四次给您打电话了，每次您都正在忙，我知道您工作确实很忙，所以我只需三分钟时间，我保证在三分钟之后您如果还没有兴趣的话，我就挂断电话！

客户：那好，就三分钟时间。（只要在三分钟之内能引起客户的兴趣就可

继续交谈）

场景二：“我在开会”

客户：我正在开会呢！

保险销售人员：非常不好意思，李小姐，一个小时之后您能开完吧？那时我再打电话过来。

客户：完不了，至少两小时。

保险销售人员：好的，那我两个半小时之后给您打电话，李小姐再见！

（两个半小时后）

保险销售人员：李小姐您好，我是××公司的保险代理人王浩，刚才约好两个半小时后打电话过来的，您现在方便说话了吧？

客户：什么事，说吧。

情景分析

“我很忙，没时间”、“正在开会”等以时间为理由拒绝也是客户惯用的一种手段，保险销售人员遇到这类拒绝时要礼貌道歉并约定下次的谈话时间，如场景二；但多次遭遇客户这样的拒绝后就可以像场景一那样以诚意打动客户，用时间限定法请求得到三至五分钟的时间，在这段时间内只要能抓住机会引起客户的兴趣，就还有继续销售的可能。

错误提醒

错误一：不理会客户拒绝，仍然要求跟对方交流，不礼貌

客户：我很忙，没时间。

保险销售人员：我知道您这样的成功人士都很忙的，可我浪费不了您太多时间，您就抽出点儿时间让我给您介绍一下吧。

客户：我真的有事情，现在真不行。

保险销售人员：用不了多长时间的，您就听我介绍一下嘛！

客户：烦不烦人啊！（挂断电话）

错误二：追问客户隐私，引起对方反感。

客户：我很忙，没时间。

保险销售人员：哦，张先生，请问您正在忙什么呢？大概得多长时间？

客户：我为什么要告诉你？

技巧展示

技巧一：面对客户拒绝，如何调整心态

在保险销售工作中，遭到客户拒绝是最平常不过的事情。如果没有良好的心态，就算保险销售人员掌握的技巧再多，效果也并不见得好。所以，调整心态对处理客户拒绝具有很重要的意义。那么保险销售人员该如何调整心态呢？具体如图 3-6 所示。

对拒绝不要信以为真	对你所销售的东西不了解，甚至有误解，拒绝是很自然的事情，所以保险销售人员不要过于相信客户拒绝的话语，碰到客户拒绝时，先停顿一下，不急于争辩，心里默念：不要在意，继续前进，然后再开始处理客户拒绝
将拒绝看成是机会	角色互换，站在对方的角度、立场想问题，如果自己是客户，是不是在此情此景下也会拒绝，或许客户昨晚没有休息好或心情不好等，帮客户编一个理解他的心情故事，好好体会。总之不要先想到客户不对
现在拒绝并不代表永远拒绝	销售是日积月累的结果，不能着急，不能总想着“一口吃个胖子”，只有步步为营，成交也就不远了。从准备、开场、挖掘需求、推荐说明到成交，每一步都存在着拒绝，但这些拒绝不会一直存在，只要保险销售人员应保持乐观的心态，准确把握客户的需求，适当地解释清楚，这些拒绝就是暂时的
正面的影响力影响客户	好心情是可以“传染”的，和客户沟通时,保险销售人员应保持积极愉快的心情，相信一定可以说服客户购买，客户也会受到正面的影响，成交几率就会大一些；相反，如果遭到客户拒绝时表现出了受到打击后的气馁，客户也会受到影响越发失去兴趣，所以要坚强面对失败，以正面的态度影响客户
拒绝是必然会出现的	做销售工作，尤其是保险销售工作，无论你多么努力，会有10%的客户很快和你成交。还有30%的客户就是必然会拒绝的，保险销售人员在电话沟通中必然会遇到这部分客户的拒绝，这是无法避免的。这么想就会容易接受客户的拒绝

图 3-6　保险销售人员遭到客户拒绝时调整心态的五种方法

技巧二：针对“没时间”类客户拒绝的应对方法示例

1. 我知道您说的是实话，像您这样的成功人士都很忙。这样吧，我明天再打过来，您看什么时候方便呢？

2. 没错，时间对于每个人都非常宝贵。这样吧，为了节约我们双方的时间，我们花三分钟来谈谈这件事情。如果三分钟之后您不感兴趣，就立即挂断电话，我以后也不再打扰您了，好吗？

情景 33 没钱买

实景再现

场景一：“我没钱”

客户：我没钱。

保险销售人员：李小姐，我可不相信您没钱，不过反过来说，假设您真的没钱，那才更应该购买保险呢，钱多多买，钱少少买，没钱总不能连保障都没有吧。

客户：可我的资金确实挺紧张的。

保险销售人员：呵呵，李小姐，现在经济危机，大多数人的资金都挺紧张的，可我们保险公司的保险成交量不降反升，这正是因为大家看到了转移风险的重要性，所以不要因为资金紧张而忽略了保险。

客户：也是。

场景二：“我可没那闲钱去买保险”

客户：我可没那闲钱去买保险。

保险销售人员：张先生，很多人都和您有一样的想法，不过保险可不是用“闲钱”买的，生活中有很多不可预料的因素，保险不仅能保证我们自己具备抗风险能力；而且还是一种投资工具，年终可以得到分红，投保期满还可以有一笔可观的收入等。所以抽出一部分资金买点保险是有必要的，我给您介绍一下我们公司新推出的一份财富保障计划，好吗？

客户：好，你说给我听听吧。

情景分析

“没钱买”也是客户经常用来拒绝保险销售的一个托辞，保险销售人员遇到这类拒绝时要表示不相信客户的话，恭维对方肯定有钱，满足其虚荣心，再讲述保险对生活的保障作用，无论有钱没钱都应该购买一份保险，直至说服客户；有的时候客户对保险的认识不够客观，如场景二中的客户认为人有了“闲钱”才应该去买保险，遭遇这类拒绝时保险销售人员就要设法扭转客户的错误观念。

错误提醒

错误一：认同客户是穷人，伤及对方面子

客户：我没钱买。

保险销售人员：李小姐，您别这么说，保险也不像您想得那样只卖给有钱人，我们公司考虑各个社会阶层的需求，专门为您这样的穷人设计了一些保险计划，我们约个时间见面给您介绍一下吧。

客户：不用麻烦你了，我们穷人还买什么保险啊！（挂断电话）

错误二：和客户讨价还价，真以为客户是因为没钱才拒绝购买的

客户：我没钱啊。

保险销售人员：这份意外险只要您一次性缴纳 15 000 元，您还拿不出来吗？那您觉得多少钱合理呢？

客户：我一分钱都没有，反正我就是没钱买保险。

错误三：询问客户的财务情况，对方此时根本不信任你，所以保险销售人员是不可能得到真实有用的信息的

客户：我可没那闲钱去买保险。

保险销售人员：请问张先生，您现在的收入来源主要是什么？

客户：工资啊。

保险销售人员：那您平均每个月的工资大概是多少呢？有多少结余？

客户：这是我的隐私吧，无可奉告。

技巧展示

技巧一：处理客户拒绝过程中的六大禁忌

很多刚入行的保险销售人员，面对客户的拒绝就“缴械投降”了，他们往往表现得惊慌失措或极力做出争辩，有的甚至直接失去热情，宣布放弃，再寻找下一个目标。不能成功处理客户拒绝，就永远不会成功销售，所以保险销售人员一定要避免出现如图 3-7 所示的禁忌。

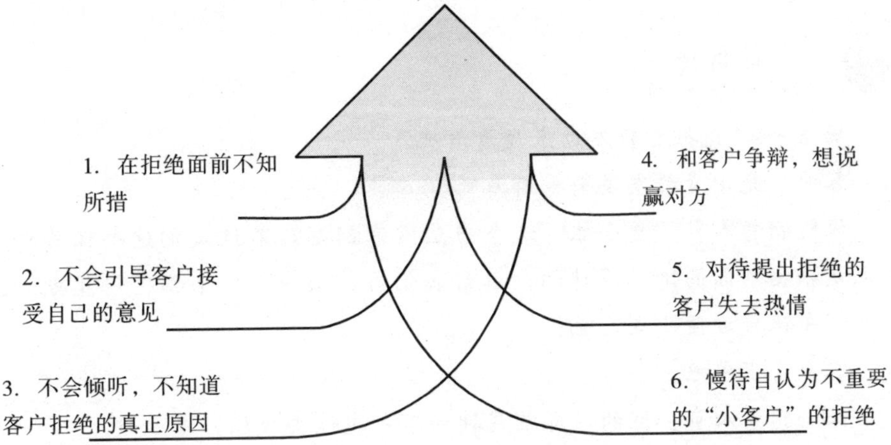
1. 在拒绝面前不知所措
2. 不会引导客户接受自己的意见
3. 不会倾听，不知道客户拒绝的真正原因
4. 和客户争辩，想说赢对方
5. 对待提出拒绝的客户失去热情
6. 慢待自认为不重要的“小客户”的拒绝

图 3-7　处理客户拒绝过程中的六大禁忌

技巧二：针对“没钱买”类客户拒绝的应对方法示例

1. 您现在投保更划算，因为您还年轻，保费比较便宜，以后您年龄增长了即使投同样的保障额度，也要多交些钱。况且投保是存钱，而不是花钱。两年之后，您还可以贷款一部分，钱始终可以回到您的手上。

2. 风险是没有假期的，疾病、伤残、意外这些无形的“敌人”并不会等我们做好了准备才来侵犯。您有没有想过，要是在我们没有准备好之前发生了意外，家人该怎么办呢？

3. 您说得都很正确。说实话，我原来也有跟您一样的想法，可是后来我发现，我们现在有固定的收入，都依然感到负担很重，试想，一旦家庭缺少了保障，断了经济来源，情况岂不是更可怕？保险就是把不可预测的大额风险转化为现在的小额日常支出，而现在的小额支出对您来说是微不足道的。

4. 保险不是奢侈品，而是一种必需品，事先做好计划就可以保障未来的基本生活。如果您现在身体健康、收入稳定都觉得没钱，万一发生意外岂不是更没有任何保障了？越是觉得没有钱，您就越要为将来着想啊！

情景34　要资料

实景再现

场景一：“先把资料发过来我看看吧”

客户：先把资料发过来我看看吧。

保险销售人员：李小姐，这个当然没有问题，不过我们这个保险计划基本上是根据不同的情况设计的，最好我们当面谈一下，不知道您星期六上午还是下午比较方便一点儿呢？

客户：下午吧。

保险销售人员：好的，那就星期六下午我过去找您，李小姐。

场景二：“留下电话，我需要的时候给你打过来”

客户：你把电话号码留下，我需要的时候给你打过来。

保险销售人员：不用麻烦李小姐了，还是我给您打过来吧，您大概什么时候能考虑好，我给您打电话。

客户：我现在根本就不需要啊。

保险销售人员：李小姐，很多人都跟您一样，当自己身体健康、一切如意时，不会觉得需要保险，可当意外发生时，买保险就来不及了，所以买保险要未雨绸缪，没有人是不需要保险的，只是需要什么保险不同而已。

情景分析

“先把资料发过来我看看”和“把电话号码留下，我需要的时候跟你联系”等也是客户常用的拒绝语言，此时可能有两种情况，一是客户有需求，也在关注保险，只是还没有清晰地明确自身的需求；二是怕伤害保险销售人员，用这种带有希望的语言拒绝。没有经验的保险销售人员遇到这类托辞时还高兴地以为销售工作前进了一步，但实际上这只是客户委婉拒绝推销的一种方式。

错误提醒

错误一：直接答应客户的要求，留下资料或者电话号码，给了客户一个拒绝的借口

客户：你把电话号码留下，我需要的时候跟你联系吧。

保险销售人员：好的，谢谢您张先生，我的手机号是__________，请跟我联系。

（若干天以后）

保险销售人员：张先生，上次我给您推荐的那个保障计划，不知道您考虑得怎么样了？

客户：我不是跟你说了嘛，需要的时候会跟你联系的，你不要再打电话给我了，我还有事，再见！

错误二：直接回绝客户要资料的请求，引起对方不满

客户：你先把资料发过来我看看吧。

保险销售人员：对不起，我们没有可视的资料。

客户：那你把电话号码留下吧，我有需要的时候给你打电话。

保险销售人员：对不起，张先生，我的电话号码不方便留。

客户：那你还做什么销售啊，算了，再见！

技巧展示

针对“要资料”类客户拒绝的处理方法及示例

对于“要资料”类客户的拒绝，保险销售人员可按如表 3-1 所示的方法处理。

表 3-1 针对“要资料”类客户拒绝的处理方法及示例表

托辞	处理方法	示例
要资料	找理由拒绝留下资料，坚持面谈	这个当然没有问题，不过我们这份保险计划比较复杂，是根据不同的人设计的，所以我们最好还是当面谈一下，您明天早上还是下午闲一些？我去找您
	留下资料，但要约定下次通话的时间	好的，谢谢，我马上把有关资料发到您邮箱里，请您有空的时候关注一下，我下个星期再给您打电话，好吗
要电话号码	拒绝留下电话号码，但要找好借口，让客户觉得合情合理	实在不好意思，我这边的座机只能往外打电话，不能接。这样吧，您先考虑一下，我下个星期再跟您联系，好吗

情景 35 不面谈

实景再现

场景一：“就在电话里讲吧”

保险销售人员：张先生，您今天还是明天比较闲，我上门跟您详细谈谈吧。

客户：不用了，就在电话里讲吧。

保险销售人员：张先生，我很愿意按您说的办，在电话里把所有情况都告诉您，但是怕说不清，而且还有一些资料要给您看。我拜访您的时间绝不超过 15 分钟，您看哪天方便点儿？

客户：那就明天下午吧。

场景二：“我没有空见你啊”

客户：我没有空见你啊。

保险销售人员：这个我当然知道，所以我先打电话与您约个时间，拜访最多只需 15 分钟，不知道您星期天上午还是下午比较方便一点儿？

情景分析

保险销售一般都需要面谈才能成单，所以成功约见客户非常重要。保险销售人员在电话沟通中约见客户遭遇拒绝是常有的事情，就像上述两个场景一样。处理这类拒绝，保险销售人员应先说清楚面谈的必要性，激发客户的兴趣，然后利用时间限定法，保证面谈时间不会太长，减轻客户的压力。

错误提醒

错误一：听从客户的要求，在电话中详细描述产品的具体情况，因为缺少了见面后的说服过程，操之过急，最终导致失去客户

客户：你就在电话里讲吧。

保险销售人员：那好吧，刘小姐，我们这份财富保障计划的具体内容是这样的，……

客户：哦，我听明白了，还是算了吧，不用见面了，我兴趣不大。

错误二：用乞求的方式请求见面，让客户越来越厌烦

客户：我很忙，没有时间见你啊，

保险销售人员：张先生，您就给个面子嘛，反正我也不会浪费您很多时间，就当交个朋友嘛，求您了，好吗？

客户：你求我有什么用啊，我没时间见你。

技巧展示

技巧一：站在客户的立场，将服务做到极致

保险是现代商业的一个独特标识，在现代的社会营销理念下，保险销售人员从事的是一种服务性质的工作，一定要提高自己的服务理念，将客户满意度作为自己追求的目标，将服务做到极致，成功也就不远了。如图 3-8 所示为“传统销售理念下”和“服务理念下”销售方式等的差异。对比之下，就知道哪个更能赢得客户了。

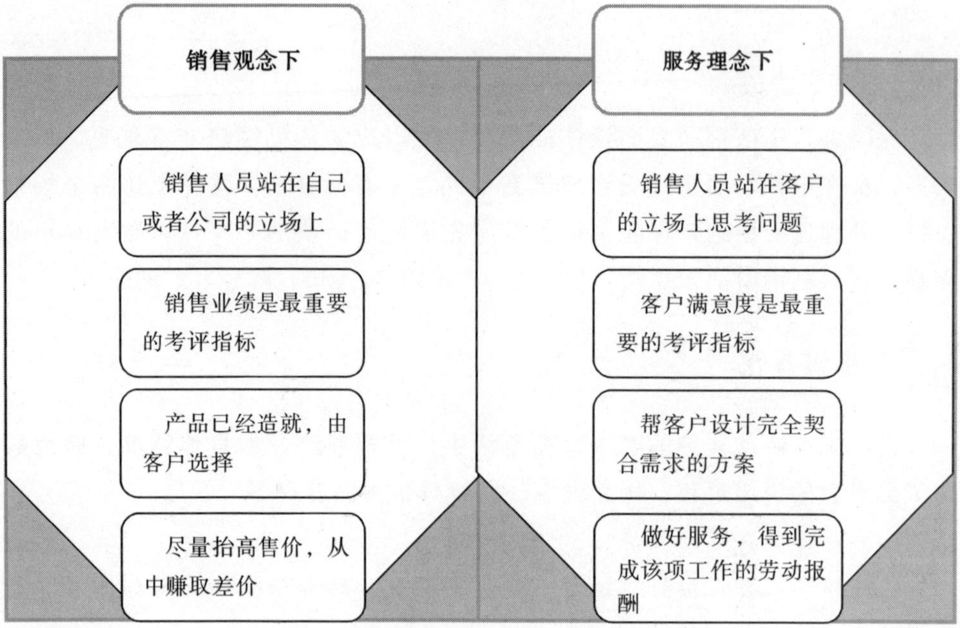
销售观念下
销售人员站在自己或者公司的立场上
销售业绩是最重要的考评指标
产品已经造就，由客户选择
尽量抬高售价，从中赚取差价
服务理念下
销售人员站在客户的立场上思考问题
客户满意度是最重要的考评指标
帮客户设计完全契合需求的方案
做好服务，得到完成该项工作的劳动报酬

图 3-8 “销售”理念与“服务”理念间的差异

技巧二：针对“不面谈”类客户拒绝的应对方法示例

1. 当然可以，我也想在电话中把所有信息都告诉您，就怕讲不清楚，保险计划要适合您才好，所以最好通过面谈，我把信息都了解清楚，然后才能量体裁衣，给您设计一份科学合理的保险计划。

2. 像您这样的成功人士忙是自然的，我的很多客户也都和您一样，所以我也不敢浪费您太多时间，面谈大概就 15 到 20 分钟吧，我们约个时间我过去找您。

3. 您别误会，我不会强迫您买保险的，我只是希望成为您保险和理财方面的顾问，或者为您提供一些相关信息，至于买保险，完全是您自愿的事情，您明天上午还是下午方便点儿，我过去找您。

第 3 节　无法化解则巧妙收尾

有时候，任凭保险销售人员如何巧妙应对，客户的拒绝仍然无法化解。这时，保险销售人员必须调整好自己的心态，坦然接受这种现实，因为不可能所有人都能够接受你和你的产品，他也有选择。这时不要怨天尤人，更不要对客户不礼貌，而要尽量化解客户的不满，并为以后留有余地，如图 3-9 所示。

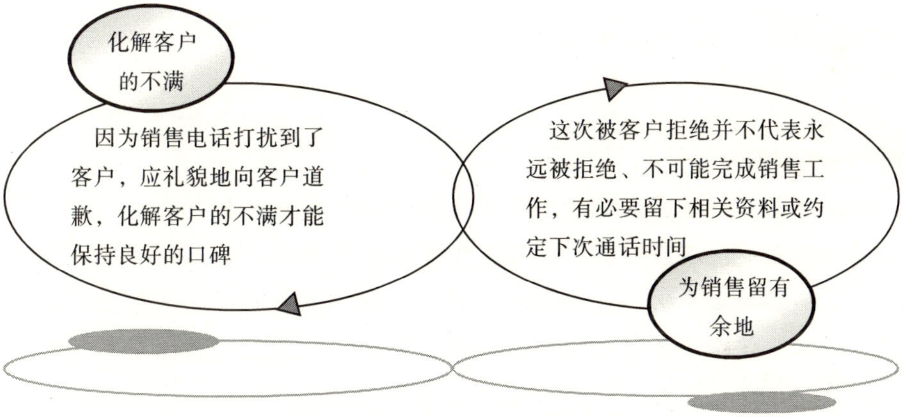

化解客户的不满
因为销售电话打扰到了客户，应礼貌地向客户道歉，化解客户的不满才能保持良好的口碑
这次被客户拒绝并不代表永远被拒绝、不可能完成销售工作，有必要留下相关资料或约定下次通话时间
为销售留有余地

图 3-9　拒绝无法化解时如何收尾

情景 36　道歉化解不满

实景再现

保险销售人员：王总您好，我是××公司的保险代理人高峰，我们公司新推出一种健康保障计划……

客户：保险啊，我很健康，不需要。

保险销售人员：是的，王总，您现在的确很健康，可能不需要保险，可是以后如果您真的意识到自己需要保险的时候，可能已经买不到保险了。

客户：不管你说什么，反正我是不需要。

保险销售人员：王总，您为什么这么肯定自己不需要保险呢？

客户：没有为什么，就是不需要，行了，我这边正忙着呢，以后再说吧。

保险销售人员：哦，那我再提最后一个请求，王总，在挂电话之前我还有一句话要说。

客户：赶紧说吧。

保险销售人员：实在不好意思打扰到您了，我要对您说的就是“对不起！打扰了。”

客户：呵呵，没关系了，再见！

保险销售人员：王总再见。

情景分析

场景中的保险销售人员经过努力，仍然无法化解客户的拒绝，便因打扰了对方而礼貌地向客户道歉。诚挚的道歉可以化解客户内心的不满，为以后再争取这位客户留下机会；即使最终都无法成功向该客户销售保险，也会为自己及保险公司留下良好的口碑。口碑对于任何行业的销售都非常重要，良好的口碑是保险公司及保险销售人员最宝贵的财富。因此，保险销售人员要善于道歉，在无法化解客户拒绝时，至少要让客户感受到自己诚挚的歉意。

错误提醒

错误：被拒绝时不向客户道歉，还出言不逊

客户：行了行了！你别说了，我真没兴趣。

保险销售人员：送你两个字，顽固！等你老了没钱花的时候就有兴趣了，那时候你后悔也晚了！

客户：你这是怎么说话呢，凭什么骂人啊？

技巧展示

如何向客户道歉

保险销售人员在和客户沟通的过程中，因为打扰对方、自己做错了事情或没介绍清楚产品等，需要向客户道歉。一句真诚的道歉有时可以胜过千言万语，所以，保险销售人员要视具体情况在道歉中遵循如图 3-10 所示的五大原则。

态度认真	道歉的态度要认真，不可带有挑衅的成分，让客户感觉到 “他知道错了”。其实，客户往往希望得到保险销售人员勇于承担责任的态度和对错误的警觉，他要知道类似的事情不会再发生
针对主题	不要为无关痛痒的事情道歉，道歉必须针对客户认为被冒犯的重点。如果保险销售人员的道歉和客户所认为的错误风马牛不相及，那么道歉会使问题更加复杂，客户甚至会认为保险销售人员在歪曲事实
站对立场	保险销售人员和客户沟通时不仅代表着个人，更代表着保险公司，道歉时也必须搞清楚是以个人的名义向客户道歉，还是代表公司向客户道歉。这个道歉的立场非常重要，保险销售人员必须弄清楚个人、公司及客户三者之间的责任关系
承担责任	不要总想着“如何才能表达悔意”，应站在客户的立场上想一想，如何才能弥补对方的损失，承担责任。因为客户不仅需要知道来自于保险销售人员的悔意，更重要的是需要有人为错误承担责任
实际行动	“我想道歉”不是真正的道歉，一定要有实际行动。要做出明确无误、直截了当的道歉，表示自己将会如何改正错误，而不要拐弯抹角、遮遮掩掩，或者搬出陈词滥调来应付对方

图 3-10　保险销售人员向客户道歉的五大原则

情景 37　约定下次通话

实景再现

客户：我现在不需要，等我需要的时候再给你打电话吧。

保险销售人员：呵呵，王小姐，您这么说是真的要给我打电话还是在拒绝我呢？

客户：我也不知道，反正我现在是没兴趣。

保险销售人员：王小姐，买保险跟兴趣没有关系的，要看有没有需要，一些疾病、意外可不会因为没有兴趣就不会发生，如果发生了，我们没有足够的保险来保障，处境就会非常困难，您说对吗？

客户：不管你说什么，我现在就是对保险没兴趣。

保险销售人员：呵呵，不好意思打扰王小姐了，我下个星期再给您打电话吧，王小姐再见。

情景分析

除了向客户礼貌道歉之外，保险销售人员还要尽量争取与客户约定下次通话的时间，留下销售机会。这样做的好处在于：尽管第一次沟通以失败告终，也是为下次通话做了铺垫，下次通话时保险销售人员就可以试图像老熟人一样与客户展开话题。但约定下次通话时要看当时的情况，如果客户拒绝得非常果断，反对比较强烈，保险销售人员就应像场景中一样，道歉后表示自己会在某个时间段再打来电话，然后主动挂掉电话，以避免在征求对方下次通话时间时又遭拒绝；如果客户比较犹豫，保险销售人员就可以用选择提问法大胆征询对方下次通话的时间，如“您周六早上还是下午比较闲，我打电话过来咱再聊聊”。

错误提醒

错误：客户表现出强烈拒绝时，保险销售人员仍征询客户下次具体的通话时间

客户：我现在有事，你别说了，我正忙着呢！

保险销售人员：您什么时候有空呀，明天我再给您打电话吧，上午还是下午比较闲呢？

客户：你别给我打电话了，我对保险根本没兴趣，听见了没，永远都别给我打电话！

技巧展示

如何与客户约定二次沟通

第一次电话沟通被拒绝之后，保险销售人员应试图与客户约定二次沟通。在约定二次沟通的过程中，需要注意如图 3-11 所示的技巧。

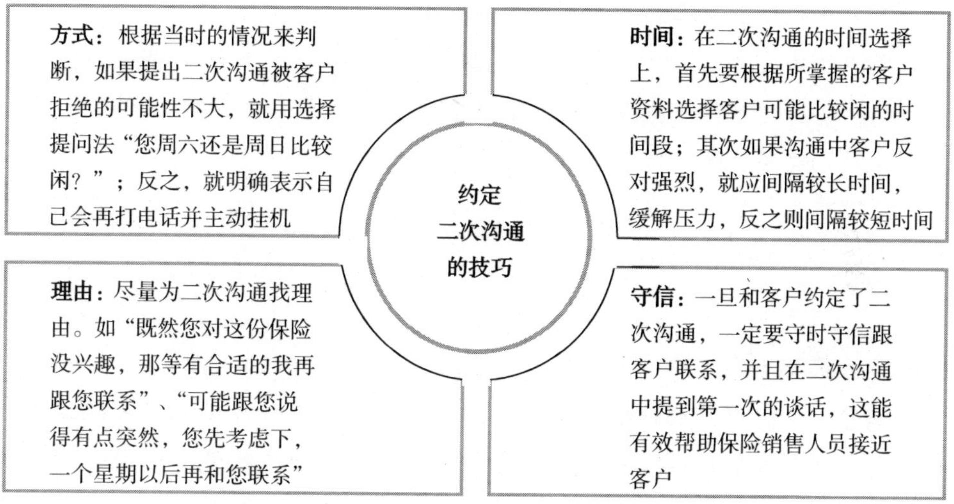

方式：根据当时的情况来判断，如果提出二次沟通被客户拒绝的可能性不大，就用选择提问法“您周六还是周日比较闲？”；反之，就明确表示自己会再打电话并主动挂机
时间：在二次沟通的时间选择上，首先要根据所掌握的客户资料选择客户可能比较闲的时间段；其次如果沟通中客户反对强烈，就应间隔较长时间，缓解压力，反之则间隔较短时间
约定二次沟通的技巧
理由：尽量为二次沟通找理由。如“既然您对这份保险没兴趣，那等有合适的我再跟您联系”、“可能跟您说得有点突然，您先考虑下，一个星期以后再和您联系”
守信：一旦和客户约定了二次沟通，一定要守时守信跟客户联系，并且在二次沟通中提到第一次的谈话，这能有效帮助保险销售人员接近客户

图 3-11　约定二次沟通的技巧

情景 38　留下相关资料

实景再现

客户：我可没那闲钱买保险。

保险销售人员：李小姐，确实有很多客户这么想，他们认为钱多得花不完的时候才应该去买保险。其实，一个人钱很少的时候，才更应该购买保险，因为我们生活中可能会出现很多疾病、意外等不可预知的风险，所以我们得保证自己的抗风险能力。

客户：你说得是很好，我也想买，但就是没钱，你说怎么办？

保险销售人员：只要您认可了保险的作用，总会有办法的，有钱多买，没钱就少买，我觉得首先得有最基本的保障。李小姐，我们约个时间见面谈谈吧，您这周六上午还是下午比较闲？

客户：不行，我不能见你，真没钱买。

保险销售人员：呵呵，那我再问一个问题吧，李小姐，您能透露一下个人财务状况吗？

客户：这是个人隐私，不能告诉别人。

保险销售人员：不好意思，这样吧，李小姐，请您把电子邮箱地址告诉我，我给您发一份资料先看看，如果有意向我们再谈，好吗？

客户：好吧，我的电子邮箱地址是……

保险销售人员：好的，我一会儿就把资料发过来，请您注意查收，李小姐再见。

情景分析

场景中的客户似乎对保险有兴趣，但可能确实是财务状况不太理想或出于其他原因，就是坚持拒绝购买保险，保险销售人员在劝说无果后表示要给对方发一份资料，并约定下次再谈，也许就是这份资料能够使客户对保险产生兴趣，出现新的销售机会。

客户还经常要求保险销售人员“留下资料”，这其实是一种变相的拒绝。这种拒绝如果无法化解，保险销售人员也应遵照客户的要求留下资料，但可以询问客户“是真的有兴趣看看资料还是在拒绝我”，要求客户尽量去看资料。

错误提醒

错误：坚决不留资料，丧失销售的可能

客户：你把资料发过来，我看看吧。

保险销售人员：我们这份保障计划比较复杂，我们还是约个时间面谈吧，您这两天还是周末有空？

客户：那算了，有资料的话我看看，不然就算了，反正我也没多大兴趣。

保险销售人员：对不起，确实没有资料能给您看，不好意思，再见！

技巧展示

首次向客户发送资料的技巧

如果保险销售人员无法化解客户的拒绝，只能给对方发送相关资料，就不要“为了发资料而发资料”，一定要制作一份质量上乘的资料以引起客户兴趣。具体该如何向客户发送资料，发送什么样的资料呢？如图 3-12 所示。

发送方式	应该征求客户的意见，由客户选择发送方式，一般采取电子邮件或传真的方式，电子邮件的应用最广泛
标题醒目	标题必须非常醒目，尤其是发送电子邮件的时候，醒目的标题才能引起客户注意，以免被客户当作垃圾邮件过滤掉
形式规范	资料的书写形式必须规范，便于客户阅读，如果客户光看形式就没有阅读的欲望，这份资料就是非常失败的
言简意赅	客户目前并没有购买意向，这份资料是为了引起客户兴趣的，故必须言简意赅，不要有太多内容，否则客户就没有看下去的兴趣了
重点明确	这份资料主要为了引起客户兴趣，所以公司介绍、产品介绍都要尽量简单，重点阐述保险对于生活的意义及购买保险能得到的利益
电话确认	发送资料以后，一定要电话确认客户是否收到。这样做一方面可以避免发送失误，另一方面可以督促客户去阅读

图 3-12 保险销售人员首次向客户发送资料的技巧

第 4 章　上门拜访增好感

成功说服了客户，赢得了上门拜访、与客户面谈的机会，保险销售就向前迈出了坚实的一步。面谈是保险销售中最重要的一环，如何抓住拜访机会，成功向客户销售保险呢？给客户留下良好的第一印象，面谈中会问、会听、会说，都是决定销售成败的重要因素。掌握了这些技巧，销售才可能成功。具体如图 4-1 所示。

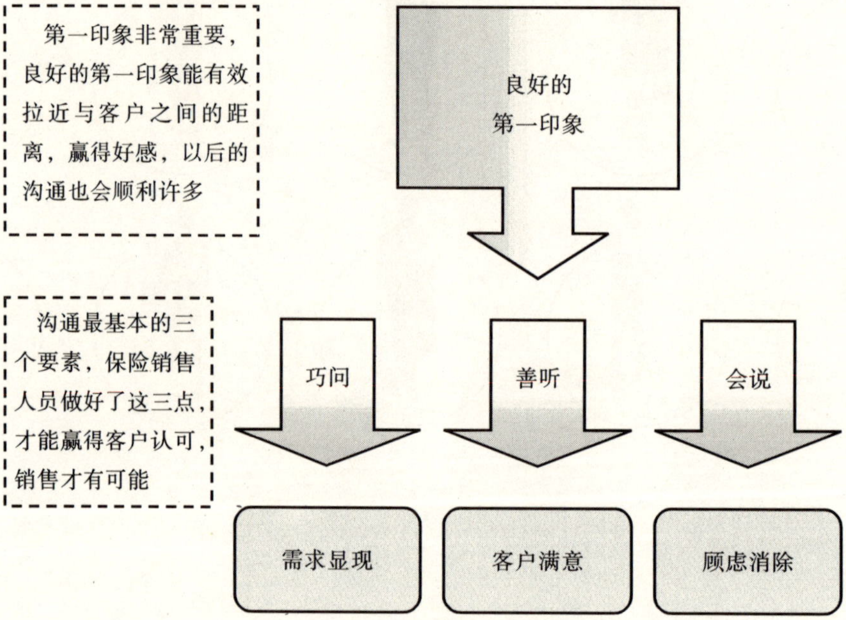
第一印象非常重要，良好的第一印象能有效拉近与客户之间的距离，赢得好感，以后的沟通也会顺利许多
良好的第一印象
沟通最基本的三个要素，保险销售人员做好了这三点，才能赢得客户认可，销售才有可能
巧问
善听
会说
需求显现
客户满意
顾虑消除

图 4-1　上门拜访的四个重要技巧

第1节　好印象

“推销产品不如推销自己”，无论销售什么产品，首先销售人员要得到客户的认同。在客户面前塑造形象的机会只有一次，或许只是刚见面的那一两分钟，所以，一名优秀的保险销售人员不能仅仅依靠产品赢得客户，而是必须用自身魅力去征服客户。

在人与人的交往中，第一印象非常重要，保险销售人员必须重视与客户的第一次见面，首先就是给对方留下一个美好的第一印象，为以后的成功销售做好铺垫。那么保险销售人员如何才能给客户留下良好的第一印象呢？如图 4-2 所展示的三个重要技巧可供参考。

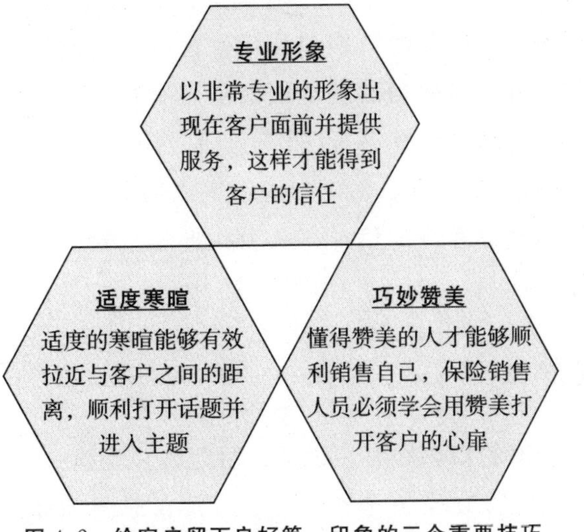

专业形象
以非常专业的形象出现在客户面前并提供服务，这样才能得到客户的信任
适度寒暄
适度的寒暄能够有效拉近与客户之间的距离，顺利打开话题并进入主题
巧妙赞美
懂得赞美的人才能够顺利销售自己，保险销售人员必须学会用赞美打开客户的心扉

图 4-2　给客户留下良好第一印象的三个重要技巧

情景 39　专业形象

实景再现

小陈是一位成功的保险销售人员，他曾经连续三年成为某大型保险公司

的全国销售冠军，至今仍保持着每年上千万元的销售业绩。

有一次接受采访时，记者问他如何能够在保险行业中做到如此成功，小陈是这么回答的："其实在中国销售保险并不像很多人认为的那么难，有很多人想购买保险，却不信任保险公司和销售人员，而我所做的就是让他们相信我，以专业的形象出现在客户面前，提供专业的服务，这样离签单就不远了。"

小陈的回答很平实，却强调了两个字：专业！的确，西装、领带、公文包和保险资料都是他永远随身携带的道具，而各种保险产品的详细内容、理赔方式和签单流程等，他更是烂熟于心，他总能在很短的时间内就让客户相信他是一位保险行业的专家，从而轻松签约。

情景分析

给客户留下一个好印象的第一个技巧就是以专业的形象与客户沟通。上述案例中的保险销售人员取得成功的因素肯定有很多，完全说他是依靠"专业"成就了今天的业绩显然有点言过其实，但不可否认的是，"专业"是其中必不可少的一项因素，"专业"对于保险销售成功十分重要。一名保险销售人员要想在短时间内取得客户的信任，必须在形象、知识、技巧和语言等方面做到足够专业。

错误提醒

错误一：以专家的口吻跟客户说话，引起客户反感

保险销售人员：王先生，您放心好了，我在保险行业摸爬滚打20余年，还有什么没摸清的，一般人我只要看上几眼，就知道他该买什么样的保险。

客户：你说得好邪乎，有这么神吗？

错误二：穿着仪表让自己的专业形象大打折扣

穿着邋遢、气喘吁吁、满头大汗等都会影响自身形象，影响客户对保险销售人员的认可。

技巧展示

技巧一：塑造专业形象，竭诚为客户服务

专业形象可以给客户留下良好的第一印象，为以后的顺利沟通打基础。保险销售人员该从哪些方面塑造自己的专业形象呢？如图 4-3 所示。

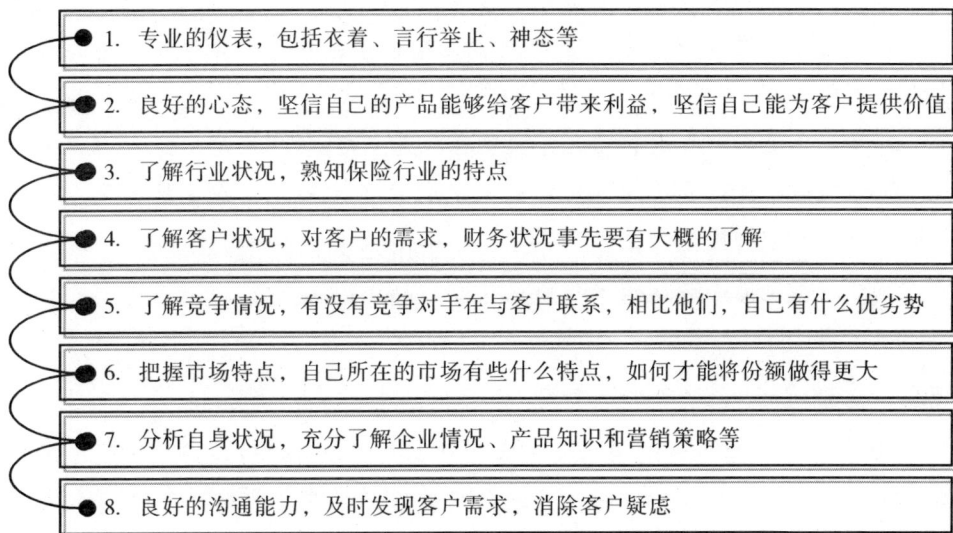

1. 专业的仪表，包括衣着、言行举止、神态等
2. 良好的心态，坚信自己的产品能够给客户带来利益，坚信自己能为客户提供价值
3. 了解行业状况，熟知保险行业的特点
4. 了解客户状况，对客户的需求，财务状况事先要有大概的了解
5. 了解竞争情况，有没有竞争对手在与客户联系，相比他们，自己有什么优劣势
6. 把握市场特点，自己所在的市场有些什么特点，如何才能将份额做得更大
7. 分析自身状况，充分了解企业情况、产品知识和营销策略等
8. 良好的沟通能力，及时发现客户需求，消除客户疑虑

图 4-3　保险销售人员塑造专业形象的八个方面

技巧二：先请教后指教

专业不等于“专家”，保险销售人员上门拜访客户时不要以专家的口吻跟客户讲话，应该采取“先请教后指教”的策略。保险销售人员首先礼貌地向客户请教问题，打开客户的心扉后才可指出客户的一些错误观点，尽量说服客户。

情景 40　巧妙赞美

实景再现

保险销售人员：您好，张先生。

客户：呵呵，你好。

保险销售人员：这就是您的孩子吧，真可爱，一看就特别机灵，真乖，来，让阿姨看看！

客户：呵呵，这孩子太闹，不太听话。

保险销售人员：小孩闹才好呢，长大有出息。听李先生说您在事业上相当成功，这孩子将来肯定能跟您一样。

客户：呵呵，过奖了，成功可不敢当。

保险销售人员：李先生说您不但事业上非常成功，而且待人友好，特别喜欢培养后辈人才。

客户：我是比较喜欢和你这样的年轻人在一起。

保险销售人员：听您这么说，我就很放松了，有什么就说什么了，如果说错了您可一定得包涵啊！

客户：没关系，跟我说话随意就好。

情景分析

"赞美"好比是全球的通行证，懂得赞美的人才会销售自己。场景中的保险销售人员第一次与客户见面，开场就赞美客户的孩子，还以第三方的口吻赞美对方的为人和善、事业有成等，就这样在很短的时间内博得了客户的好感，同时也使沟通气氛更加融洽，有利于接近客户，取得信任。

错误提醒

错误一：好话说不到点子上，适得其反，让双方难堪

保险销售人员：王先生，一看就知道您年轻有为，事业有成。

客户：我是很年轻，但是说"事业有成"可就过了。（年轻不一定就会"有为"，可以说对方看起来很年轻，赞美不可太随意。）

错误二：赞美的话说得太多，让客户觉得虚伪

保险销售人员：李小姐您看起来可真年轻啊。

客户：谢谢。

保险销售人员：我都不敢相信您是快40岁的人了，再看您这皮肤，比好多20来岁的女孩都要好呢。

客户：哪里，你说得太夸张了。

保险销售人员：没有，我是说真的，再看您这身材，一点儿都没走形，真是奇怪了，啧啧！

客户：我还有点儿事情，先走了。（借故离开）

技巧展示

赞美客户的四项基本原则

第一次拜访客户时的赞美可以赢得对方的好感，拉近彼此间的距离，更重要的是，赞美在整个销售过程中都是必不可少的。赞美人人都会，但是要把赞美做得恰到好处，并没有想像中那么容易。该如何赞美客户呢？保险销售人员应遵循如图4-4所示的赞美客户的四项基本原则。

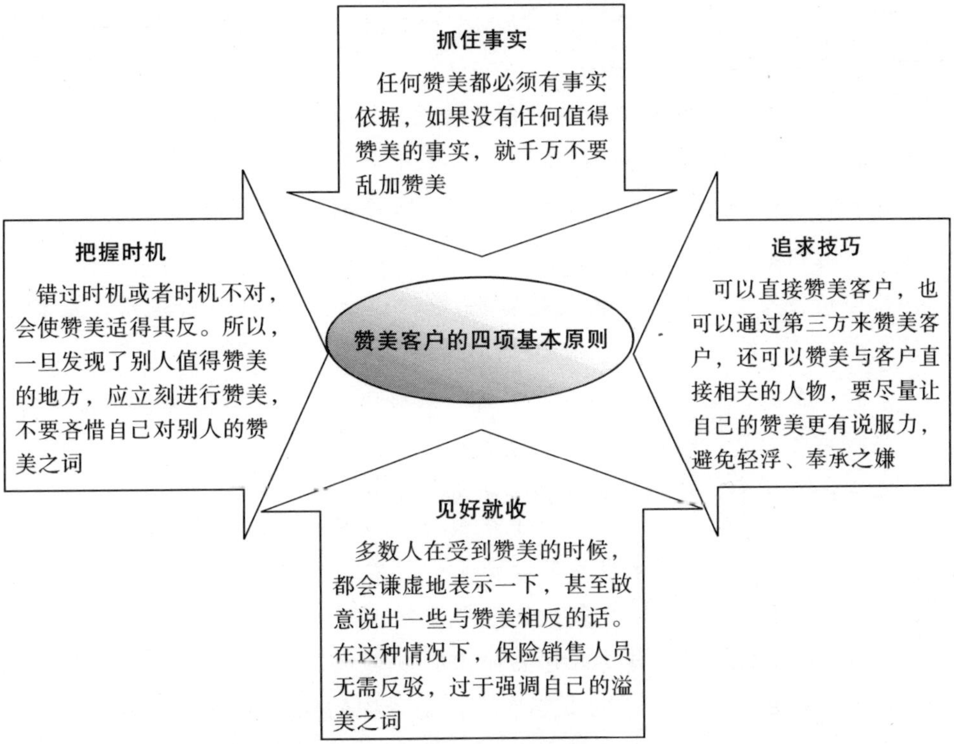

抓住事实
任何赞美都必须有事实依据，如果没有任何值得赞美的事实，就千万不要乱加赞美
把握时机
错过时机或者时机不对，会使赞美适得其反。所以，一旦发现了别人值得赞美的地方，应立刻进行赞美，不要吝惜自己对别人的赞美之词
赞美客户的四项基本原则
追求技巧
可以直接赞美客户，也可以通过第三方来赞美客户，还可以赞美与客户直接相关的人物，要尽量让自己的赞美更有说服力，避免轻浮、奉承之嫌
见好就收
多数人在受到赞美的时候，都会谦虚地表示一下，甚至故意说出一些与赞美相反的话。在这种情况下，保险销售人员无需反驳，过于强调自己的溢美之词

图4-4　赞美客户的四项基本原则

情景 41　适度寒暄

实景再现

保险销售人员：李先生，您的房子装修得真不错，看起来很温馨。

客户：呵呵，过奖了，简单装修了一下而已。

保险销售人员：最近天气不错，您有没有跟家人一起出去旅游呢？

客户：嗨，我今年特别忙，抽不开时间。

保险销售人员：李先生，您喜欢足球是吗？

客户：呵呵，看了很多年球了，偶尔踢踢。

保险销售人员：我看您那边的架子上有好几个足球，哇，还有足球吉祥物，我可以看看吗？

客户：当然可以了，这个是2006年世界杯的时候在网上买的，这个是2002年世界杯的时候买的……

保险销售人员：好羡慕您啊，我也特别喜欢足球，现在周末晚上还经常熬夜看球呢。

客户：一样，我都这样看了二十多年了，没办法，西甲的比赛时间太晚，可我喜欢看巴萨踢球。

保险销售人员：是吗？我也超喜欢，他们的技术真是行云流水，上赛季六冠王啊。

客户：是啊，这个赛季踢得也不错，你别站着，坐，我给你倒点儿水喝。

保险销售人员：您别麻烦了，李先生，您请坐！

客户：没关系，没想到还认识个球友，坐着聊吧。

情景分析

适度寒暄是良好沟通的一个开始，它的作用体现在三个方面，如图4-5所示。

可见适度寒暄对于沟通的重要作用，场景中的保险销售人员第一次与客户见面，首先寒暄房子、天气和旅游等，直到发现了客户家里的足球，这给保险销售人员提供了一个非常有利的机会，双方找到了共同话题，迅速拉近了彼此之间的距离，建立了信任关系。

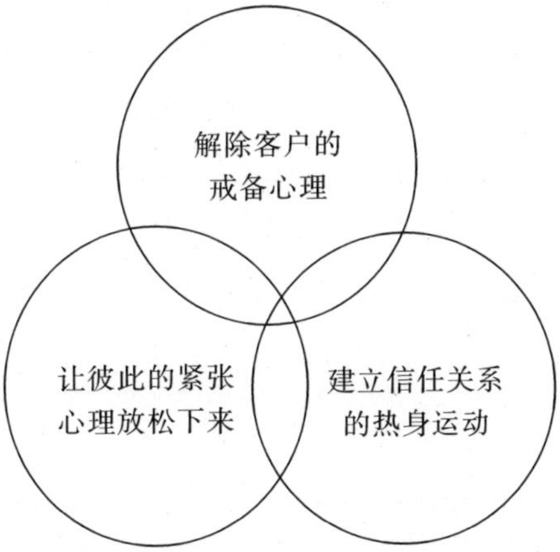
解除客户的
戒备心理
让彼此的紧张
心理放松下来
建立信任关系
的热身运动

图 4-5 寒暄的三个作用

错误提醒

错误一：寒暄起来话太多，不会控制现场，不能在适当的时候进入主题

保险销售人员：今年这么好的天气真是难得一见啊，王先生您有空了就去外面走走。

客户：呵呵，谢谢你，我有工夫了就出去转转。

保险销售人员：说起这旅游啊，我倒是有些研究……（一直说了下去，直到客户已经失去兴趣，保险销售人员还在扯题外话。）

错误二：不会寒暄，简单地和客户打过招呼后就急忙开始推销保险，这样容易被客户拒绝

保险销售人员：王先生，您好，我是××公司的保险代理人孙甜甜，很高兴能见到您。

客户：你好，你好。

保险销售人员：今天天气不错啊，王先生。

客户：是挺好的。

保险销售人员：天气不错，王先生的心情肯定也不错，你原来有没有买过一些商业保险呢？

技巧展示

技巧一：保险销售人员要注意寒暄的话题

适度的寒暄非常必要，是接下来沟通的重要铺垫，但如果做得不好，就很可能导致全盘皆输。那么聊什么话题呢？保险销售人员可参考图 4-6 所示的话题范围，同时尽量避免那些涉及客户个人隐私和其他一些容易引起争议的话题，尤其是初次见面的客户。

个人爱好	从客户的个人爱好入手，有助于迅速产生共鸣的话题，消除彼此间的陌生感，拉近与客户的距离
客户所在行业	与客户探讨这类信息，很快就能拉近距离，也容易获得客户的反馈。但如果只知道点儿皮毛的信息就不要提了，千万不要不懂装懂地妄加评论
客户办公环境	对客户办公环境的赞美只要不过分，就是适合的，现在很多公司的装修都非常漂亮或者很有特色，所以寒暄与赞美客户的办公环境，客户肯定会很高兴
客户经营业务	对客户的经营业务进行寒暄时要谨慎，因为如果不了解客户的经营状况或者真正的产品特性，很容易在客户面前班门弄斧
社会话题	一些社会话题也会变成生意场上的谈资，与客户产生很多共鸣。这就要求保险销售人员不可只专著于保险领域，要把眼界放宽
令人振奋的消息	与客户相关的令人振奋的消息是特别受欢迎的话题。这些话题往往能立即吸引客户，提高客户的兴奋度
天气与自然环境	天气与自然环境是一个非常适合寒暄的话题。或天冷或天热，或有很强烈的天气变化，或适宜出游的季节，比较适合以天气和自然环境作为开场白

图 4-6 保险销售人员可以和客户寒暄的话题

技巧二：寒暄适度，转移话题

保险销售人员和客户的寒暄一定要适度，不要一直东拉西扯而不进入主题，经过适度寒暄，当沟通气氛比较融洽时，保险销售人员就应转移话题，开始销售，一般转移话题可以分三个步骤，如图 4-7 所示。

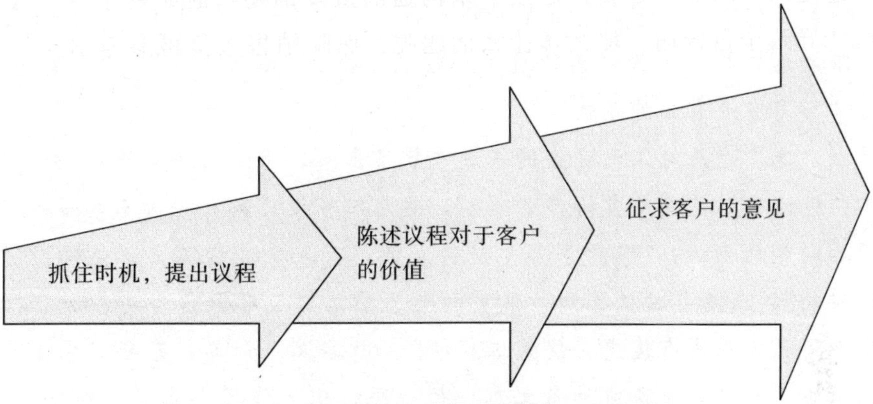

抓住时机，提出议程
陈述议程对于客户的价值
征求客户的意见

图 4-7　保险销售人员转移话题的三个步骤

第 2 节　巧发问

发问是保险销售人员必须掌握的一个重要技巧，因为只有通过发问，才能了解客户的真实信息、真正需求和疑虑。只有掌握了这些信息，保险销售人员才能为客户提供合适的保险计划并说服客户，实现成交。选好发问时机、选择恰当的提问方式、注意提问时的思路等都是保险销售人员有效发问应知应会的技巧。

情景 42　选好时机

实景再现

（王浩是一名保险销售人员，一日他去拜访朋友新介绍的一位客户，这位客户是一个钢材加工厂的老总，全厂有上千名工人。）

王浩见到这位老总后和他寒暄了几句，感觉气氛比较轻松时，他就开始提问了："赵总，这么大的公司，经营起来可真不简单呐！听王先生说今年出了几次事故让您特别费神，是这样吗?"赵总听完后愤愤地说"是啊，这有什么办法，意外呗"，王浩听后心中暗喜，"看来有戏了"，于是他就给对方推荐了一份意外伤害险，可赵总并不领情，说："我们已经买过工伤保险了"，王浩就跟赵总聊起了工伤保险给员工赔偿的事情，"赔了多少"、"员工是否满意"、"公司有没有额外花钱"等。

渐渐地，赵总对工伤保险的不满流露了出来，于是王浩又问："赵总，您对工伤保险的赔偿额度觉得满意吗?"，赵总回答说"我有些对不起员工。"王浩听后向赵总确认："您的意思是赔付太低，有点儿过意不去，是吗?""嗯，是这样的"，王浩看时机已到，便又向赵总推销起了那份意外伤害险，"我们这份保险集体购买有优惠，您的工厂按1 000名工人计算，每年只需要10万元的保费，就能给您所有的员工加一份保障，您也能买个心安，您觉得这个交易划算吗?""好吧，我们公司买一份吧。"赵总爽快地答应了。

情景分析

场景中的保险销售人员见到客户，经过简单寒暄后，感觉气氛比较轻松时，开始了第一次发问。通过这次发问保险销售人员发现了客户的需求并为其推荐了合适的产品，但客户并没有对自己的需求有强烈感受，于是保险销售人员又提出了几个问题，让客户渐渐地对现状感受到不满。这时保险销售人员又一次发问："您对工伤保险的赔偿额度觉得满意吗?"使得客户的需求明朗化，接下来看时机已到，就果断提出了成交请求，成功销售了保险。保险销售人员的几次提问都恰到好处，如果错过了时机或者再早提出同样的问题，必然不会取得这么好的效果。

错误提醒

错误一：随意打断客户讲话，遇到问题就发问

保险销售人员：先停一下，您刚才说的我有点儿疑问，您是说因为没钱所以不想买保险吗？

客户：你能不能听我把话说完了再提问题？老是打断我的思路。

错误二：不管时机是否成熟，随意发问

保险销售人员：你好，王先生，我是××公司的保险代理人王浩。

客户：你好。

保险销售人员：王先生，你对养老保险有兴趣吗？

客户：没兴趣！

技巧展示

如何把握发问时机

有人说过，“相比提问的内容，掌握好提问的时机更为重要。”的确，恰到好处的发问不仅可以获得真实有用的信息，还能够控制沟通气氛，引导沟通节奏，让销售进程向理想的方向发展。如何把握发问时机，保险销售人员应该在宏观和微观这两个层面同时进行，具体如图 4-8 所示。

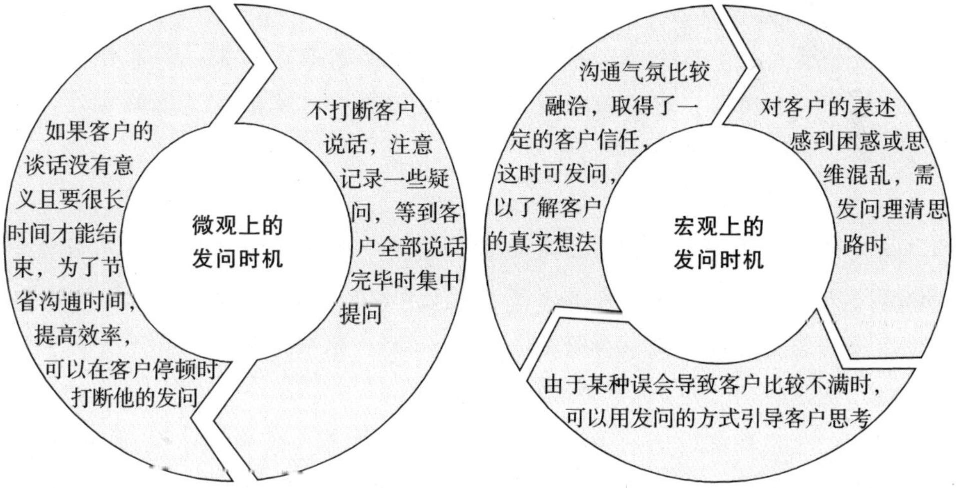
如果客户的谈话没有意义且要很长时间才能结束，为了节省沟通时间，提高效率，可以在客户停顿时打断他的发问
微观上的发问时机
不打断客户说话，注意记录一些疑问，等到客户全部说话完毕时集中提问
沟通气氛比较融洽，取得了一定的客户信任，这时可发问，以了解客户的真实想法
宏观上的发问时机
对客户的表述感到困惑或思维混乱，需发问理清思路时
由于某种误会导致客户比较不满时，可以用发问的方式引导客户思考

图 4-8　保险销售人员向客户发问的时机

情景 43　注意方式

实景再现

保险销售人员：李小姐，您不会反对我问您几个私人问题吧？（权利式发问）

客户：没关系，问吧。

保险销售人员：谢谢李小姐，请问您先生怎么称呼呢？（探索式发问）

客户：他叫周明。

保险销售人员：哦，您先生在哪里工作呢？（进一步探索）

客户：在一家会计事务所做职员。

保险销售人员：他有没有为孩子购买教育基金呢？（继续探索）

客户：没有。

保险销售人员：嗯，我知道了，你们的孩子今年 6 岁了，对吗？（确认式发问）

客户：是的。

保险销售人员：李小姐，对孩子来说，多读点书很重要，如果将来他有能力读大学，但因为经济原因使他不能完成学业，以致影响了他的前途，是很可惜的。您认为呢？（引导式发问）

客户：对呀，我也这样觉得。

保险销售人员：根据我们公司的资料，今年普通大学的学费、住宿费等加起来，一个本科生一年需要 2 万元左右，那么 4 年大学就需要至少 8 万元。所以李小姐您一定要为他准备好教育基金，万一有事情发生，也不会影响他的学业，是这样的吧？（引导式发问）

客户：嗯，那就给他按 10 万元的教育基金计算，我给他存 10 万元的吧。

保险销售人员：李小姐，按现在的标准，您的意思是给孩子存 10 万元的教育基金，对吧？（确认式发问）

客户：是的。

保险销售人员：那好，我计算一下，您现在只需要……

情景分析

上述场景中，保险销售人员首先用一个权利式发问获得了接下来发问的权利，然后用几个探索式发问一步步探索客户的需求，其中还用到了确认式发问以免发生沟通失误。一旦客户显现出需求，保险销售人员就用两个引导式发问使客户意识到自己的需求并推荐产品，最后用一个确认式发问提出成交请求。整个过程中各种发问方式运用合理，如果随意更换哪个发问方式，必然会影响沟通效果。

由此可以看出，发问方式对于沟通非常重要，保险销售人员应该学会合理运用各种发问方式促使成交。

错误提醒

错误：使用不恰当的发问方式提问，效果必然大打折扣

保险销售人员：李小姐，您结婚了吗？

客户：结婚了，你问这个干吗？

保险销售人员：哦，我必须了解您的基本情况，请谈一下您丈夫的收入状况吧？

客户：这是我们的隐私，为什么要告诉你！

技巧展示

保险销售中学会使用四种发问方式

保险销售人员在向客户发问时，要灵活使用以下四种发问方式，具体如图 4-9 所示。

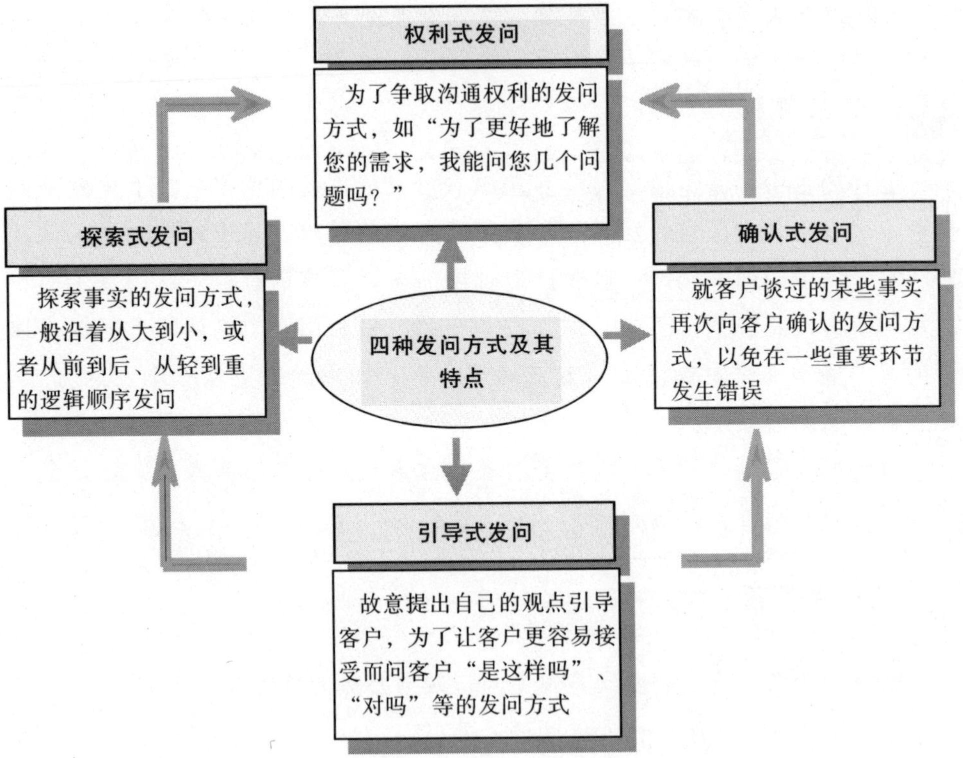

权利式发问
为了争取沟通权利的发问方式，如“为了更好地了解您的需求，我能问您几个问题吗？”
探索式发问
探索事实的发问方式，一般沿着从大到小，或者从前到后、从轻到重的逻辑顺序发问
四种发问方式及其特点
确认式发问
就客户谈过的某些事实再次向客户确认的发问方式，以免在一些重要环节发生错误
引导式发问
故意提出自己的观点引导客户，为了让客户更容易接受而问客户“是这样吗”、“对吗”等的发问方式

图 4-9　四种发问方式及其特点

情景 44　思路清晰

实景再现

保险销售人员：刘小姐，看来您生活得确实很幸福，每个人肯定都想让自己的幸福更持久一些，您说是这样吧？

客户：那肯定了，谁不想自己一直幸福呢。

保险销售人员：是的，我们年轻的时候有收入，可一旦退休了，拿什么来维持幸福的生活呢？对于这个问题您是怎么考虑的？

客户：我还真没想那么远，不是还有孩子嘛！

保险销售人员：其实我原来跟您的想法一样，一代代人不都是这么过来

的吗，有什么大不了的！可是后来看一篇文章，是这么说的，我们上一代人一般都有两三个甚至更多的子女，所以每位老人有好几个儿女赡养他，可是到了我们这一代实行计划生育，只有一个孩子，等孩子长大成家了，他们两个人就要养四位老人，这带给他们的压力太大了，所以说未来养老问题会是一个社会性的问题，您觉得是这样吗？

客户：您说得有道理，不过国家总会有办法吧。

保险销售人员：您的意思是国家会想办法帮我们解决这个问题，对吗？

客户：是的。

保险销售人员：您说得很对，国家肯定会出台一些政策。如果您能自己解决养老问题，不依靠国家，岂不是更好吗？

客户：我也这么认为，你是想让我买你们的养老保险对吗？

保险销售人员：呵呵，我的意思是劝您存点儿钱，刘小姐，不过就拿存钱来说，银行利息不高，投资风险又太大，所以给您推荐保险。您认为呢？

客户：可保险的利润没有投资高啊。

保险销售人员：很多人都这么认为，其实保险的利润可不低，我们公司新推出的这份养老保险您只要从现在开始……

情景分析

思路清晰是指保险销售人员在发问时，要有逻辑性、导向性，紧紧围绕自己的沟通目的逐步展开，不可漫无目的地乱问，甚至脱离销售目标。

上述场景中保险销售人员就做得很好，他从探讨客户的幸福如何维持开始，一直给客户提出问题，引导客户自觉向自己预定的方向靠拢，最后自然引出自己所销售的产品，顺利导向销售轨道。在整个沟通过程中，他的发问环环相扣，没有一个是多余的或者脱离目标的问题。

错误提醒

错误一：多余发问，提出漫无边际、和销售目标不相关的问题

客户：那当然了，谁不想一直幸福呢。

保险销售人员：有道理，那您觉得什么才是幸福呢？

客户：这个问题好复杂啊，你为什么问这个呢？

保险销售人员：没什么，我只是随便和您聊聊。

错误二：跳跃性发问，违背循序渐进的原则，使客户不知所云

保险销售人员：李小姐，您说得很有道理，每个人都想一直很幸福，可怎么样才能保证老了以后有钱花呢？

客户：什么意思啊？什么叫有钱花，有钱就会幸福吗？没钱就一定不幸福吗？

技巧展示

发问要围绕目标

保险销售人员在向客户发问时，提出的问题必须要遵循循序渐进的原则，有逻辑性和导向性，紧紧围绕最终的销售目标，这样就可以达到如图 4-10 所示的效果。

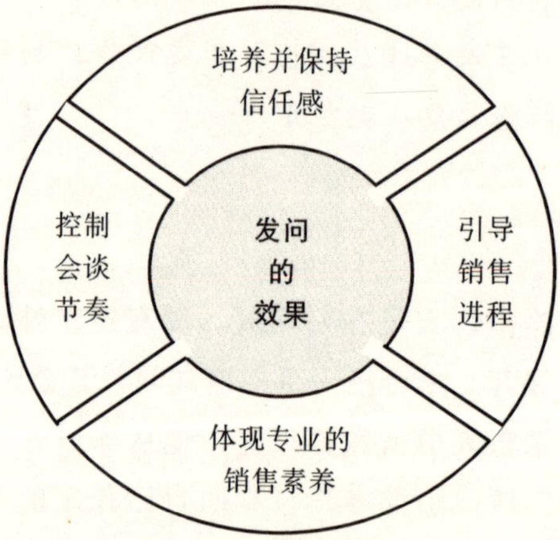
培养并保持信任感
控制会谈节奏
发问的效果
引导销售进程
体现专业的销售素养

图 4-10　发问的效果

第 3 节　善倾听

倾听也需要技巧，它在销售面谈时起着重要作用。认真倾听，可以听出需求、听出问题、听出疑虑，客户不经意的一句话可以让保险销售人员获取更多的信息。同时，认真倾听也是对客户的尊重，有利于建立良好的沟通氛围。因此，一名优秀的保险销售人员必须学会倾听、善于倾听。

情景 45　少说多听

实景再现

（某保险销售人员知识丰富，口才很好，对很多事物都有自己的独特见解，但其销售业绩一直不佳。今天，他又去拜访了一位客户，两人在客户的办公室聊了起来。）

客户：你推荐的这份养老保险不错……（被打断）

保险销售人员：谢谢王先生的夸奖，在保险行业我已经混了10来年，虽然没有取得什么成就，但我惟一自豪的就是对得起自己的良心，我从来都是拿自己的真心对待每一位客户的，给他们推荐的保险自然也错不了。凡事都是这样，只要我们真诚对待他人，真心实意地想让对方得到好处，那做出来的事情一定是最棒的，我说得没错吧？

客户：嗯，你说得有道理。

保险销售人员：呵呵，我就没拿您当外人，实话跟您说吧，今天给您推荐的这份保险是我们公司性价比最高的一款，我向来都是给自己的客户首先推荐性价比最高的产品，但是有的客户不领情，那我也没有办法。

客户：我原来是打算给自己买一份的，现在得考虑考虑了，我爱人……（被打断）

保险销售人员：王先生，我刚才说什么来着，果然您也不领情啊，这有什么可考虑的。反正您不买就算了，你们这些客户都是这样，刚开始说得好好的，可是一到关键时刻，让你们掏腰包，马上就反悔了。行了，我去拜访下一位客户了，告辞！

（该保险销售人员说完后就夺门而出，留下王先生一个人在办公室里感叹："居然有这样的保险销售人员，我本来是说要给我和我爱人每人买一份的!”)

情景分析

上述场景中的保险销售人员不注意倾听，只顾自说自话，引起客户的反感不说，还因没耐心听清客户所说的重要内容，而错失了销售订单，一位不懂得倾听的保险销售人员是不会取得成功的。

错误提醒

错误：自说自话，不会倾听客户的声音

客户：我觉得保险挺好的，可就是利润太低了。

保险销售人员：有一句名言是这么说的："保险的意义，只是今日作明日的准备，生时作死时的准备，父母作儿女的准备，儿女幼小时作儿女长大时的准备，如此而已。今天预备明天，这是真稳健；生时预备死时，这是真豁达；父母预备儿女，这是真慈爱。能做到这三步的人，才算是现代人。"所以说啊，这保险是现代生活必不可少的，您知道保险有多重要了吧？

客户：行了，我不需要。

技巧展示

技巧一：少说多听，用心去听

每个人都有表达的欲望，客户自然也不例外，保险销售人员只有做个认真的听众，让客户得到了满足，才可能完成销售。另外，倾听还是一种情感活动，它不仅是用"耳"去听，而是要全身心地动起来与顾客交流沟通，用"心"去倾听客户。这样的倾听不仅能鼓励客户继续讲下去，还能让他打开心扉，实现心与心的沟通，从而建立客户对保险销售人员的信任感。

技巧二：克服障碍，学会倾听

要学会倾听、善于倾听，保险销售人员应注意克服影响倾听的障碍，具体如图 4-11 所示。

1. 许多人认为只有说话才是表白自己、说服对方的惟一有效方式。若要掌握主动，就只有说

2. 先入为主的印象防碍了保险销售人员耐心倾听对方的讲话

3. 急于反驳对方的观点，好像不尽早反对，就表示了妥协

4. 在所有的凭证尚未拿出以前，就轻易地做出结论

5. 急于记住每一件事情，结果主要的事情反而没注意到

6. 常常主观地认定谈话没有实际内容或没有兴趣，不注意倾听

7. 因其他事情而分心

8. 有时想越过难以应付的话题

9. 忽略某些重要的叙述，因为它是由倾听者认为不重要的人说出来的

10. 从心理学角度来讲，人们会主动摒弃他们不喜欢的资料、消息

图 4-11　影响倾听的障碍

情景 46　积极回应

实景再现

保险销售人员：关于家庭保障计划，我想请教一下王先生的想法，您可以谈谈吗？（亲切地注视着对方）

客户：是这样的，你看我跟我爱人都是私企里面的普通职员。

保险销售人员：嗯。（点点头）

客户：我们现在的工资还可以，但是估计以后的退休金并不太高。

保险销售人员：是这样的。

客户：所以将来的养老一定得有保障。我儿子今年五岁了，他将来肯定得上大学，这些钱又从哪里来呢？

保险销售人员：嗯，孩子的教育基金必须得考虑。(点点头)

客户：不考虑不行啊，还有我父母，尽管有退休金，可是我母亲有很严重的心脏病，常年吃药。

保险销售人员：哦。(轻声，表情做严肃状)

客户：所以这也得花钱呐，尽管我现在工资不低，可开销也大，存不下钱，再过几年情况怎么样呢还说不准。现在的工作压力也比较大，如果哪天真的发生点意外，一家人可怎么过啊！

保险销售人员：呵呵，王先生真幽默。(轻轻微笑)

客户：不是我幽默，这些事情不能不想啊，所以才跟你聊这些嘛。

保险销售人员：王先生放心吧，我一定给您制订一份完美的家庭保障计划，解决您这些顾虑。

客户：那就好啊，我相信你，跟你聊天很愉快，感觉你肯定是个负责的销售员。

情景分析

回应是倾听的一个重要内容，没有人愿意对着不会作出任何反应的木偶讲话。所以保险销售人员必须在倾听时积极作出回应，鼓励客户继续讲下去，只有得到了客户的好感，销售才有成功的可能。

上述场景中的保险销售人员在客户讲话时“亲切地注视着对方”、“点点头”、“轻轻微笑”等，不仅用语言，还用肢体动作回应客户。尤其是这些肢体动作，所代表的就是“请讲”、“我在听”、“有道理”、“你说得真棒”、“原来这样”、“我理解你”等含义。最后他博得了客户的好感，距离销售成功也就不远了。

错误提醒

错误一：回应时形同木偶，没有任何表情

(客户在说话时，保险销售人员一边听一边用“嗯”、“哦”、“啊”等词语回应，没有任何表情及肢体动作，客户突然发怒。)

客户：我说话你有没有在听啊？

保险销售人员：当然了，我在认真地听。

客户：一看就知道你在应付我，刚才都快睡着了吧，算了，不和你说了，我也不买保险了。

错误二：虚假反应，客户还没说完话销售人员就表达出了“哦，我知道了”的意思

客户：我几乎没有害过什么病，平时连感冒都很少，本来也想买份重大疾病保险的……（被打断）

保险销售人员：哦，那没问题了，您看这是我们公司新推出的重疾保险。

客户：我话还没说完呢，你急什么？可是我去年体检，发现自己心脏有点问题，检查说是心律失常，恐怕买不了你们这个重疾保险了吧？

错误三：急于反驳客户的观点

客户：商业保险是有钱人买的东西……（被打断）

保险销售人员：您这么说是不对的，穷人才更需要保障，如果发生点什么意外，有钱人还有点承受能力，穷人如果没有购买保险，就没有任何保障了。

客户：你能不能听我把话说完，我现在每个月的工资刚好能维持开支，没有任何结余，拿什么去买保险啊！

错误四：打断客户的话

客户：我跟我老公两个人每个月的工资加起来就 1 万多一点，现在每个月要供房贷 2 500 元，基本花销大概得……（被打断）

保险销售人员：李小姐，你的父母可都健在？

客户：你能不能让我把话说完了？糟了，思路全乱了。

技巧展示

技巧一：积极倾听，学会回应

通过倾听不仅要弄清楚客户的真实想法，保险销售人员还要通过恰当的回应鼓励客户继续讲下去，满足了客户表达的欲望，双方的距离自然会拉近。那该如何倾听、如何回应呢？如图 4-12 所示为倾听时需注意的要点。

1. 要让客户把话说完，不要打断客户的谈话
2. 适时表达自己的意见。在不打断对方的原则下，适时地表达自己的意见，这是谈话的原则
3. 肯定对方谈话的价值。谈话时，即使一点小小的价值能得到肯定，客户也会很高兴的
4. 配合恰当的肢体语言。与人交谈时，对于对方的关心与否会直接反映在脸上，所以要注意肢体语言
5. 避免虚假的反应。不要在对方表达意见和观点之前，作出如“我知道了”、“明白了”等反应

图 4-12　倾听时需注意的要点

技巧二：积极倾听的行为技巧

在倾听的时候，即使没有开口，保险销售人员内心的感觉也可能通过肢体语言清楚地表现出来。因此，保险销售人员必须学习运用一些有利的肢体语言回应客户，如图 4-13 所示。

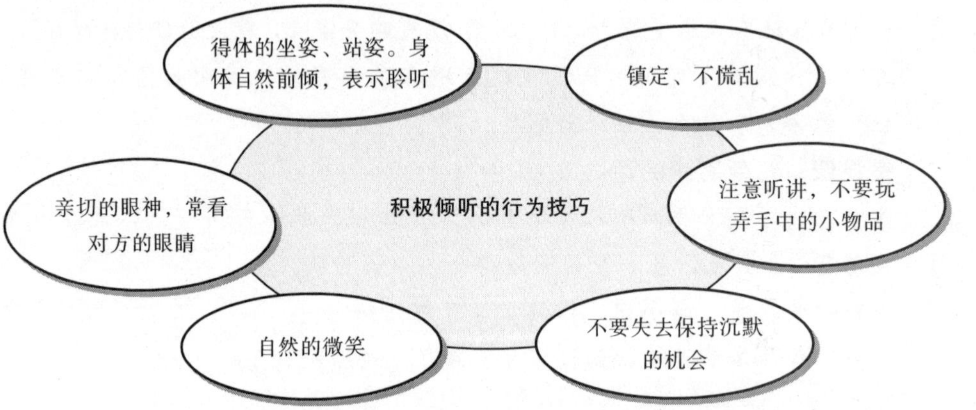
积极倾听的行为技巧
得体的坐姿、站姿。身体自然前倾，表示聆听
镇定、不慌乱
注意听讲，不要玩弄手中的小物品
不要失去保持沉默的机会
自然的微笑
亲切的眼神，常看对方的眼睛

图 4-13　积极倾听的行为技巧

技巧三：积极倾听的语言技巧

除了肢体语言以外，话语在积极倾听的过程中也发挥着十分重要的作用。保险销售人员该如何用话语来回应客户呢？如图 4-14 所示。

附和性话语

1. “好”、“很好”、“太好了”
2. “对”、“不错”、“有道理”
3. “嗯”、“是的”、“确实如此”
4. “啊”、“是啊”、“是这样的”
5. “哦”、“原来如此”

提问

1. “您认为这是关键问题吗”
2. “您的意思是……”、“您能说得明白一些吗”
3. “我能帮您什么忙吗”
4. “您有些什么困难呢”
5. “哦，是这样啊”、“那么您的想法呢”

鼓励性、评价性的话语

1. “真有意思”
2. “您刚刚讲的很新鲜，我还是头一次听到”
3. “太好了”、“真不错”、“太棒了”、“真了不起”、“好厉害啊”
4. “哇，这么难的事，您竟然做到了”

重复对方的话语

1. “您是说……”
2. “所以您认为……”
3. “我完全赞同您的意见……”
4. “正像您所说的，我也以为……”

总结性的话语

1. “您主要是说……”
2. “如果我的理解没错的话，您认为……”
3. “您认为……对吗”
4. “您刚才说的意思是……”

图 4-14　回应客户的五种话语

情景 47　听出重点

实景再现

保险销售人员：您好，李小姐，很高兴能见到您，我是××保险公司的王浩。

客户：你好，可我没钱买保险。

保险销售人员：没关系！李小姐，我今天来主要是带来了一些保险方面的信息，想跟您分享一下，您买不买都没关系的。

客户：那抓紧点吧，我马上就得回家，孩子一个人在家呢。

保险销售人员：好的，不会耽误您太多时间，大概20分钟左右，问题不大吧？

客户：嗯，行！

保险销售人员：李小姐，您的孩子几岁了，是男孩还是女孩呀？

客户：男孩，叫乐乐，快乐的“乐”，刚刚3岁半。

保险销售人员：很好听的名字，有一个健康的宝宝和幸福的家庭，李小姐，您好福气啊。不过现在孩子的教育很重要，您肯定计划让他将来读大学吧。

客户：是啊，等到这代孩子长大了，多数都得上大学。

保险销售人员：李小姐可得考虑为乐乐上大学多存点钱啊。

客户：孩子还小，现在就考虑这个太早了吧。

保险销售人员：乐乐现在3岁半，假设18岁的时候上大学，就还有14年的时间了，这段时间说短不短，说长也不长，就像您现在回忆您刚结婚的时候，是不是就像昨天的事情一样呢？可一眨眼孩子都会说话了。

客户：你说得是啊，这时间过得可真快。

保险销售人员：没错，凡事都要未雨绸缪，这样幸福才会更持久，这也是我们保险的意义所在。假设您现在开始，在不影响家庭生活质量的前提下，每个月拿出一点钱投保，就可以保证将来乐乐快乐地享受你们给他提供的良好教育。说句不好听的，即使未来发生了什么意外或者疾病，这个保障也能尽量将您的痛苦降到最低，您认为呢？

客户：也对啊，那教育基金还有意外保障吗？

保险销售人员：我公司新推出一份“阳光天使”保障2010的计划……

情景分析

保险销售人员不仅要积极倾听，还要会听，能听懂客户所讲的内容，尤其注意客户讲话中的一些关键词、重点内容以及话外之音。

上述场景中的保险销售人员，起初听到客户的拒绝时并没有在意，因为这只是客户拒绝销售的习惯用语而已，接下来客户提到要回家看小孩，“小孩”就是一个非常重要的信息，客户也肯定乐意与人聊自己的孩子。于是他就抓住了这个突破口，发现并引导客户的需求，促使销售走向成功。

错误提醒

错误一：表面上在听，其实漫不经心，遗漏重要内容

保险销售人员：您前面说过吗？我怎么没有听到呢。

客户：当然了，我说了好几遍呢，你都没有听到？你的心思不在这上面吧？

错误二：不会理解客户的话外之音

客户：孩子的教育基金绝对是好东西，可将来再存也没关系，何必把现在弄得这么紧张呢，反正也能一次性购买嘛！（言下之意是“想买，但目前财务状况比较紧张”）

保险销售人员：您这么说是没错，既然您也觉得这保险不错，就别犹豫了，您还有什么别的问题吗？（应该从如何调整支出、购买保险的角度来说服）

错误三：遇到重点不记录，导致遗忘

保险销售人员：对不起，非常不好意思，这个问题我给忘记了，真抱歉。

客户：我上一次跟你谈的时候重点强调了好几遍呢，你都能给忘记了？你难道不会把它记录下来吗？

技巧展示

倾听时抓住客户的谈话重点

倾听时要学会抓住重点，这要求保险销售人员必须注意如图 4-15 所示的四点。

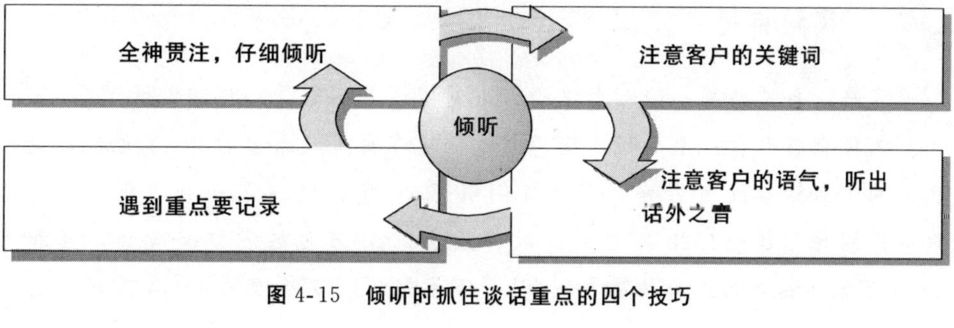
全神贯注，仔细倾听
注意客户的关键词
倾听
注意客户的语气，听出话外之音
遇到重点要记录

图 4-15　倾听时抓住谈话重点的四个技巧

第4节　会表述

除了会问、会听之外，保险销售人员还要会说。“说话”似乎每个人都会，但要真正把话说好，能够打动客户，保险销售人员还要掌握良好的说话技巧，具体如图4-16所示。

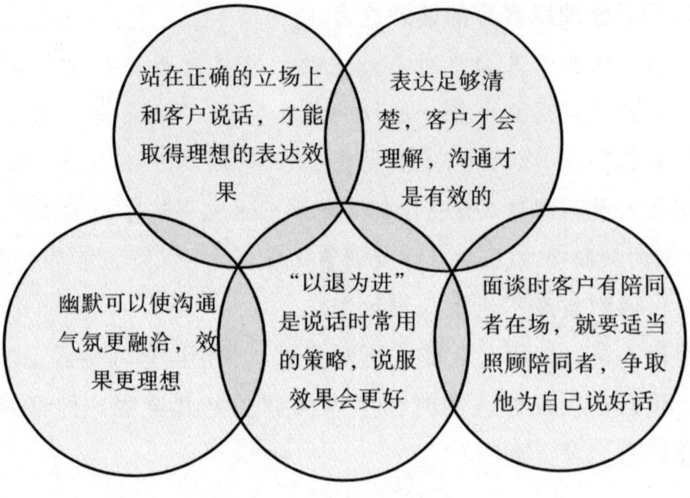
站在正确的立场上和客户说话，才能取得理想的表达效果
表达足够清楚，客户才会理解，沟通才是有效的
幽默可以使沟通气氛更融洽，效果更理想
“以退为进”是说话时常用的策略，说服效果会更好
面谈时客户有陪同者在场，就要适当照顾陪同者，争取他为自己说好话

图4-16　说话的技巧

情景48　站对立场

实景再现

客户：我是想买一份养老保险，可觉得还是不划算，利润太低了。

保险销售人员：李小姐，您想想我们现在每天只需要存20多元钱，这对我们的生活根本没有影响。可当我们缴够20年，也就是一共才花16万元，最后得到的利益呢？20万元的身故保险金，20万元的满期保险金，再加上12.5万元的养老金，一共能拿到52.5万元啊，16万元变成50多万元，这利润不能算低了吧。

客户：可我不一定能活到80岁啊，你把满期保险金也给算进去了。

保险销售人员：说实话吧，李小姐，我可不相信您活不到80岁，您这么健康，而且现代人的平均寿命每年都在延长，再加上女性的寿命本来就比男性长，您活不到80岁才叫奇怪呢。

客户：呵呵，我也想能活到80岁，那你能给我打打折吗？

保险销售人员：李小姐，实在不好意思，可能您不太了解，每一份保单的价格都是规定好的，不能打折，您存多少钱，能得到多少钱，都是按照这个表严格计算的，差一分都不行。

客户：是吗？

保险销售人员：嗯，保险公司本来就是为客户提供保障的，如果大家都打折，相互恶性竞争，等到时候不能赔付，公司怎么办，所以这个限制是非常严格的。

客户：那你给我返点佣金吧。

保险销售人员：非常不好意思，李小姐，我个人只是为您提供服务而获得相应的报酬，并不是从中赚取差价，对不起。

客户：看来你还挺正直的，那好吧，我买一份吧。

情景分析

保险销售人员在与客户沟通的过程中不仅代表着个人，还代表着保险公司。更重要的是，保险销售人员在大多数的时间内，都要站在客户的立场上讲话，只有这样才能赢得客户的认同，完成销售。但是仅仅站在客户的立场上还是不够的，在适当的时候保险销售人员还必须站在自己或者保险公司的立场上说话，才能更有说服力，得到客户的信任。保险销售人员在表述时就要处理好个人、公司及客户三者之间的关系，站在正确的立场上，才能做到完美表述。

上述场景中的保险销售人员先站在客户的立场上讲述保险将带给他的利益，又站在自己的立场上表示相信客户一定会长寿，接着还站在公司的立场上解释保险不能打折的原因，这些表述中如果立场不对，其说服效果必然会大打折扣。

错误提醒

错误一：站在公司或者自己的立场上讲话，不替客户着想，引起对方的反感

保险销售人员：我们公司也得活呀，公司这么多人要发工资啊，所以肯定也得赚您的钱。

客户：对不起，我没有义务替你们公司发工资！

错误二：始终站在客户的立场上说话，有时候不能让客户信服

保险销售人员：根据您现在的财务状况，这个家庭保障计划绝对是最适合的，您购买了这份保险后，每天也就投入20元钱……

客户：听你说得天花乱坠的，可我是越听越觉得不相信。

技巧展示

如何选择说话时的立场

保险销售人员在表述时要选对立场，处于不同的立场上表述的效果是完全不同的。保险销售人员在说话时该如何选择自己的立场呢？如图4-17所示。

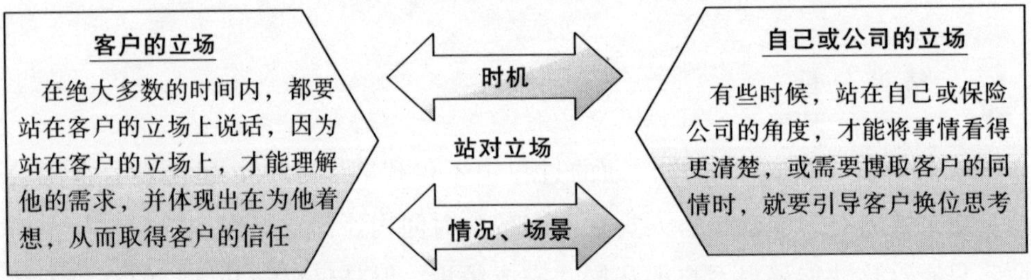
客户的立场
在绝大多数的时间内，都要站在客户的立场上说话，因为站在客户的立场上，才能理解他的需求，并体现出在为他着想，从而取得客户的信任
时机
站对立场
情况、场景
自己或公司的立场
有些时候，站在自己或保险公司的角度，才能将事情看得更清楚，或需要博取客户的同情时，就要引导客户换位思考

图4-17　与客户沟通时要站对立场

情景49　表达清楚

实景再现

保险销售人员：我先给您解释一下重大疾病保险。当人们患重大疾病住

院治疗时，都希望有一笔钱来支付医疗费用，因此我们公司特地设计了一份能够为女性常见的 30 种重大疾病提供保障的保险计划。

客户：哦，是这样啊。

保险销售人员：假如您今天开始这份计划，90 天后的今天即可享受公司的重疾保障。

客户：哦，90 天以内呢?

保险销售人员：如果在 90 天内发生重疾，公司只能按规定退还保费。这个 90 天的规定是一个国际惯例，这样能够避免带病投保，确保每位客户都是在公平的情况下享受保障。

客户：听说保险公司的理赔手续很烦琐。

保险销售人员：您别担心，在保单有效期内，只要经医院证实是在保障范围内的疾病，我们公司会尽快为您办理理赔手续，我个人也会为您提供服务的。

客户：那就好。

保险销售人员：当保险公司按照保险金额给付了 10 万元的重疾保险金后，您的身故保障金会相应减少，这一点我们下面还会谈到。

客户：明白，你接着讲吧。

保险销售人员：刚才提到了身故保障金，就是说只要您将第一笔保费存入我们公司，一份高额的保障就已经为您和您的家人建立起来了。您现在 30 岁，人生的旅程到底会有多长，我们谁都无法预料，在您 30 岁到 50 岁这段时间，是孩子成长的关键期，而且上有老，下有小，您的责任是很重大的。考虑到这一点，这份计划可以为您提供高额的人身保障，减少您的担忧。

客户：具体我该怎么办呢?

保险销售人员：您将第一笔保费 7 736.94 元，相当于每月 644.75 元存入公司之后，一笔 20 万元的人身保障即开始生效，在没有重疾保险金赔付的情况下，若因为意外或者疾病身故，公司将赔付 20 万元的身故保障金，保险合同终止。如果发生过重疾赔付，则身故保障金相应减少为 10 万元。

客户：哦，我明白了。

情景分析

这个场景是保险销售人员向客户介绍一个重疾保障计划，保险销售人员思路清晰，有条理地将一份保险的详细内容呈现在了客户面前，也得到了客户的认可及好评。

语言表达能力对于保险销售工作十分重要，要取得销售业绩，抛开沟通技巧不说，至少能够把自己的想法清楚地表达出来，传递给对方。

错误提醒

错误一：逻辑混乱，表述含糊不清

保险销售人员：我也说不明白了，我跟您说不清楚。

客户：就这么简单的一个问题，你说了三遍，可是每一遍的说法都不同，你的语言表达能力也太差了吧？这还做什么销售？

错误二：口齿不清、发音不准，客户听不明白

保险销售人员：……

客户：行了，我们还是别谈了，你说话我都听不明白，还是算了吧。

技巧展示

表述清楚的七个技巧

保险销售人员在表述时要能够准确地把自己的想法传递给客户，需要注意以下技巧，如图 4-18 所示。

1. 做好准备，说话前先大概归纳一下自己要说的重点
2. 以情感人，表述时充满信心和激情
3. 以理服人，条理清楚，观点鲜明，内容充实，论据充分
4. 注意概括，力求用言简意赅的语言传达最大的信息量
5. 协调自然，恰到好处地以手势、动作、目光、表情帮助说话
6. 表达准确，吐字清楚，音量适中，声调有高有低，节奏分明，有轻重缓急，抑扬顿挫
7. 尊重对方，注意说话的礼仪，不带教训人的口吻，根据客户的反应及时调整谈话内容

图 4-18　表述清楚的七个技巧

情景 50　适当幽默

实景再现

保险销售人员：很高兴见到您，王先生，一看就知道您的事业非常成功。

客户：谢谢夸奖，你就是××保险公司的吧。

保险销售人员：是的，我叫王浩，感谢您还记得我。

客户：客气了，你们公司在哪里？

保险销售人员：就在东边××路××大厦里呢，欢迎王先生以后常来做客。

客户：哦，是吗？上个星期我还去过那边呢。

保险销售人员：您怎么不早说，您当时应该通知我一声，我请您吃顿饭啊。

客户：我那时候还不认识你呢。

保险销售人员：哈哈，也是啊，等您下次过来我一定请您吃饭。

客户：谢谢了，你说今天要给我推荐什么保险来着？

保险销售人员：哦，您看，这是我们公司新推出的一份保障健康的保险，非常适合您这样的人。

客户：什么意思，健康保障计划适合我？我看起来不健康吗？

保险销售人员：哈哈，王先生您看起来非常健康，所以才适合您呢，因为我们这份计划一般人都买不了，只有像您这样健康的人才符合购买条件。

客户：哦，是这样子啊，那我得好好看看。

情景分析

保险销售人员在和客户沟通的时候，一定要适当地插入幽默话题，这样有助于营造融洽的沟通氛围，不要总是一本正经地谈保险，这样会使双方始终处于谈判局面。

上述场景中的保险销售人员明明刚认识客户，却故意说“您当时应该通知我一声，我请您吃饭啊”，接着又故意把“健康保障计划”说成是“保障健康的保险”，说适合客户，引起了客户的不解，等他揭开悬念时双方才恍然大悟，两次幽默运用得恰到好处，成功地使沟通气氛活跃了起来。

错误提醒

错误一：沟通死气沉沉，只会一本正经地与对方谈产品

保险销售人员：您还是再考虑一下我们这份意外保障计划吧，这是我们公司新推出的，非常受欢迎。

客户：你不用说了，听你说了很多了，我还是没兴趣。

错误二：开玩笑过头，让客户觉得不可理喻

保险销售人员：买了我们这份意外保险您就再也不用担心了，张先生，以后您过马路再也不用左右看了，下水也用不着救生圈了，上山也不用担心失足掉下去了。

客户：什么意思?

保险销售人员：因为您一旦发生这些意外，这份保险的赔付额度是相当高的，您完全不用担心家人会因为失去您而过得不好。

客户：你这是咒我呢吧?

技巧展示

如何幽默才得体

适当的幽默可以使沟通气氛更融洽，迅速拉近与客户的距离，对于成功销售有很大的帮助。保险销售人员在运用幽默时该注意些什么呢？什么样的幽默才是最得体的？如图 4-19 所示。

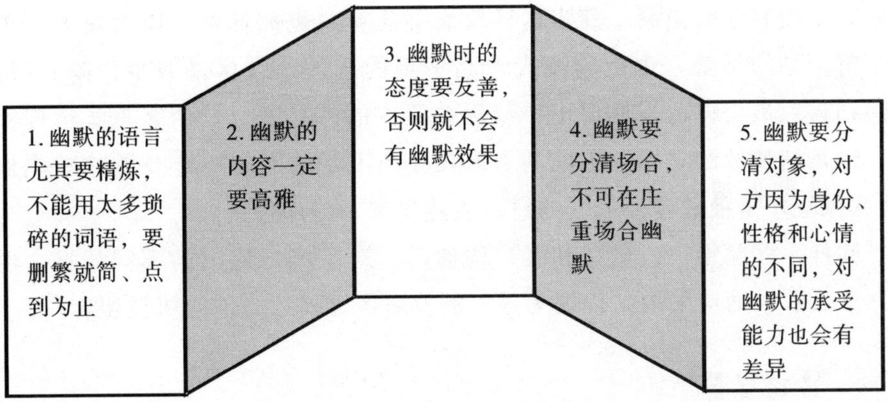
1. 幽默的语言尤其要精炼，不能用太多琐碎的词语，要删繁就简、点到为止
2. 幽默的内容一定要高雅
3. 幽默时的态度要友善，否则就不会有幽默效果
4. 幽默要分清场合，不可在庄重场合幽默
5. 幽默要分清对象，对方因为身份、性格和心情的不同，对幽默的承受能力也会有差异

图 4-19　幽默时需注意的五点

情景 51　以退为进

实景再现

客户：我觉得这份重疾保障确实还可以，我考虑考虑吧。

保险销售人员：张先生的眼光真好，大多数客户都购买了这份保险。但我还有个问题要提醒您。

客户：哦？

保险销售人员：是的，正如您所想的一样，这份保险非常不错，但是请您仔细阅读介绍，有一种疾病是不在保障范围内的。

客户：是吗，什么疾病啊？

保险销售人员：×××，因为这种疾病的治愈率很高，所以我们公司的重大疾病保险里面是不会保障的。

客户：哦，这个倒无所谓。

保险销售人员：您要是觉得无所谓就太好了，请问您还有别的问题吗？

客户：没有了，看来你确实是一名很负责任的销售员，我买一份吧。

情景分析

很多保险销售人员在介绍产品的时候，往往想方设法把产品讲得越完美越好，生怕有什么漏洞，其实这样反而会让客户更加怀疑，因为对方不单单想了解产品的优势，也抱着发现产品不足的态度，以尽量减少风险。所以，保险销售人员可以适当地说出一些无关紧要的产品不足，使客户觉得你很实在，也是站在他的立场上考虑的。但在介绍不足的同时一定要潜移默化地把“这款保险才是最适合他的”的意思表达出来、传递过去。

同样，保险销售人员在和客户沟通时，对于客户提出的不同意见，也不要急于反驳，而应采取“以退为进”的策略，寻找适当的时机说服客户。

错误提醒

错误：说出一些客户比较看重的产品缺陷，导致销售失败

保险销售人员：这份养老保障计划的祝寿金是非常可观的，但有一个缺点我需要提醒您，就是养老金确实比较低。

客户：哦，那我就不考虑这个了。

技巧展示

沟通时善于运用“以退为进”的策略

沟通的目的就是求同存异，保险销售人员要想说服客户，就要经常运用“以退为进”的策略，在具体运用时要注意如图 4-20 所示的几点。

1. 替己方留有余地，不要直接反驳客户
2. 不要退让太快，轻易地让步不会让对方在心理上得到满足，反而会怀疑有诈
3. 让对方先开口说话，充分表明对方观点，隐藏己方要求，这时回旋余地就大
4. 不要做无谓的退让，有效退让的目的是换取对方的退让，最后达成共识
5. 善于用“以退为进”式的语言，如“您这么说是有些道理，但您再考虑……”

图 4-20　运用“以退为进”策略时需要注意的要点

情景52　兼顾陪同者

实景再现

（某保险销售人员在一家咖啡店约见客户，客户带了一位朋友前往。）

保险销售人员：您好，周小姐吗？我是××公司的保险代理人王浩，很高兴见到您。

客户：你好，这是我的朋友李明。

保险销售人员：李先生，您好，很高兴认识您。

李明：你好，我对保险有一点点了解，所以就陪她过来听听。

保险销售人员：非常欢迎，正好我向您多学习学习，请指教。

李明：指教不敢当，我只是比较关心这方面的信息而已，跟你们专业做这个的不能比。

保险销售人员：李先生，您太谦虚了！周小姐，我知道您有一个非常幸福的家庭，所以今天想给您推荐一份家庭保障计划，李先生觉得我这个想法没错吧？

李明：呵呵，你们俩谈，我听着就行。

保险销售人员：那您一旦觉得我哪里说得不对，或者有什么问题，请马上给我提出来好吗？

李明：可以的，你们聊。

（事后李明对该保险销售人员的评价非常好，最终销售人员不但成功销售了保险，李明还为他介绍了好几个客户。）

情景分析

很多保险销售人员在沟通谈判时，往往只盯住有决策权的客户，只和他一个人聊，常常忽视对方身边的陪同人员。这样做，会让对方身边的人感到无事可做，从而不会认真倾听，当沟通结束后决策者征求他们意见的时候，他们却说不出所以然或者干脆不支持，这就得不偿失了。保险销售人员如果能够充分尊重客户身边的陪同人员，适当地和他们沟通，就可能在无形中把他们拉到自己的一边，之后可能成为保险销售人员的支持者，这对成功销售保险是有很大意义的。

如上述场景中的保险销售人员在见到客户的朋友时不敢怠慢，非常谦虚礼貌地恭维对方，最后赢得了对方的好感，不但促成了这次交易，还认识了好几位新客户。

错误提醒

错误：忽视客户身边的陪同人员

某保险销售人员第一次成功约见客户，面谈时他只跟客户沟通而完全忽视了客户带来的朋友，最后尽管跟客户的沟通效果非常理想，但结果还是因为客户朋友的反对导致了销售失败。原来在面谈后，这位朋友对客户说："我感觉这名保险销售人员很没素质，你如果找他买保险就太危险了，这么没素质的人在理赔的时候肯定不负责任。"就这样，这次销售失败了。

技巧展示

注意说话的礼仪

保险销售人员要充分尊重客户身边的陪同者，注意他们的感受，适当地和他们沟通。保险销售人员不论是和客户，还是和客户身边的人说话，都要非常注意说话的礼仪，如图 4-21 所示。

1. 运用文明礼貌的言辞
2. 慢慢说话，详细解释，直到客户完全理解
3. 根据对方的理解水平、文化水准说话，否则会造成误解
4. 不要编造谎言或者说自己不能确定的内容
5. 尽量少说话、多倾听
6. 说话前考虑后果，不要不加考虑而随口说话
7. 不要抢着和客户说话
8. 不要打断对方，也不要抛出客户谈话里的病句、错句，不要因他说错而嘲笑他
9. 不要在没必要的情况下高声说话，避免吵闹
10. 说话时要面带微笑、心平气和

图 4-21　说话的礼仪

第5章 需求挖掘促成交

保险是一种“买的时候不能用，用的时候不能买”的特殊商品。如果人们可以先经历变故，再购买保险，然后去享受保险带来的补偿与保障，那么保险不需要销售也能成为世界上最畅销的产品。正因为保险是事后补偿的机制，所以大多数人对保险的需求不紧迫、不明显，而是隐藏着的潜在需求，这就需要保险销售人员发现客户的隐性需求，并将其引导成显性需求。当客户意识到保险与自身及家庭息息相关、不可或缺时，保险销售的黄金时机也就到了。

第 1 节　挖掘客户的详细资料

保险销售人员挖掘客户需求就像地质工作者勘察矿产一样，要找到精准的矿藏位置，首先就要掌握错综复杂的地质资料，而要找到客户隐藏的需求点，也要通过观察、提问和思考分析等多种途径来获取充足的客户资料，以便精准地把握客户的潜在需求。

情景 53　了解客户的家庭信息

实景再现

保险销售人员：王先生，看您办公桌上都摆着家人的照片，您肯定是个爱家顾家的人。这一张照片里的女士好漂亮啊，是您太太吧？（应时应景开启话题，巧妙自然地赞美）

客户：嗯，那是我老婆。

保险销售人员：您太太怎么称呼呢？

客户：她姓柳。

保险销售人员：您真是好福气，您太太这与众不同的气质很像老师。（旁敲侧击，问询职业）

客户：呵呵，不是，她是护士。

保险销售人员：原来是位“白衣天使”啊。您太太有参加什么保险计划吗？

客户：没有。

保险销售人员：您应该有孩子了吧？

客户：我有一个 4 岁的女儿。

保险销售人员：一看您就是位好父亲。您家宝贝叫什么名字啊？

客户：贝贝。

保险销售人员：我也有个女儿，今年5岁，上幼儿园。现在的孩子上学太花钱了，全托每年7 000多元，再报个舞蹈班、钢琴班的，平摊下来，每个月的开销都要2 000元。（共同话题，拉近距离）

客户：是啊，我们家孩子每个月也要花1 500元左右。

保险销售人员：您有没有为孩子准备教育基金呢？

客户：她太小，不用考虑这么早。

保险销售人员：贝贝4岁，读完大学差不多是24岁。这20年里，您既要照顾她的生活，还要承担教育经费，对吧？

客户：为人父母嘛，这个不得不做。

保险销售人员：看来您也挺不容易的，除了太太和贝贝之外，您还需不需要在经济上照顾其他人呢？像父母啊、兄弟姐妹啊。

客户：我爸妈和我住一起，不需要多少花费，岳父岳母那边每个月都要给1 000元左右的生活费。

保险销售人员：您现在还需要供房供车吗？

客户：只有房贷，每个月1 800元。

保险销售人员：还需要供几年呢？

客户：6年。

保险销售人员：也就是说，您还要供款给银行13万元左右。这样看来，您真的是家里的顶梁柱啊，我现在明白为什么您会有“拼命三郎”的称号了。您这么努力，都是为了让家人过上有保障的日子啊。（理解加赞美，客户印象深；以保障“点睛”，来铺垫保险）

情景分析

客户的家庭情况直接影响着保险需求，决定着客户适合的险种以及基本的保额，所以这是保险销售人员必须掌握的一项资料。但是在实际工作中，客户被问及详细的家庭信息时，往往会出于防范或者戒备等心理而拒绝回答或者敷衍应对。因此，上述情景中的保险销售人员在询问的时候采取了多种多样的方法，例如，以办公桌上的照片开启话题来了解客户配偶的信息；以猜测的方式引导客户主动透漏配偶的职业；抓住儿女这一共同话题，分析自己孩子的开销，引起客户共鸣，从而获取教育费用的数据；在了解完必要的信息后，对客户的家庭负担与付出表示理解和钦佩，让客户感觉整个交流过程不是在透漏家庭信息，而是在与“朋友”盘点并舒缓生活的压力。最后，保险销售人员总结出客户的努力“都是为了家人的保障”，这就为以后谈保险的保障功能作好了铺垫。

错误提醒

错误一：在对客户家庭成员缺乏了解的情况下，保险销售人员想当然地主观猜测，容易引起双方尴尬

保险销售人员：张先生，这张照片拍得很好，是和您太太拍的吧？你们很恩爱哦。

客户：不是，那个是我最小的妹妹……

保险销售人员：张先生，这是您儿子吧，好有男子汉气概啊！

客户：（尴尬）哦，那是我女儿，天气热，我们给她剪了短发……

错误二：保险销售人员查户口式的盘问，容易引起客户的强烈反感与抵触情绪

保险销售人员：张先生，您太太叫什么？在哪里上班呢？她每个月的收入大概有多少啊？

客户：……

技巧展示

技巧一：保险销售人员在询问客户的家庭信息时，既要挖出与保险有关的必要信息，又要注意尺度，对涉及客户重要隐私的问题要慎重。一般来说，保险销售人员需要了解的客户家庭基本信息包括如下几项。

技巧二：保险销售人员向客户询问比较私人的问题时，如家庭成员、财务状况等，往往会遭到客户的警惕、反感，甚至是抵触，可以尝试下面的方法消除或者缓解客户的负面情绪。

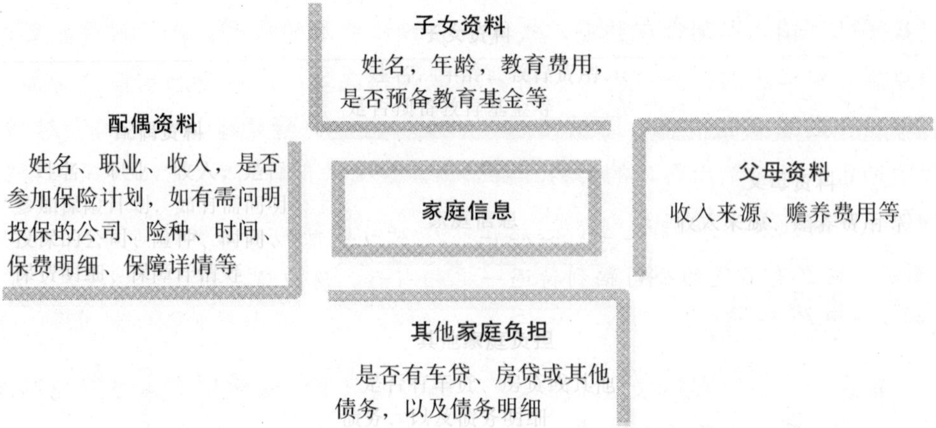
子女资料
姓名，年龄，教育费用，是否预备教育基金等
配偶资料
姓名、职业、收入，是否参加保险计划，如有需问明投保的公司、险种、时间、保费明细、保障详情等
家庭信息
父母资料
收入来源、赡养费用等
其他家庭负担
是否有车贷、房贷或其他债务，以及债务明细

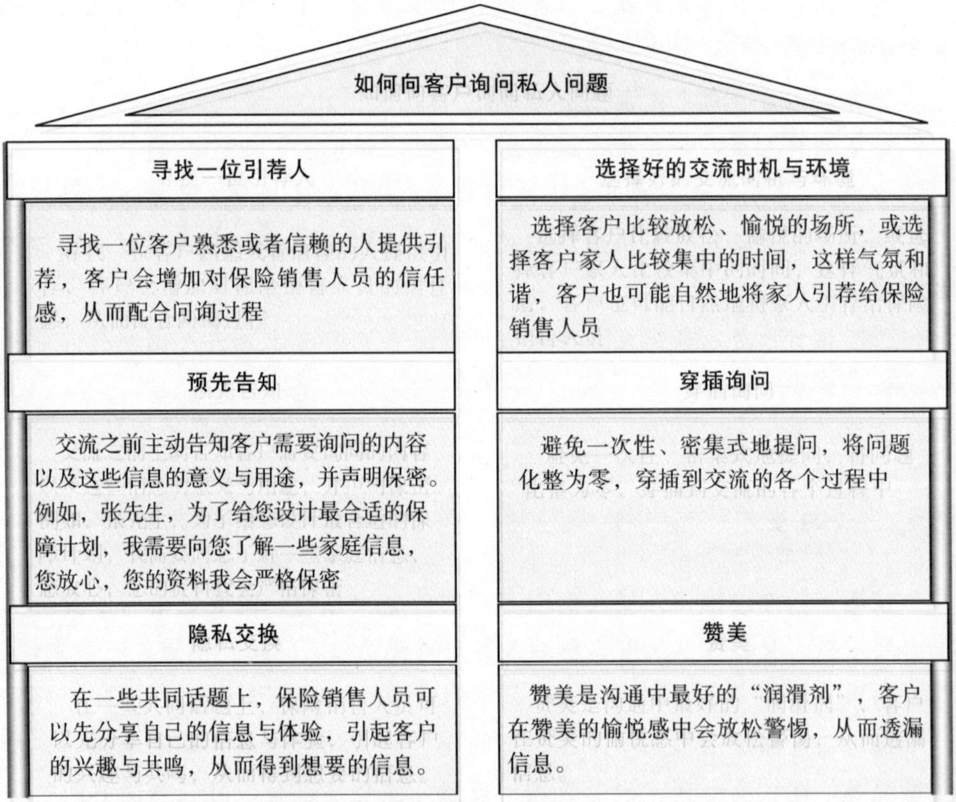
如何向客户询问私人问题
寻找一位引荐人
寻找一位客户熟悉或者信赖的人提供引荐，客户会增加对保险销售人员的信任感，从而配合问询过程
选择好的交流时机与环境
选择客户比较放松、愉悦的场所，或选择客户家人比较集中的时间，这样气氛和谐，客户也可能自然地将家人引荐给保险销售人员
预先告知
交流之前主动告知客户需要询问的内容以及这些信息的意义与用途，并声明保密。例如，张先生，为了给您设计最合适的保障计划，我需要向您了解一些家庭信息，您放心，您的资料我会严格保密
穿插询问
避免一次性、密集式地提问，将问题化整为零，穿插到交流的各个过程中
隐私交换
在一些共同话题上，保险销售人员可以先分享自己的信息与体验，引起客户的兴趣与共鸣，从而得到想要的信息。
赞美
赞美是沟通中最好的“润滑剂”，客户在赞美的愉悦感中会放松警惕，从而透漏信息。

情景54　了解客户的保险计划

实景再现

保险销售人员：王先生，您能在××公司这样的大企业中工作真是让人羡慕，这么有名气的公司福利待遇一定相当好，您应该有社会保险吧？（赞美永不过时）

客户：有。

保险销售人员：每个月要缴多少钱呢？

客户：1 000多块的样子。

保险销售人员：您公司有没有为您购买医疗险或者意外险这些商业保险呢？

客户：这个倒是没有。

保险销售人员：王先生，我有个想法不知道您会不会同意，一份工作不一定是终生的。将来您可能会有更好的发展机会或者自己创业，还有可能因为公司的人事变动而离开，那公司给您的这些保障也就不再有了。一份真正可靠的保障，应该是您自己可以控制的，走到哪里就保障到哪里，您说是不是呢？（推心置腹，为客户着想）

客户：唔……

保险销售人员：王先生，您有没有考虑过为自己找一份真正可靠的保障呢？（初步试探客户对保险的看法与计划）

客户：还没有。

保险销售人员：您介不介意告诉我是什么原因让您没有这方面的计划呢？

客户：（沉默）

保险销售人员：确实，并不是每个人都认为自己需要保险，需要保障。王先生，我注意到您的座驾是一辆非常高档的丰田皇冠，让我特别羡慕，不知道您有没有为爱车买保险呢？（切入客户得意的、感兴趣的话题）

客户：这个当然买了。

保险销售人员：呵呵，那您认为是爱车的价值高呢，还是您自身的价值高？

客户：（沉默）

保险销售人员：您这么年轻就已经是业内数一数二的大企业的高管了，您的价值不仅比爱车高，就是与您的同龄人相比，也要高出很多啊。车子需要保险，您需不需要呢？我们一起来分析分析吧……（多赞美，巧赞美；人车类比，切入保险）

情景分析

保险销售人员要挖掘客户最主要、最紧迫的需求，就必须对客户现有的保险计划作一个深入的了解，从中发现客户保障计划的空白，或者不充足、不完善的地方。保险销售人员先对客户的社会保险情况进行了解，并推心置腹，为客户着想，分析社会保险的不足之处，然后试探客户对保险的看法与计划，在得到消极的回应后，保险销售人员选择了客户感兴趣并引以为傲的车子作为话题，通过车的价值来烘托人的价值，通过车的保险来切入人的保险，这样既不突兀，又抓住了客户的兴趣和注意点。

错误提醒

在销售过程中经常会出现“冷场”的情况，比如保险销售人员提出的问题客户短时间内没想好答案或者不愿意回答时，谈话就可能陷入沉默或者僵持中。遇到“冷场”时，保险销售人员不及时打圆场，反而继续追问或者盲目地主观猜测，很容易让客户厌烦甚至提前结束会面。

保险销售人员：王先生，您介不介意告诉我是什么原因让您没有保险方面的计划呢？

客户：（沉默）

保险销售人员：王先生，具体是什么原因呢？您不方便告诉我吗？

客户：（沉默）

保险销售人员：是因为确实没有需要，还是没有在这方面进行了解呢？

客户：（不耐烦）我不知道！

技巧展示

技巧一：对于客户的保险计划，保险销售人员需要了解的基本信息如图 5-1所示

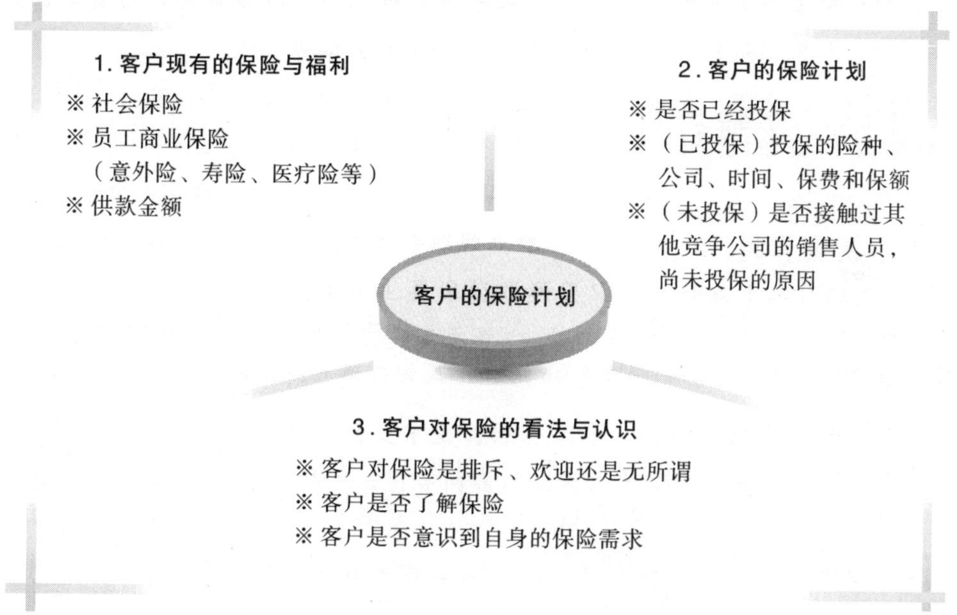

1. 客户现有的保险与福利
※ 社会保险
※ 员工商业保险
（意外险、寿险、医疗险等）
※ 供款金额
2. 客户的保险计划
※ 是否已经投保
※（已投保）投保的险种、公司、时间、保费和保额
※（未投保）是否接触过其他竞争公司的销售人员，尚未投保的原因
客户的保险计划
3. 客户对保险的看法与认识
※ 客户对保险是排斥、欢迎还是无所谓
※ 客户是否了解保险
※ 客户是否意识到自身的保险需求

图 5-1　保险销售人员需要了解的客户基本信息

技巧二：从客户最感兴趣的话题切入保险

与陌生的客户谈保险本来就是一件不容易的事情。要让客户愿意开口，愿意积极地加入交流中，愿意听保险、谈保险甚至主动问保险，保险销售人员可以“有心”地选择一些客户感兴趣的话题，从这些话题来切入保险。

例如，客户喜欢打理花草，保险销售人员可以这样引入保险。

“您手艺真好，这些花儿叫什么名字呢？您花了多长时间打理出这么漂亮的花儿啊？”

“看您对花儿都这么用心这么关爱，对家人您肯定更加爱护了。”

“平时您如果要离开几天，谁帮您照顾花儿，照顾家人呢？有您照顾得这么好吗？”

“如果您离开的时间更长一些，您会把这些花儿还有您的家人托付给谁呢？”

至于如何找到客户感兴趣的话题，这就需要保险销售人员用心地去做客户资料的前期收集和分析，细心地观察和思考，从中发现话题，并巧妙地让这些话题围绕“保险”展开，为“保险”这个核心服务。

情景 55　了解客户的经济状况

实景再现

保险销售人员：王先生，为了能给您设计一份合理的理财计划，您不介意我了解一下您的经济状况吧？您放心，我会对您的信息绝对保密的。（预先声明，承诺保密）

保险销售人员：您和太太两个人的月收入大概是多少呢？

客户：我每个月的工资是 11 000 元，我老婆有 3 000 元左右。

保险销售人员：您真是年轻有为啊。一般的家庭 40%～50%的收入会用于衣食住行之类的基本生活开支，您家里每个月基本的生活费用要多少钱呢？

客户：3 000 元左右。

保险销售人员：您在股票、债券或者基金上有没有投资呢？

客户：我不懂这些，所以买得不多，主要还是存在银行。

保险销售人员：我们来看看您的收入支出图吧。您每个月家庭总收入是 14 000 元，生活费用 3 000 元，贝贝的开销是 1 500 元，赡养岳父岳母 1 200 元，供房 1 800 元，总支出在 7 500 元以上，这样的话，每个月的银行储蓄在五六千元左右。您看看是不是这样？（图表工具，可视性强，彰显专业）

客户：我以前都没这么算过，差不多是这样吧，每个月能存 5 000 元左右吧。

保险销售人员：王先生，您果然是个眼光长远的人，有良好的储蓄习惯。

但是我认为，您的收入支出分配还是有一点儿缺陷的。

客户：哦，是吗？

保险销售人员：我说一下个人的看法，您缺少的是一个完善的家庭保障计划。您是家里的顶梁柱，有您在，您的太太、女儿和四位老人都能生活得无忧无虑，可以说，您就是他们的保险和保障。但您有没有考虑过，随着年龄的增长，人的体力和精力都会衰退，工资也会下降，甚至可能因为一些特殊情况，您不能再像现在这样照顾家人。那样的话，您的家人就失去了保险和保障，他们该怎么维持生活呢？（客观分析，点出缺陷与隐患，让客户感到压力）

客户：这个……

保险销售人员：您现在年轻有为，有足够的经济实力，何不趁着现在为自己，更为家人建立一个完善的保障计划呢？

客户：你说说看。

情景分析

客户的经济状况决定了购买能力，也决定了客户需要多少保障。经济实力越强，说明客户的自身价值越高，所需要的保障也就越高，同时，也代表可承担的保费金额越高。收入与支出是一个家庭比较隐私的问题，所以保险销售人员在询问之前要向客户郑重作出保密承诺。对于收入、支出涉及的大量数据，保险销售人员就利用图表来灵活记录并展现。通过对收入支出图进行客观分析，保险销售人员指出了客户保障计划的缺失，并且强调了这种情况存在的隐患与风险，让客户感到压力甚至是焦虑，从而愿意对保险计划进行深入了解。

错误提醒

收入支出，数据比较繁杂，也比较难记，保险销售人员容易漏听，或者记错账、算错账，甚至忘记一些数据，这会给客户留下不专心、不专业的不良印象。因此，保险销售人员倾听客户说话时，一定要全神贯注，将要点与问题记下来，尤其是涉及数据时不仅要记录，最好能复述一遍，以防听错或者漏听。保险销售人员要避免频繁使用下面的话语。

对不起，您刚才说什么？

是1 500元还是4 500元啊？

您再说一遍好吗？

……

技巧展示

图表上阵，辅助销售

图表是一种简单有效的销售工具，尤其是在处理数据问题或者有明显层次的问题时很有帮助。它的意义在于：

* 帮助保险销售人员准确记录，并保持清晰的思路；
* 可视性强，让双方一目了然地看到交流的具体情况；
* 改变了单纯的语言交流模式，能吸引客户的兴趣与注意力；
* 展现保险销售人员的专业与专注，赢取客户好感。

例如，对于王先生的收入支出图，保险销售人员可以这样来表现，如图 5-2所示。

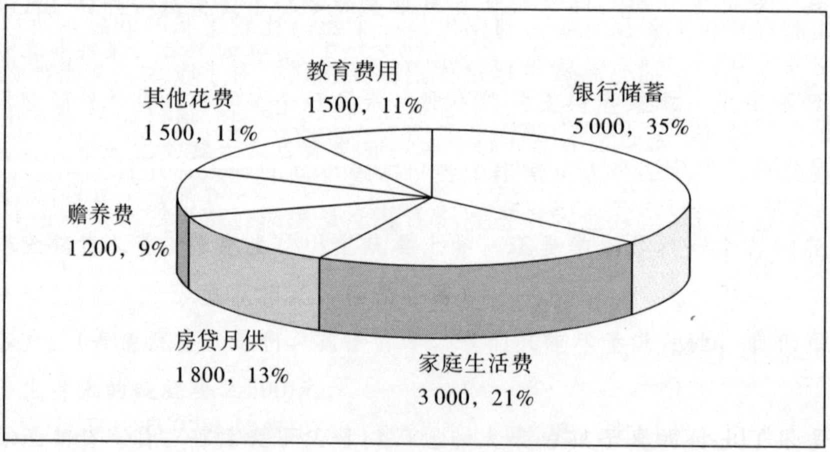
教育费用
1 500，11%
其他花费
1 500，11%
银行储蓄
5 000，35%
赡养费
1 200，9%
房贷月供
1 800，13%
家庭生活费
3 000，21%

图 5-2　王先生的收入支出图

情景 56　了解客户的保险需求

实景再现

保险销售人员：王先生，您想为家人建立完善的保障计划，最实际的办法就是先理清您的家庭都需要哪些保障，这样您就能估算出需要多少钱才能让家人的生活不受任何意外的影响，永远有保证了。

客户：怎么算呢?

保险销售人员：一个家庭最主要的保障有五个方面。第一个最基础的就是家庭基本生活保障。您每个月在这方面的支出是 3 000 元，对吧?

客户：嗯。

保险销售人员：假设您有一笔钱用来投资的话，您觉得稳定的年收益应该要几个百分点呢?

客户：大概 5 个点吧。

保险销售人员：您看这份利息表，如果您每个月要从银行获得 1 元钱利息，连续 20 年，假设银行利率维持在 5%不变的话，您现在就要存大约 150 元钱。也就是说，只要现在您往银行存 150 元钱，按 5%的利率算，以后每个月您家人都可以去银行拿 1 元钱，可以拿满 20 年。您家庭的基本生活费是 3 000元，那么您要存的钱也要翻 3 000 倍，也就是 45 万元，这就是您家庭 20 年里的基本保障额。(图表演算)

保险销售人员：当然，如果您真的有了 45 万元，您肯定不会存银行，而是会选择一些回报更高的投资方式。现在没有这笔钱，您就需要通过有计划的保险来创造这笔钱，以保障家人未来的生活，您说是不是?

客户：嗯。

保险销售人员：家庭保障的第二个方面就是教育基金。让贝贝能够接受良好的教育，有一个光明的前途，这肯定是您对孩子最大的心愿。贝贝每个月的教育开销大概是 1 500 元，到大学毕业，您至少要准备 15 万元以上的教育基金。这笔钱说多不多，说少也不少，您说是吧?

客户：没错。

保险销售人员：家庭保障的第三个方面就是退休金。王先生，您今年贵庚？

客户：我今年快满34岁了。

保险销售人员：如果60岁退休的话，您还可以工作26年。以您的能力和学识，将来收入肯定还会增加，但是退休之后，收入肯定就赶不上现在了。退休之后我们依靠的要么是自己的养老金和储蓄，要么是儿女，养老金和储蓄是有限的，儿女们又有自己的负担和压力。每个人都希望晚年能够幸福宽裕，要想晚年过得舒适，现在就应该做打算，您说呢？

客户：还真没想过这么长远。

保险销售人员：呵呵，其实人生弹指一瞬间，总是说老就老了。您需要保障的第四个方面是应急的现金。您阅历丰富，肯定知道人生总是有起有落的，免不了会有一些突发情况需要大笔的应急钱，比如生病啊、短时间的失业啊等等。人是很奇怪的，你有钱的时候，很容易就能借到钱，等你急需用钱的时候，往往又借不到钱，您说是不是这个理儿？

客户：嗯，我最不喜欢向人借钱了。

保险销售人员：家庭保障的第五个方面就是有计划地储蓄。许多人都是有决心地存钱，等到要买车、买房或者有其他大开销的时候不经意间就花了，花完了再存，可存的总是没有用的多。而我们的这个计划是先确定目标，然后用一个合理的计划和充分的时间来完成。如果有意外发生，这笔钱还可以变成翻倍的赔偿金。这样您得到的就不仅是有计划储蓄，而且是一份可靠的保障。

保险销售人员：王先生，刚刚说到的五大保障：家庭保障金、教育基金、退休金、应急现金和有计划的储蓄。如果有一个理财计划能够解决这几个问题，您觉得对您来说有没有用处呢？（关键性问题，了解客户对保险的看法与认知）

客户：如果真能解决，那当然有用了。

保险销售人员：您觉得这五大保障问题中，哪一个对您和您的家人影响是最大的呢？（关键性问题，了解客户最主要的需求）

客户：家庭保障。

保险销售人员：王先生，您方便透漏一下您目前的储蓄状况吗？

客户：现在银行存款大概十五六万吧。

保险销售人员：是这样的，王先生，您家庭的基本保障费用是45万元，贝贝的教育基金是15万元，房贷是13万元，除去您的存款15万元，这样算下来，您还需要一份58万元的保障计划。一般家庭会预留8%左右的收入作为家庭保障计划的预算，不知道您每个月可以用多少钱来参加这个保障计划呢？(图表演算)

客户：1 000元到1 500元左右吧。

保险销售人员：王先生，我还需要您帮我在这张小卡片上填三项信息：第一，您的出生日期是什么时候呢？第二，您过去或现在是否有吸烟和饮酒的习惯呢？第三，在过去五年里您是否曾住院检查或治疗？(初步判断是否符合投保条件)

客户：(填写)

保险销售人员：行，我会根据您的资料和要求，为您设计一个最适合您的保险计划，这需要一两天的时间，您看后天上午或者下午您哪段时间比较方便呢？(约定下次拜访时间)

客户：上午十点吧。

保险销售人员：好的。后天我会带上计划书为您详细解释，大概需要半个小时。这是我的名片，上面写有下次见面的时间，您如果临时有事或者需要更改时间请打这个电话给我。我留下一份我们公司的简介，请您有空时看一看。王先生，再见。(说明再次拜访需要的时间，留下名片与资料以增进客户的了解)

情景分析

保险销售人员要引导客户发现自己的保险需求，首先应该让客户了解一个家庭都需要哪些近期和远期的保障，通过梳理一项项的保障，细化到精细的数额，让客户从这个过程中了解到自己的责任和负担，并对最重要、最关键的需求保障形成清晰的认识。在梳理五大保障的过程中，保险销售人员既对客户的经济状况有了更深的了解，也可以从客户对各大保障不同的反应去判断他们的需求。单纯地分解五大保障是比较枯燥的，保险销售人员在讲述的同时要利用好图形图表，让销售语言多样化、生动化，充分吸引客户的注意力与兴趣。

技巧展示

在挖掘客户的需求时，保险销售人员可以参考如表 5-1 所示的“需求分析记录表”对资料进行归类，以方便信息的记忆与整理。

表 5-1 需求分析记录表

个人资料	姓　　名：________________ 手机：________________ 出生日期：________________ 年龄：________________ 住　　址：________________ 电话：________________ 工作地址：________________ 电话：________________ 是否投保：□是　　□否 （若已投保）投保险种：________________ 投保保费：________________ 投保时间：________________ 投保保额：________________ 投保公司：________________ （若未投保）接触的保险公司：________________ 是否吸烟：□是　□否　□已戒烟　戒烟时间：________________ 过去五年是否动过手术：□无　□有　若有，请说明：________________
配偶资料	姓　　名：________________ 手机：________________ 出生日期：________________ 年龄：________________ 在　　职：□是　　□否　　每月收入：________________ 是否投保：□是　　□否 （若已投保）投保险种：________________ 投保保费：________________ 投保时间：________________ 投保保额：________________ 投保公司：________________ （若未投保）接触的保险公司：________________
其他家庭成员资料	1. 姓名____ 年龄____ 关系____ 2. 姓名____ 年龄____ 关系____ 3. 姓名____ 年龄____ 关系____ 4. 姓名____ 年龄____ 关系____

（续）

	个人资产	家庭支出	资产净值
家庭收支	工资收入：________ 公积金：________ 社会保险：________ 员工商业险：________ 其他收入：________	家庭生活费：________ 偿还贷款：________ 教育经费：________ 赡养费用：________ 其他：________	个人资产：________ 家庭支出：________ 资产净值：________
保险计划	保险需求：________ 每年保费预算：________ 每月保费预算：________		
其他资料			

第2节　引导客户的潜在需求

保险销售人员在挖掘详细资料的过程中，客户的需求也就若隐若现了，接下来就要把这种可有可无的潜在需求引导为刻不容缓的现实需求。要实现这一转变，最有效的办法就是拉大客户的现状与愿望之间的差距，让客户意识到自己的需求，以及为了满足这种需求而产生的烦恼、担忧，甚至是痛苦，这时保险销售人员如果能够提出一个可以为客户解决问题的保险方案，客户会更积极地来了解保险。

情景57　家庭保障

实景再现

保险销售人员：张先生，不知道您有没有算过，您一个月的家庭开支大

概需要多少钱呢？（起——从现状出发，事实问句）

客户：零零总总加起来，差不多三四千块钱吧。

保险销售人员：三四千块钱确实能够让家人过得很舒适了。如果将生活开支压缩到两千元，您觉得够用吗？（起——从现状出发，感觉问句）

客户：勉强够吧。

保险销售人员：如果让您和您的家人一个月只开销100块钱甚至是零开销呢？（感觉问句，形成强烈对比）

客户：你开玩笑吧，那怎么可能！

保险销售人员：我问您一个私人问题，您目前的积蓄够不够家人十年的生活费？（承——发现问题，引导客户思考）

客户：为什么这么问？

保险销售人员：请您别见怪。我问您的积蓄够不够十年用的意思是，如果以后有特殊的情况发生，这笔积蓄总是可以保障您家人的基本生活。

客户：存款是有一点儿，我有工作有收入，还可以赚嘛。

保险销售人员：张先生今年是四十岁对吧，四十不惑，您肯定也是经历过大风大浪才取得现在的成功的。您能保证以后的十年、二十年里，您一直有这样稳定的工作，不生病，不出任何意外，永远能给家人完善的保障呢？（转——引导问题，让客户产生忧患意识）

客户：这……

保险销售人员：没有人能预知未来的风险，所以也没有人能做这样的保证。假如这些变故与意外发生了，您的太太和孩子如何生活呢？您的父母由谁来赡养呢？（转——引导问题，让客户预见到后果的严重性）

客户：（沉默）

保险销售人员：张先生，我有一个方案，如果有一天事情发生了，可以确保您家人的生活，您愿意了解一下吗？（合——解决问题，切入保险）

客户：你说说看。

情景分析

一般来说，保险销售人员接触的客户至少都有维持基本家庭生活水平的能力，正因为家庭基本生活不成问题，甚至是小康或者富裕之家，所以很多客户缺乏风险意识和危机感。基于这种情况，保险销售人员采取逆向思维来引导客户对家庭保障的保险需求，先引导客户想像低生活开销甚至是“零开销”生活，制造巨大的落差，然后解释人生无常，客户随时可能面临收入降低、疾病甚至意外的风险，如果没有足够的储蓄，那么低开销与“零开销”就会成为客户及其家人的不幸。当客户意识到风险与危机，感受到巨大的压力，并且开始思考甚至是焦虑的时候，也就是客户发现自己的需求，并主动寻求解决方案的时候，这时保险销售人员再提出保险计划，客户会更乐意主动来了解。

技巧展示

技巧一：像医生问症一样引导需求

医生在看病的时候，通常都会借助现代医疗设备做到“望闻问切”，或者通过询问病人的症状找出病因，接下来，医生会详细地向病人说明所患疾病的表征与后果，只要在可承受范围之内，病人一般都会接受医生的方案与建议。那么，病人为什么能够接受治疗方案呢？有两个原因：第一，医生所形容的疾病让病人感到不安；第二，只有专业医生能够帮助他解除痛苦，重新恢复健康。

保险销售人员就应该像医生这样引导客户的保险需求——先掌握充分的客户资料，从中发现最关键的保障需求点，在客户尚未意识到这种需求的紧迫性时，把缺乏保障可能带来的后果和风险逐条讲给客户听，如家庭破碎、孩子失学、债务缠身、无钱治病、老无所依等。简单地说，缺乏保障无疑是给生活带来不安的主要因素，保险销售人员就是要让客户认识到这一因素带来的后果与风险，从而产生忧患意识，当客户开始有意向地寻求解决方案时，保险销售人员再提出保险这个解决方案。

风险是问题症结，保险是解决方案，先要找到“症结”，才能制定解决方案。找“症结”是给客户对风险感同身受的过程，提供保险解决方案是为客户解决问题、消除风险、完成心愿的过程。只有感同身受，客户才会认识到保险的价值，才愿意购买保险。

技巧二：引导保险需求的“起承转合”四步曲

诗文和音乐创作中讲究“起承转合”，指的是开场、巩固、发展、结束四个过程。保险销售人员综合分析客户资料并找到客户的保险需求点之后，在引导客户保险需求的过程中，同样也有这样一个“起承转合”的四步曲。

起——从现状出发，循循善诱

就客户生活中的某些现状有目的地进行提问，问题越明确越好，并且要容易作答

承——发现问题，找出担忧所在

帮助客户从现状中发现问题，客户因此产生担忧

※ 提出客户尚未察觉或者尚未思考的现状问题（家庭生活费、医疗费、教育基金、养老金……）

※ 提出问题出现后必要的费用

转——引导问题，激发出客户本能的需求

引导客户深入分析存在的问题、后果与风险，激发客户的本能需求

※ 询问客户是否规划了解决问题的方案

※ 分析问题带来的后果与风险

※ 询问客户对后果与风险的感觉

合——解决问题，切入保险

提出解决问题的方案，切入保险方案的介绍

技巧三：家庭保障需求引导话术示例

1. 您平时出差离开家人的时候肯定会预留一笔生活费，对吧？您有没有想过，如果有一天要长时间地离开家人，甚至是永远地离开，您要留下多少生活费才够呢？您可能会想“我有足够的能力，我不需要保障”，可是您舍得让您的家人没有保障吗？

2. 您这么辛苦，这么努力，为的是什么呢？不就是为了让家人的生活有保障吗？其实您就是家人的保险。可是您不是铁人，您也有累的时候，也有生病的时候，您的生活中也有不能预知的风险，如果您停下来了，家人的生

活怎么办呢？您四岁的小宝贝怎么办呢？所以您的家庭需要“双保险”，当您停下来的时候，能有一份代替您继续关怀家人的保障，这样您的家庭才不会因您而失去以往的生活保障，您说对不对？

3. 如果您太太的项链丢了，她会不会心疼？如果您的爱车丢了，您会不会难过？在我看来，项链丢了是小事，爱车丢了也是小事，可是如果有一天，您家人失去了您，没有了经济来源，心疼难过不说，生活该如何保障呢？

4. 您跟我一起玩一个人生的倒推游戏好吗？假如今天是您生命的最后一天，您可以实现最后一个愿望，您会许什么愿？您会许事业兴旺、儿女成功、财富万贯这样的愿望吗？我想不会。您最后的愿望肯定是希望家人能够过上有保障的生活，就像您在的时候一样，您说对不对？那您如何实现这个愿望呢？

5. 您想过没有，如果有一天，老板宣布减薪10%，您一家的生活会怎么样？如果减薪50%呢？如果老板残酷一点儿，让您失去了这份工作呢？您想过有什么办法可以保障您家人的生活吗？

6. 先生您平时开车的时候会不会一边踩油门一边踩刹车？（客户不解地摇头）这样会很危险的对吧？（客户同意）可是在生活中您肯定是边踩油门边踩刹车的，您信不信？每天努力工作赚钱是在踩油门，每天家里开销是在踩刹车，花的总是比赚的快，是吧？一家的担子都是您在挑，您觉得担子重吗？如果有一天您不能再挑这个重担了，您想过谁可以替您保障家人吃饱穿暖呢？

情景58　清偿债务

实景再现

保险销售人员：张姐，一看您就很贤惠，把家打理得既干净又漂亮。您这房子现在还要还贷吗？（起——从现状出发，循循善诱）

客户：是啊，还有28万元，每个月供2 500元，还要供好些年呢。

保险销售人员：这样每个月的房贷压力还是挺大的，是您先生一个人还月供吗？

客户：我们两个人一起供。

保险销售人员：房子的确是普通老百姓最重的负担之一。张姐，要是有一天工作或者健康出现问题了，或者发生一些意外无法继续工作，您想房贷的压力会不会很大？您和先生的收入够不够支付月供同时又保证全家的生活呢？（承——发现问题，引导客户思考）

客户：这个没想过。

保险销售人员：您说得对，当生活顺心顺意的时候，我们都不会想到房贷的问题，可是如果有一天您还房贷有困难了，您的亲戚朋友里有没有人具备足够的经济实力帮您偿还贷款呢？（转——引导问题，让客户产生忧患意识）

客户：我父母退休了，姐妹也各自成家，每个人的负担都很重的。

保险销售人员：您想，如果您一个月没还房贷，银行会作出如何反应？如果连续几个月没还月供，银行又会怎么做呢？他们会不会理解您的处境，免去您的贷款呢？（转——引导问题，加强客户忧患意识）

客户：这不可能。

保险销售人员：如果这种情况发生了，您这么干净漂亮的温馨小家被银行收走了，您的宝贝上完幼儿园无家可回了，您会是什么心情呢？（转——引导问题，让客户意识到后果的严重性）

客户：（沉默）

保险销售人员：如果这一切发生时，有人愿意为您偿还28万元的贷款，并支付一笔基本的生活费用，保住您的美好家庭，您想不想认识这样的人？（合——解决问题，切入保险）

客户：哪有这种好人。

保险销售人员：呵呵，张姐，其实这个好人就是您自己。您只需要每天存下30块钱，就能享受这份保障，我给您详细说说好吗？（合——解决问题，切入保险）

客户：你说说看。

情景分析

现在通过贷款买车买房的人非常多，在正常情况下，人们都能按期缴纳月供，但是如果出现失业、疾病，甚至是意外等情况，按时还贷就会出现困难，银行在一定时间内收不到款项就会收回车子或房子。正是因为银行催缴这一天很遥远，没有具体日期，所以客户不会有紧迫感，也就意识不到自身的需求。保险销售人员运用“起承转合”四步法，先分析还贷的压力，让客户产生负重感，然后细致剖析无法按时还贷的风险与后果，客户想到温馨小家随时可能被银行收回的后果，自然会陷入担忧和焦虑之中，这个时候，“清偿债务”这一需求就被顺利地引导出来了。

技巧展示

技巧一：善提好问题

挖掘需求最重要的一种方式就是提问，让客户愿意回答，愿意透露想法与看法，从而暴露客户的需求。保险销售人员要挖掘和引导需求，就必须学会提问，善于提问。什么样的问题是好问题呢？好问题应该具备三个特征：客户愿意回答，能够引起客户思考，能够引向保险主题。保险销售人员可以多练习、多运用以下几种问题。

1. 紧扣客户最大需求的问题

※ 您觉得现在孩子的教育费用高吗？

※ 您觉得每月既还房贷又要养家压力大吗？

2. 有关客户最关心的人或事的问题

※ 您对孩子未来的教育有规划吗？

※ 您的宝宝快出生了吧？婴儿用品都置备齐全了吧？

3. 直接、简明、扼要的问题

※ 您付得起巨额的医疗费用吗？

※ 这个问题，您想过如何解决吗？

4. 有关客户以往经历的问题

※ 那三天住院养病的日子，您最大的感受是什么？

※ 您朋友遇到这次不幸的车祸，您是怎么看的？

5. 牵动客户感情的问题

※ 如果人老了，连给孩子包个红包都必须盘算半天，这样的日子您愿意过吗？

※ 如果您的孩子这么小就要面对这些经济问题，他还能专心上学吗？他在心里会怎么想您这个父亲？

技巧二：清偿债务需求引导话术示例

1. 先生，在这还贷的20年里，您必须同时保证两件事：第一，您的收入稳定，每月都能赚3 000元以上；第二，20年里自己平安健康。您觉得保证这两件事难不难？有没有风险？您当初贷款买这套房子的主要目的是什么？是不是为了给最心爱的家人一个遮风避雨、温暖安全的家呢？如果这两件事您不能保证，您的太太和孩子能替您来承担房贷吗？他们去哪里安家呢？

2. 您平时有搬家的经验吗？搬家是不是很累人？您觉得除了要换新房子外，一般在什么情况下人们会迫不得已搬家甚至是把房子卖掉？您觉得如果有一天，我们的健康出现问题或者出现意外，无法工作了，公司还会不会聘用我们？如果没有工资收入了，付不起每个月的房贷了，房子被银行收回了，您打算让家人搬到哪里去呢？

3. 先生，假如银行让您明天马上偿清房贷，您做得到吗？（客户摇头）如果给您一年的时间让您还清这30万元呢？（客户表示没办法做到）是的，当一切顺利时，您不会考虑清偿房贷的问题，可是，如果有一天您的生活出现变故，付不出这笔月供，而银行只给您一天的时间，您想谁能帮您凑到这笔钱呢？如果您每天付给一个人20元钱，当您不能支付这笔贷款的时候，这个人完全替您挑起这副担子，您觉得怎么样？

情景59　医疗保障

实景再现

保险销售人员：张先生，不知道您有没有去医院探视病人的经历？（起——从现状出发，循循善诱）

客户：有啊，我老父亲去年还住过院呢，老年人腿脚不好，一不小心就摔伤了，我还陪护了几天。

保险销售人员：哦，现在老人家身体康复了吧？

客户：还好。

保险销售人员：是啊，现在的人一怕买房，二怕生病，这两块可都是大

开销。您父亲住院大概的花销有多大呢？（起——从现状出发，循循善诱）

客户：两个星期下来将近两万元吧。

保险销售人员：其实啊，您算的只是老人家住院的费用，您还忽视了一块呢。您是公司的顶梁柱，您请几天假，工资的损失不说，公司里缺了您肯定很多事都不顺畅，这损失肯定远远大于两万元吧。（起——从现状出发，循循善诱）

客户：这也是没办法的，做儿子的总得尽孝啊。

保险销售人员：您工作也挺辛苦的，每天起早贪黑，压力也不小，您有没有想过，如果有一天，您累倒了，不得不住院疗养，谁来照顾您呢？（承——发现问题，引导客户思考）

客户：要真那样了，我媳妇会照顾我吧。

保险销售人员：她是不是也要像您照顾您父亲一样放下工作照顾您呢？（转——引导问题，引导客户进一步思考）

客户：这个肯定是的。

保险销售人员：您和太太是家里的经济来源，两个人都放下工作了，家庭收入会不会减少呢？（转——引导问题，让客户产生忧患意识）

客户：嗯。

保险销售人员：每个人生病住院的时候，最希望能得到三样东西：最好最有效的治疗，没有后顾之忧的医疗费用，还有全方位的照顾。您说是吧？（转——引导问题，引导客户挖掘自己的需求所在）

客户：没错。

保险销售人员：要得到最好的治疗和照顾，大笔费用是少不了的，如果有一天必须花这笔钱，您是希望自己付呢还是别人帮您付呢？（转——引导问题，帮助客户寻找解决方案）

客户：呵呵，如果有别人付的可能，当然选择别人付啦。

保险销售人员：如果有一天您生病了，有一位24小时免费的特别“护士”照顾您，为您争取最好的治疗，除此之外，她还会帮您支付医疗费用，甚至补偿您工资收入的损失，您相不相信有这样的人？（合——解决问题，切入保险）

客户：开玩笑吧？

保险销售人员：您不会拿自己和家人的生活保障开玩笑，我也绝不拿您开玩笑，我跟您详细说说这个保障计划吧……

情景分析

不生病则已，一旦生病，医疗费用往往是一个家庭的巨额开支。即使有社会保险的保障，病人自身还是要承担一笔不小的费用。因此害怕生病和看病是相当一部分人共有的心理状态，保险销售人员应抓住这种心理，可先从比较轻松的"探病"开始切入话题，再将重心由"探病"引向"客户生病"，以层层递进的问询引导客户思考生病之后的医疗费用以及家庭保障问题，当客户意识到自己的需求之后，保险销售人员再生动地形容医疗保险所带来的利益与保障，吸引客户进一步了解保险产品。

错误提醒

保险销售人员如果不注意措辞和修饰，有什么说什么，很容易触及客户的忌讳，引起他们的反感情绪，比如：

您就没想过您有可能失业下岗吗？

如果有一天您出事了，比如说车祸或者其他意外……

如果您破产了……

如果您得了不治之症，需要花很多钱……

技巧展示

技巧一：如何跟客户谈忌讳的话题

死亡、伤残、疾病、意外、失业、破产等是很多客户忌讳的话题。可是，保险是风险与意外的保障，保险销售如果不谈生、老、病、死，也就没有什么话题可谈了。既然忌讳的话题不得不谈，那么，怎样谈这些话题可以减轻客户的抗拒与反感呢？

1. 修饰措辞，让客户听着顺耳

尽量避免使用直白的忌讳“词语”，巧妙修饰措辞，让客户听得明白，又不刺耳，比如：

➢ 如果您不能再亲自照顾宝宝了……

➢ 执子之手，与子偕老，可是，如果一些意外发生了，您不能和太太相守到老……

➢ 如果有一天，您太累了，不得不上医院休养一阵……

2. 欲语还休，逼客户主动发问

抓住客户关心的焦点问题，话说一半，欲语还休，让客户主动发问，这时再把话题引出来，客户不大可能排斥自己主动提出来的话题，比如：

➢ 您的家庭真是非常幸福，可是，我觉得还是有一点不足……

➢ 我想向您请教一个很严肃的问题，但是我又怕您责备我……

➢ 我有一个想法一直想跟您分享，但是我怕说出来您会不高兴……

3. 赞美恭维，让客户放松情绪

通过赞美恭维客户，然后提出话题，客户在赞美下很容易放松情绪，比如：

➢ 您在大企业任高管，一定有非常强烈的危机意识，我想，有一个问题您一定考虑过……

➢ 您经历这么多坎坷才取得成功，很多问题您都已经能看开了，我想您应该想过……

➢ 您一看就非常爱家，是个好丈夫、好父亲，您一定为这个家做过长远的规划和打算，不知道您有没有想过这种情况……

技巧二：医疗保障需求引导话术示例

1. 人不可能一辈子不生病对吧，假如有一天，您躺在病床上了，有三样选择：鲜花、慰问以及一大笔治疗金，您更需要哪一样呢？

2. 平时，如果没有新衣服，还可以凑合着穿旧衣服；没有豪华别墅，一家人住普通房子也会很开心；没有高档车，开开二手车也无所谓。可是如果您累倒了，生病了，一家子的经济来源断了，那巨额的医药费从哪里来呢？

家人的生活怎么办呢？高级的生活享受我们可以不要，但是最起码的医疗保障与家庭保障我们不能不计划好啊！

3. 有一种人永远不需要医疗保险，这种人必须保证三点：保证一辈子不生病；保证生病时不需要别人照顾；保证生病时还能挣钱保证家人的基本生活。您说，这个世界上有这样的人吗？

4. 您开了这么多年车，有没有遇到过一路绿灯到头呢？（客户摇头）同样地，人生也是既有高峰，也有低谷。您每天这么辛苦，如果哪一天生病了，不能像现在这样努力工作了，您妻子不得不放下工作来照顾您，您孩子每天上学心里都会担心他的爸爸，不仅家里的生活费是个问题，医疗费用更是个天文数字。您想过如果这一天到来了您该怎么面对吗？

情景60　教育基金

实景再现

保险销售人员：张先生，这是您家孩子参加钢琴比赛获得的奖杯吧？（起——从现状出发，循循善诱）

客户：对啊，这是去年他参加省级比赛时候拿的，那时才9岁。我们家小宝就喜欢钢琴，学了四年了。

保险销售人员：您真是个好父亲，没有您的支持和鼓励，小宝不可能这么优秀，一个出色的孩子背后肯定有一对开明有远见的父母。（赞美）

客户：（喜上眉梢）

保险销售人员：张先生，小宝既要上学，还要学钢琴，一个月的花费应该不少吧？（起——从现状出发，循循善诱）

客户：（表情沉重）是啊，孩子肯学，我们只能尽量满足他，我们每个月花在小宝身上的钱就要2 500元。

保险销售人员：可怜天下父母心，您和太太为孩子真的付出了很多。难怪小宝这么听话，又这么上进。这孩子将来肯定能上一流的大学，说不定还能出国进一流的音乐学府深造呢。那您有没有想过小宝从现在到他能够自立

还需要多少教育费用呢？（承——发现问题，引导客户思考）

客户：我们平时省吃俭用，存下钱就是准备他将来读书用的。

保险销售人员：您真的很有远见，做父母就应该像您这样。小宝现在9岁，到他23岁大学毕业还有14年的时间，依您看，每年孩子的花费需不需要两万呢？

客户：是得这个数。

保险销售人员：那14年下来就要28万了。

客户：以前没有算过这么长远的账，28万也太吓人了，我们存款也才八九万呢。

保险销售人员：也就是说小宝的教育基金还有将近20万元的缺口。张先生，您想过吗？如果有一天，您和太太的收入减少了，或者中断了，或者更残酷一点儿，您不能陪着小宝继续走下去了，他的教育费用谁来承担呢？谁能够像您这样尽心尽力地抚养他呢？小宝能不能自己筹到20万呢？（转——引导问题，引起客户的忧患意识）

客户：（沉默）

保险销售人员：张先生，如果小宝可以继续深造，而您也有充足的经费供他，这当然是最好的，如果他可以读书，却因为缺钱读不下去，这样一个对钢琴爱不释手又独具天赋的孩子，永远与钢琴无缘了，会不会很遗憾呢？您会不会愧疚呢？（转——引导问题，让客户看到后果的严重性）

客户：这……

保险销售人员：张先生，如果让您从每天的收入中省出20元，您觉得困难吗？

客户：这个应该问题不大。

保险销售人员：如果每天省出的这20元能够支付小宝以后高中大学的教育费用，还能够获得重大疾病的保障，您觉得这20块钱有价值吗？（合——解决问题，切入保险）

客户：哦？这是怎么回事呢？

保险销售人员：来，我跟您详细说说……

情景分析

孩子永远是父母的最爱，每一位家长都希望自己的孩子能接受最好的教育，能有一个好前途，但是有多少家长能为孩子做出长远的教育规划和教育金计划呢？上述情景中保险销售人员首先抓住了客户的爱子心切，以孩子的奖杯开启话题，在对客户栽培孩子的苦心与付出大加赞美之后，进一步引导客户估算孩子未来的巨额教育费用，并分析缺乏教育基金可能带来的后果与风险，当客户为这笔费用和后果感到烦恼、担忧甚至痛苦时，保险销售人员才抓住时机开始切入少儿险的产品介绍。

错误提醒

客户如果性格外向比较健谈，或者遇到特别感兴趣的话题时，往往会在对话交流中唱主角。气氛融洽，客户积极性高，这当然是好现象，但是经验不足的保险销售人员有时会完全失去对话题的控制，跟着客户信马由缰，没有目的地聊。一场会面下来，保险销售人员甚至还会有一种成就感，认为自己跟客户聊得不错，但实际上，会面没有主题，对保险销售没有多大的促进作用，既浪费时间也浪费精力。比如下面的对话。

保险销售人员：这是您家孩子参加钢琴比赛拿的奖杯吧？

客户：是啊，那是去年6月份，我陪着他去××市参赛，这次大赛是全国性的，影响很大，我家孩子发挥得很出色，评委们说……

保险销售人员：您家孩子几岁开始学钢琴啊？

客户：五岁，当时我和我太太还争呢，我想让孩子学钢琴，她想让孩子学大提琴，最后老师的建议是……

保险销售人员：您对孩子真是教育有方。

客户：孩子的教育可是门大学问，我跟你说……

技巧展示

技巧一：把握对话的中心、主题、主线

保险销售人员的时间有限，客户的时间也有限，因此，无论是通过电话还是面谈的方式与客户沟通，保险销售人员都要有清晰的思路和话题控制能力。保险是整个对话的中心、主题和主线，话题的选择与内容都应该和保险相关联，或者为保险做铺垫，尽量避免“偏题”甚至是“跑题”。每一个话题就像一颗颗珠子，看似杂乱无章，东拉西扯，但最终都能让“保险”这根线串起来，这才是有效的沟通。

技巧二：教育基金需求引导话术示例

1. 您是一位很有学识的人，您肯定希望您女儿能接受最好的教育，将来和您一样有知识、有素质，对吧？（客户赞同）教育的开销是巨大的，即使您有一座金山银山，也有花完的时候，对不对？这就像给孩子一个苹果，吃完就没了，可是如果您给她栽下一棵苹果树，将来无论您在与不在，不论您收入多还是少，她随时都有苹果吃，这样岂不是更好？那您想过给孩子的未来种一棵苹果树吗？

2. 一样的童年，一样的年纪，有的孩子可以无忧无虑地上学读书，而有的孩子小小年纪就开始打工甚至流落街头。没有做父母的希望自己的孩子这么小就背起这么重的负担，可是很大一部分父母并没有为孩子的未来和学业做好长期的保障与规划。我们不能陪伴孩子一辈子，但是我们完全可以为孩子的未来建立保障，让孩子可以健康成长。

情景 61　养老保障

实景再现

保险销售人员：张姐，您还记不记得小时候第一天上学是谁送您去的？（起——从现状出发，循循善诱）

客户：呵呵，这个我还真记得，是我妈，我不肯上学，我妈拖着我去的学校。

保险销售人员：是呀，这都是三十多年前的事了，现在您的孩子都上小学了，可是回想那一天，是不是好像昨天刚发生的一样？

客户：真是这样的。

保险销售人员：三十多年前就像昨天，从今天再往后推三十年，您再来回想今天，那今天也像昨天一样了，时间过得很快，是吧？（起——从现状出发，循循善诱）

客户：是啊。

保险销售人员：三十年后，咱们就都是六七十岁的老人了，您有没有想过那时候靠什么生活？（承——发现问题，引导客户思考）

客户：这事也太远了。

保险销售人员：日子飞快，说远也不远。很多老人养老要么靠儿女，要么靠退休金，或者靠自己年轻时的积蓄。退休金只能保证基本的生活开销；年轻时的积蓄往往在养育儿女的时候就一点一点挪用了；至于儿女，他们那时都会有各自的家庭和负担，能尽的孝心毕竟有限。您这么疼爱孩子，肯定也不想多麻烦他，就只能委屈自己，您说是不是？

客户：（沉默）

保险销售人员：张姐，您和您先生现在每个月的生活支出大概是多少呢？

客户：两三千元吧。

保险销售人员：到我们老的时候，开销会节俭一些，但是人老了大病小病就会自己找上门，这样的话每个月的费用也得两三千元，每年就是两三万元。五十五岁退休到七十岁，我们的养老金至少就要二三十万元。到时候这笔钱谁付得起呢？靠孩子吗？（转——引导问题，让客户产生忧患意识）

客户：（沉默）

保险销售人员：我们辛劳一辈子，谁不希望有一个舒适幸福的晚年。这个想法一点儿也不过分嘛。张姐，您想想，如果现在不为以后做准备，等到有一天我们老了，行动不便了，疾病缠身了，要把一块钱掰成两半花，上一趟医院就要花不少钱，如果长期生病或许连个贴心的陪护人都没有，您看现在有多少老人过的不就是这样的晚年生活嘛，这样的生活您能忍受吗？

（转——引导问题，让客户意识到后果的严重性）

客户：我可不想过这种日子。

保险销售人员：是啊，张姐，没有人年轻的时候想过这种日子。可是人老了，精力不行了，收入也没了，就不得不低头啊。您要想有一个绝对有保障、绝对有尊严的晚年，您就必须从现在开始计划，等到五十岁再来想这个问题，那就太晚了。（合——解决问题，切入保险）

客户：怎么计划呢？

保险销售人员：我带了一份专门为您设计的计划书，我给您详细介绍一下……

情景分析

“超前消费”已经成为一种越来越流行的生活趋势，今天花明天的钱，明天再来还今天的账。这种消费方式为人们的养老保障带来了很大的风险。当人们习惯了高档次的消费生活后，单纯的社保养老金已经不足以满足老年的生活，商业养老保险就成为保障老年生活的最佳途径。在这个案例中，保险销售人员首先抓住了女性客户相对比较感性化的特点，先勾起客户对三十年前的回忆，引出“时光飞快”的感慨，从而顺利地将客户的思维引向三十年后转瞬即至的老年生活，并一一分析了老年人的经济来源和必需的生活支出，渲染了缺乏保障的晚年生活，这与客户理想中的老年生活形成了巨大的落差。这种差距越大，客户建立一个养老保障计划的需求就越迫切，保险销售人员也就达到了引导需求的目的。

错误提醒

人们都讲究“家和万事兴”，保险销售人员绝对不要为了销售保险，而有意无意地伤害或者挑拨客户与亲友之间的关系。比如说下面的做法就会引起客户或亲友的不满与反感。

对刚生下宝宝喜悦无比的准妈妈，保险销售人员这样说：“年轻时就应该为养老做准备，养儿防老一点儿都不可靠，您孩子长大了养自己都困难，更别提赡养您了。”

对新婚不足一年的男性客户，保险销售人员这样说：“您受益人还是填父母比较好，您跟太太结婚还不到一年，指不定以后怎么样呢。”

对一位有投保意向但被朋友劝阻的客户，保险销售人员这样说：“您自己拿主意就行，别听旁人的，他没安什么好心。”

技巧展示

养老保障需求引导话术示例

1. 老不可怕，只要有养老钱；穷也不可怕，只要还年轻；最可怕的是又老又穷，那个时候已经没有时间和精力去赚钱了。今天花的多一点儿，养老的钱就少一点儿。您想想，一位老人每个月只有几百块钱的生活费，生病了不敢去医院，买菜不敢买贵的，连逢年过节给宝贝孙子的红包都要左思右想才能挤出百十来块钱，这种日子您过得下去吗？

2. 人们常说“养儿防老”，可是孩子们成人了也会有沉重的负担，您和儿女生活在一起，不管孩子是否孝顺，看着他们负担加重，您心里都会很难受，而且也不够自由。辛苦了一辈子，老了却要委委屈屈地过，您肯定也不愿意，对不？要保证晚年的生活品质，就必须从年轻时开始规划。

3. 您逛街时，有没有见过在街上捡饮料瓶子换钱的老人？看到他们您会有什么感觉，会不会觉得他们很可怜呢？早上您上班时，有没有见过公园里晨练的老人，他们练剑、打拳、扭秧歌、抖空竹，欢声笑语的，是吧？如果让您选择，您愿意过哪一种晚年呢？

4. 您看，您的茶几上有三个杯子，一杯盛水，一杯盛牛奶，一个空杯，如果您渴了、饿了，您会选择哪个杯子呢？（牛奶或者水）您认为有人会选这个空杯子吗？（不会吧）如果有一位老人又渴又饿，却只有这个空杯子，您会不会觉得他很可怜？（是啊）您有没有想过，这个不得不选择空杯子的老人可能是30年后的您自己呢？30年后您希望自己每个月拿到的生活费是3 000元以上，还是1 000元，或者100元呢？您为这3 000元的养老金作好规划了吗？

5. 您这么爱运动，身体棒棒的，将来肯定能长命百岁！您的理财观念这么强，每个月都能往银行存一点儿钱，等您老了基本的生活应该不成问题。您看现在每个月您存500元，20年下来就是12万元，等老了每个月取1 000元来过日子，可是您想过没有，每取一次，钱就少一些，身体反而每况愈下，那时您心里会不会很恐惧？等钱取完的那一天，您怎么办？如果同样是每个月存500元，存满20年，却可以像泉水一样，年纪越大，取出来的养老金就越多，到您到88周岁还有祝寿金，您永远不用担心钱会取光，您愿不愿意参考一下这个方案？

情景62　储蓄计划

实景再现

保险销售人员：张先生，您看起来真年轻，不知道您是哪一年毕业的？

客户：前年。

保险销售人员：这么算来，您也有两年多的工作经验了。网上流行一个词叫“月光族”，张先生能够在知名外企上班，收入应该很不错，您不是“月月光”吧？（起——从现状出发，循循善诱）

客户：呵呵，说实话，我还真是“月光族”，其实自己也不知道钱去了哪里。每个月发了工资就存起来，但是平时旅游啊，回家探亲啊，付房租啊，取出来一用账户就又空了。存钱就是赶不上用钱快。

保险销售人员：我很理解您的想法，刚参加工作时我也是这样。您平时会不会做一些基金或者股票之类的投资呢？

客户：基金和股票既需要经验又要花时间花精力，风险还不小，我觉得还是存银行简单。

保险销售人员：呵呵，看来您非常理性，做事情也相当稳重。您觉得储蓄重不重要呢？（承——发现问题）

客户：这还用说嘛，储蓄当然很重要。

保险销售人员：对，有了储蓄，可以更好地孝敬父母，也可以为以后做准备，还可以为创业预留资金。储蓄也要看年纪：三十多岁的人储蓄难，因为要供车供房；四十多岁的人储蓄也难，因为要供孩子上高校；五六十岁的人储蓄更难，因为年龄大了，收入少了根本没钱存。所以只有二十多岁是最好的储蓄时期，也是不得不储蓄的时期，您说是不是？

客户：嗯，有道理。

保险销售人员：您有没有想过，既然收入不错，暂时又没有供车供房的生活压力，您也能够理解储蓄的重要性，为什么还是难以把钱存下来呢？（转——引导问题）

客户：这……

保险销售人员：您来听听我这个想法有没有道理：往银行存钱是有钱就都存进去，要用钱时再取出来，存的时候没规划，取的时候也没计划，想存就存，想取就取，这样要储蓄一笔钱当然不容易。而且银行利息不高，存钱也没有动力，是吧？（转——引导问题）

客户：嗯，好像是这么回事。

保险销售人员：张先生，您觉得每天省出20块钱对您来说困难吗？

客户：这个没什么，我一顿饭都要花20多元呢。

保险销售人员：如果有人强制要求您每天存20元，每年都有红利分配，而且这些利息和红利不需要缴纳个人所得税，等10年期满连本带红利全部返还给您，此外，您还享有一份15年的人身意外保障，这样，如果您出了什么事，也可以给您的父母留一份可靠的保障。您认为这个计划怎么样？（合——解决问题，切入保险）

客户：每天只要存20元？

保险销售人员：是的，我来跟您详细解释一下吧……

情景分析

有计划的储蓄不仅是一种良好的理财习惯，更是一种对自己负责、对家人负责的生活态度。相比银行储蓄和股票、债券、基金等投资方式，通过保险进行储蓄有着独特的优势。面对年轻、收入较高、有储蓄意识但缺乏储蓄计划的客户，保险销售人员首先寻找到客户生活圈子里的流行词“月光族”，这样既有目的性地打开了话题，又有效地拉近了与客户之间的距离。然后，保险销售人员了解了客户对理财的规划与认识，并分析了储蓄的重要性，以及开始储蓄的最佳人生阶段。在列举出银行储蓄的缺点后，保险销售人员抓住客户关注的储蓄利益，简单明了地强调保险这种特殊储蓄方式独具的优势，即有计划、有红利、免税和意外保障。客户本来就有储蓄的意识，再加上保险理财的利益诱惑，很自然就引发了这方面的需求。

错误提醒

保险销售人员在与客户交流时，除了对个别特殊的客户采取激将法刺激需求外，要尽量避免直接触到客户的“伤疤”或弱点，也不要使用含有嘲讽意味的语言，以下这些话语就不合适。

对一位工作两三年但是少有积蓄的客户，保险销售人员这样问“张先生，您怎么工作这么多年还没存下钱啊?”

对一位结婚三四年但是还没有孩子的客户，保险销售人员这样问“您结婚这么多年了还没有孩子吗?”

对一位住在近郊的客户，保险销售人员这样说“您家真偏，找过来太不方便了，不过近郊房子要便宜很多是吧?”等。

技巧展示

技巧一：保险理财的优势

保险作为一种理财工具，与银行储蓄以及股票、债券、基金等投资方式相比，具有独特的优势。

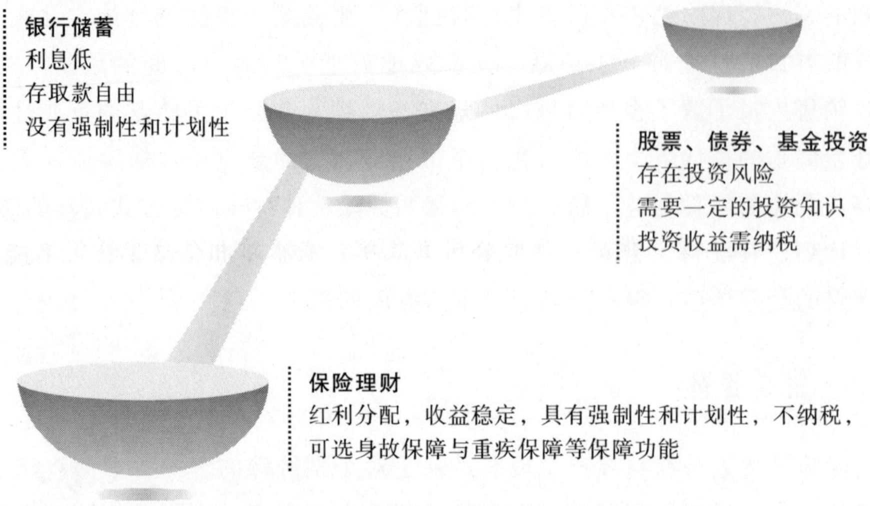
银行储蓄
利息低
存取款自由
没有强制性和计划性
股票、债券、基金投资
存在投资风险
需要一定的投资知识
投资收益需纳税
保险理财
红利分配，收益稳定，具有强制性和计划性，不纳税，
可选身故保障与重疾保障等保障功能

技巧二：储蓄计划需求引导话术示例

1. 现在如果没有一定的积蓄，做很多事都非常困难，您说是不是？如果让您在10天之内凑出10万元来，您觉得困难吗？（困难）如果给您10年的时间呢？（10年没问题）10年之后，您34岁，既要养老婆孩子，也要养父母。如果这时候，您太太要求买房、买车，或者您父母生病了，要您拿出10万元来，您是愿意用10天去凑呢，还是愿意用这10年来一点点地储蓄呢？

2. 您能跟我说说，五年之内您最大的愿望是什么吗？（创业，开一家咖啡厅）大概需要多少钱呢？（10万元）您觉得当"月月光"成为一种习惯的时候，两年"月光"，五年是不是很有可能还是"月光"？（对）五年之后，您还是"月光族"，但是您的同学已经娶妻生子，买房买车，并且经营着自己的事业，当你们再见面的时候，您会是什么心情？您现在的计划决定五年后您的事业和生活。如果现在有人每天强迫您存下30元，一直监督您保持五年的储蓄习惯，以积攒您的创业资本，您觉得这对您有帮助吗？

情景63　财产保全

实景再现

保险销售人员：张总，您的公司真气派，我很难相信这家公司只有五年的历史？

客户：是呀，五年前，我拿着六万元钱起家，那时我也没想到能成就今天这家拥有五百万资产的企业。

保险销售人员：我真的很佩服您，吃尽苦中苦，方成人上人，您的经历对我们这些小辈来说是最好的榜样。我们经理听说我今天来拜访您，还特意嘱咐我多向您学习，他说我只要学到您的十分之一，就一定能成为精英中的精英了。

客户：呵呵，哪里哪里。

保险销售人员：我在您公司的网站上注意到您在招聘会计师，这么说来，您公司现在已经有专业的会计师了吧？（起——从现状出发，循循善诱）

客户：是啊，公司慢慢做大了，账目这一块必须专业化。

保险销售人员：您果然是一位有远见的企业家。我想向您请教一下，您的会计师有没有提醒您注意合理回避经营风险呢？（承——发现问题，引导客户思考）

客户：哦，这是怎么回事呢？

保险销售人员：您经营企业这么长时间，肯定知道企业的生存也是有风险的，您一定亲眼见证过很多企业的大起大落。虽然您平时看起来总是这么自信、这么沉稳，但我想您心里肯定还是有两个心结的。（转——引导问题，分析问题）

客户：哦，是吗，你倒是说说看。

保险销售人员：您不仅是企业的顶梁柱，更是家庭的经济支柱，有您才有家人高品质的生活，所以您的第一个心结是，不管您或者您的企业发生任何变化，家人的生活质量都要有保障，这样，您也可以无后顾之忧地全身心投入到事业中去。您说对不对?

客户：这一条你确实猜对了。

保险销售人员：您的第二个心结就是当您的事业不顺畅的时候，甚至是最坏的一种情况，哪怕企业债台高筑了，您也希望能有一笔资金可以让家人生活下去。居安思危，成熟的企业家不仅不忌讳这种问题，而且愿意为这种最坏的情况做好最充足的准备，您说是吧?

客户：嗯，你说的在理。

保险销售人员：如果有一种方法，能够给您家人的生活提供完善而可靠的保障，又能够合法规避企业风险带来的债务，保全您的财富，您愿不愿意了解呢?(合——解决问题，切入保险)

客户：你说的难道是保险?

保险销售人员：对啊，您到底是见多识广……

情景分析

在上述案例中，保险销售人员首先对客户的事业与成就给予了巧妙的赞美和恭维，然后抓住客户正在招聘“会计师”这个契机切入财产保全的话题，一一剖析了客户的两大心结，既展现了保险销售人员的专业性，赢取客户的尊重与信赖，又抓住了客户的心思，引导客户思考这些被忽视的问题，从思考中客户当然会发现自己在财产保全方面存在的不足与风险，并意识到自己的需求与需要，从而愿意更深一步地了解保险计划。

错误提醒

在开发高端客户时，保险销售人员要避免过分谦卑，甚至是自卑的心态。对客户极尽恭维，或者点头哈腰，唯唯诺诺，像应声虫一样，这样非但不能赢得客户的好感，反而会让客户轻视保险销售人员和保险产品。越是成功的客户，越欣赏有志气、有勇气、专业精通的保险销售人员。

技巧展示

技巧一：说话因人而宜

俗话说“到什么山头唱什么歌”，指的是跟不同的人，在不同的场景下要采取不同的沟通方式，对于保险销售人员来说，尤其是在第一次拜访客户的时候，因人而异的谈话方式非常重要。话题的选择与交流要迎合客户的生活习惯、性格爱好、专业范围、职业特色和文化背景等，要能触动对方心灵的“热点”，从而引起共鸣，建立好感与信任。例如，跟年轻客户谈谈流行趋势，跟女性客户谈谈她的家庭和孩子，跟爱车的客户谈谈最新的车型，跟企业老板谈谈创业经历，等等。

如果保险销售人员具备宽广的知识面和丰富的社会经验，能应对自如地与形形色色、各行各业的客户打好交道，这当然是最理想的，但是人的知识总是有限的，在与客户沟通的过程中如果遇到客户感兴趣而保险销售人员一无所知的话题，不妨认真地向客户请教，人都很喜欢被尊重的感觉。让客户说话，让客户多说话，这也是成功销售保险的一个窍门。

技巧二：财产保全需求引导话术示例

1. 我听您公司的老员工说您的创业经历十分艰辛，每一分钱都来之不易，是吗？如果您付出全部心血与精力赚来的钱突然少了，您乐不乐意？您甘不甘心？（当然不甘心）您有没有想过如何才能让您的财富不缩水呢？我带来了一个完全合法的方案，您愿不愿意了解一下？

2. 您创业既为家人创造了优于常人的生活环境，也为他们带来了很大的风险，您说是不是？（这怎么可能）创业总要经历激烈的市场竞争，必然有风险。如果有一天，您的事业遭到了挫折，您的家人要和您一起面对债务，您现在的房子、汽车都可能成为他人的财产，您家人的生活环境将会发生很大的转变。其实，您在为家人创造财富的同时，完全可以为他们规避一切风险，不管您的事业如何发展，他们都能快乐地生活，永远有保障，您愿不愿意为他们排除风险呢？

情景64 应急现金

实景再现

保险销售人员：张先生，听说您是白手起家开了这家店的，我想问您一个问题，您这辈子有没有开口向人借过钱呢？（起——从现状出发，循循善诱）

客户：呵呵，这个嘛，人总有低头的时候。刚开始想开店，一穷二白，求爷爷告奶奶才借了七八千块钱，进了第一批货，慢慢把服装店做起来了，就不用求人借钱了，还有人主动提出借钱给我开一家分店呢。

保险销售人员：怪不得您做事这么成熟、这么沉稳，原来是生活锤炼出来的。您说得对，人越是窘迫的时候越难借到钱，越是有钱的时候借钱反而越容易。这也是人情世故，奈何不了的。现在服装应该很好做，没什么风险吧？（起——现状出发，循循善诱）

客户：不太好做，竞争激烈，利润又低，也就是保障全家生活而已。进货占着资金，衣服卖得好资金回笼就快，卖得不好就会有很大风险。

保险销售人员：遇到资金短缺的时候，您会不会找银行贷款呢？（起——从现状出发，循循善诱）

客户：银行的利息多高啊！我通常就是把衣服低价甩出去，把资金收回来，或者从生活费里省省，反正我不想再跟人借钱了。

保险销售人员：这确实是一个办法，但是这样做不仅降低了家人的生活质量，还会大大缩减您的利润，也会影响您进一步扩大生意，增加分店，您说是不是？（承——发现问题，引导客户思考）

客户：是这样，但是也没办法嘛，我这毕竟还是小本生意。

保险销售人员：您有没有遇到过这种情况呢？比方说，看到一批款式材料都不错的衣服，想进一批货好好赚笔钱，但手头的钱不够，只能放弃了。或者每年冬夏换季的时候，不甩过季的衣服就没钱进新衣服，要低价甩过季的衣服又心疼得不行。（转——引导问题，让客户感同身受）

客户：是啊是啊，你说得太对了，很多时候都是这样啊。

保险销售人员：您作为家里惟一的经济来源，对您来说，最重要的是两点：一是平安健康，能够赚钱养家直到孩子们长大成人，二是做生意遇到风险时有救急的资金，对不对？（转——引导问题，让客户产生忧患意识）

客户：是这样。

保险销售人员：如果有一份计划，无论您的生活中发生什么，都能帮您保障家人的基本生活，又能在生意急需的时候通过质押来迅速获取应急的现金，让您既不用向别人低头借钱，又可以及时抓住生意机会，您觉得这个计划怎么样？（合——解决问题，切入保险）

客户：是吗？

保险销售人员：我给您详细说说吧……

情景分析

人生有起也有落，每个人都可能经历不同的困境。当疾病突发，事业受挫，或者遭受失业、意外等打击时，人们可能需要一笔应急的现金来应对困难。但是，人越是顺利越容易借钱，越是逆境往往越难借钱，而且，很多人也会碍于面子不想低头向人借钱。因此，平时做好保障计划，随时预备一笔应急现金是非常必要的，保险就是这样一种未雨绸缪的方式。在这个情景里，客户是经营服装生意的，保险销售人员就从客户熟悉的服装入手，来分析资金短缺对服装生意和家庭生活的影响，触发客户对以往失意经历的回忆，从而引发客户对现状的苦恼与不满足。这时候，保险销售人员提出了一个能满足客户需求的方案，既能保障家人生活，又能保证应急现金，找准了客户的两个需求点，很自然地吸引住了客户。

技巧展示

处于不同人生阶段的客户，关注的保障重点不同，对保险的需求也会有差异。各种保险险种也是按照客户群体的年龄以及需求来设计的。保险销售人员在接触不同年龄层的客户时，既要根据客户的实际情况与特殊要求来引导需求，也应该参考相应年龄层客户普遍适应的险种，为客户提供科学、合理的投保建议。不同年龄、不同人生阶段的客户的状况分析以及重点推荐险种可以参考如表5-2所示的保险需求分析表。

表5-2 人生不同阶段保险需求分析表

人生阶段	单身期	家庭形成期	家庭成长期	家庭成熟期
阶段概况	就业，经济开始独立 责任与负担较少 身体状况良好 意外事故发生率较高	新婚，双薪家庭 买房购车，责任较重 工作压力大	孩子出生，父母渐老 责任与负担最重 子女教育金、父母赡养费、夫妻养老金规划、疾病高发医疗费	退休养老 医疗费用大增 社保养老只有基本保障，儿女成家负担重赡养有限
经济状况	工作不太稳定 收入偏低	工作趋向稳定 收入提高	事业与收入均达到顶峰	收入大幅减少甚至无收入，依靠退休前的储蓄、养老金及子女赡养
理财重心	储蓄 原始资本积累	房贷、车贷 积极性投资	子女教育基金，养老金	财产保本、保全
推荐险种	意外保险 定期寿险 健康保险	意外保险 定期寿险 健康保险	少儿保险 意外保险 健康保险 定期寿险 养老保险	养老保险 健康保险 意外保险 定期寿险

第 3 节　从需求出发推介产品

在掌握了客户的详细资料，明确了客户的保险需求与购买能力后，保险销售人员最重要的工作就是以客户资料为基础，以保险需求为中心，以购买能力为前提，为客户设计一套科学合理的保险保障计划，并将保险计划、保险产品既专业又通俗地向客户呈现出来。

情景 65　做好产品建议计划

实景再现

客户信息：李先生，30 岁，私营业主，年收入约 8 万元，是家庭主要经济来源，未参加任何保险计划；李太太，28 岁，事业单位文员，工作稳定，年薪 2 万，已参加社会保险，单位有医疗福利保障。儿子李帅，3 岁。该家庭每个月可承担的商业保险支出为 500～1 000 元。

经过两次拜访面谈，保险销售人员了解到李先生需要经常去外地出差，风险与压力都比较大，李先生想为自己买份保险，一是解决养老和医疗的问题，二是想有一份人身保障。根据这些信息，保险销售人员设计了这样一份保险建议书。如表 5-3 所示。

表 5-3　保险建议书范例

被保险人 1：李先生	年龄：30 周岁	性别：男			1 类职业
险种	险种主要功能	保险金额	交费年期	保险期间	首年保险费
幸福综合保险计划	养老、医疗保障	20 万	20 年	终身	7 888 元

（续）

养老金：生存至65周岁生效对应日，可以选择以下三种领取方式： 一次性领取258 000元，合同终止； 每年领取养老金18 075元直至终身，最高可累计领取741 075元； 未领满十年身故，由继承人继续领取未满十年部分的养老年金。 **医疗保障**： 一般住院保险金最高报销额度：30 000元 重大疾病住院保险金最高保险额度：60 000元					
定期寿险	身价保障（疾病/意外）	30万元	1年	1年	990元
疾病身故身价保障金：30万元（健康观察期：180天） **意外身故身价保障金**：45万元					
740元/月	24元/天	首年保险费共计：8 878元			

技巧展示

技巧一：保险产品的设计原则

客户在选择保险产品时，往往希望能通过保险来获得全方位的保障，如意外、医疗、死亡、教育金储备等。但一般来说，一种产品只能满足客户某一方面的需求，因此，保险销售人员必须根据客户多角度的需求，将多种产品科学合理地加以组合，再通过保险建议书呈现出来。为客户量身设计保险产品，要遵循以下几个原则。

以客户需求为中心

客户的年龄、性别、工作性质、家庭责任不一样，对保险的需求也是不一样的。客户购买保险，最关心的是险种组合能不能满足自己的需求，为自己和家庭建立可靠的保障。所以，建议书必须量体裁衣，以客户需求为中心

以购买能力为前提

保险的缴费期间一般都比较长，必须定期缴费，才能保证保单持续有效，因此，建议书险种的设计必须充分考虑客户的购买能力以及经济状况的稳定性

保障有主有次、有先有后

保障的分配要有主有次，以最关键、最核心的保障需求为主，以家庭责任最重的成员为先。在客户的购买能力范围内，保障范围要尽量涵盖客户的需求点

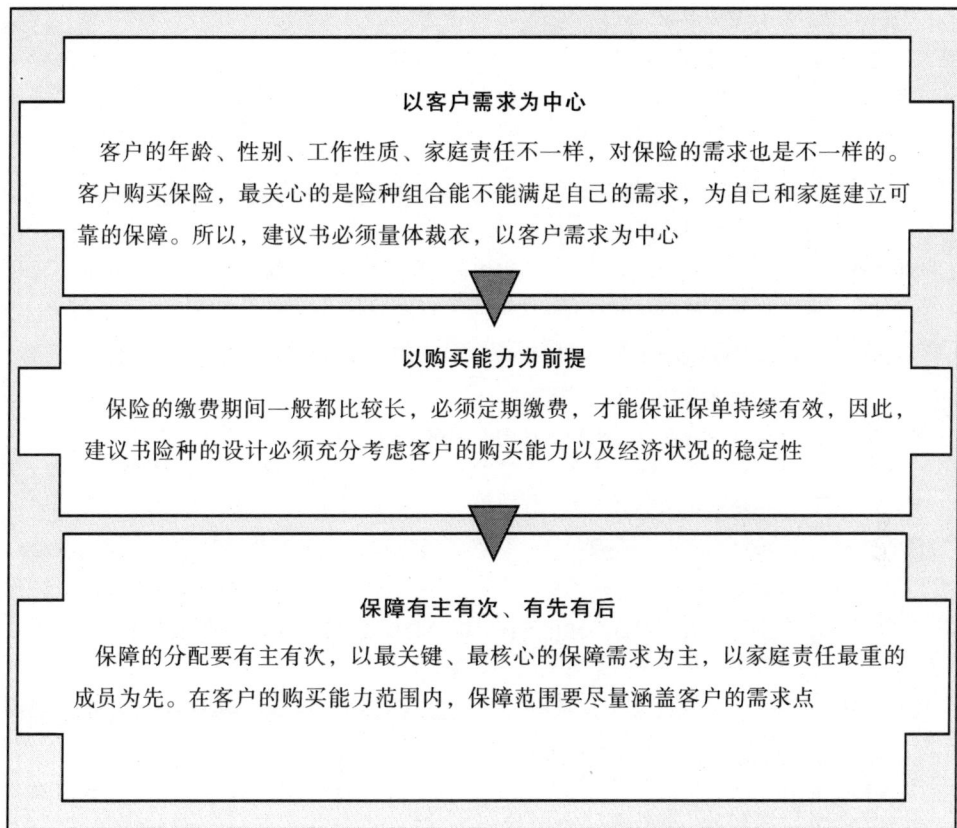

保险销售人员要想打动客户，赢得信任，设计险种和制作建议书时就必须真正为客户着想，以为自己亲人设计保险方案的态度来为客户设计险种组合。

技巧二：保险建议书的形式

保险销售人员为客户作出了科学合理的保险计划，如何以令客户赏心悦目的形式来体现这个计划也很重要。好的内容加好的形式才是一份优秀的建议书。保险建议书应该简练但不简单、丰富但不冗杂，既能够体现出专业特色，又能通俗易懂。一般来说，完整的保险建议书应该包括如下六大部分。

封面	＞大方、清晰、简洁、醒目 ＞保险建议书名称，客户姓名，保险销售人员个人信息（姓名、业务代码、资格证号、联系电话、办公地址、电子邮件、个人主页等），保险公司信息（公司名称、LOGO、地址、邮编、电话、传真、网址等），保险建议书设计日期
问候语	＞亲切、轻松、感性、简要 ＞回顾与客户的接触经历，感谢客户给予的机会；简要介绍建议书的框架与内容；提出一到两个客户最感兴趣的问题，吸引并引导阅读
投保险种建议	＞简洁、清楚、通俗、专业 ＞被保险人姓名、年龄、性别、职业类型 产品名称、保险金额（份数/档次）、保险期间、缴费方式（月缴、年缴、趸交等）、缴费年期、保费等
保险利益说明	＞清晰、明确、通俗、简洁 ＞利用图表、表格多样化展现，需要特别提醒客户的项目以显著字体或特殊标记体现，做到零而不乱，繁而不杂
结束语	＞感性、简洁、略带严肃 ＞简要总结投保建议与保险利益；赞美客户正确明智的投保选择；对售后服务作出郑重承诺
附件	＞公司介绍，具体保险条款内容，保险专业词汇说明，保险利益与分红测算图表等

保险销售人员并不一定要在一份保险建议书中将这六大部分全部体现出来，可以根据实际情况选择必要的部分来制作建议书。

技巧三：保险建议书系统

现在，为了帮助保险销售人员制作统一、规范的建议书，很多保险公司都引入了保险建议书系统，既能保证提供给客户准确的数据和规范的展示，又能展现保险公司和保险销售人员的专业形象，有效促成保险业务。在利用这一系统时保险销售人员应注意以下两点。

认真、用心地填写建议书系统的“问候语”和“结束语”模块

建议书系统的普遍应用在带来规范化、统一化的同时也必然会造成同质化，而通过“问候语”和“结束语”模块，保险销售人员能够为不同的客户设计不同的话语，让客户感受到保险计划是专门为其量身设计的，从而体会到保险销售人员的诚意与尊重。这样制作出来的建议书才会兼具专业性和个性化

拜访客户时携带电脑，方便进行建议书修改和数据演算

越来越多的客户在生活和工作中频繁使用电脑，保险销售人员在展业中使用电脑，能拉近与客户的距离感，便于演示和演算。当客户对保险建议书提出意见或作出修改时，保险销售人员也可以通过电脑登陆建议书系统，及时修改完善保险计划，既提高了效率，也能有效促进客户当场签单

情景 66　介绍产品不离需求

实景再现

（在李先生简略地浏览了一遍保险建议书后，保险销售人员开始对整个保险计划进行解释和说明。）

保险销售人员：李先生，这份“幸福综合保险计划”是我专门为您量身设计的。在介绍中会涉及很多数字，您不介意我坐近一点儿吧？（安排座次，选择最佳位置）

客户：当然可以。幸福，这名字取得好啊。

保险销售人员：是啊，您的家庭很幸福，很让人羡慕，我相信，有您在，这个家会永远幸福快乐的。在下面的介绍里会涉及生老病死的一些假设，希望您不要介意。（事先声明顾忌话题）

客户：没关系。

保险销售人员：前两次和您聊的时候，您提到了平时比较担心的两个问题：一是没有社会保险，养老和医疗都没有着落；二是平时出差比较多，开车或坐飞机的，风险比较大，万一发生了什么，您希望可以给家人留一笔保障金。是这样吧？（回顾客户需求）

客户：没错。

保险销售人员：根据您的情况，我专门设计了这份保险计划，它有三个特色：第一，在您年轻时为您提供高额的身价保障；第二，在您晚年时为您提供充足的养老保障；第三，当您偶尔生病时提供医疗费用的保障。您看这三点是不是正好能解决您担心的两个问题？我给您详细地说说这份计划，好吗？（随时保持与客户的双向交流）

保险销售人员：通过这份计划您能享受到这些利益：第一，您的养老问题有保证，到您 65 岁的时候，可以选择一次性领取 258 000 元，或者选择每年领取养老金 18 075 元直至终身；第二，您如果因为意外或者疾病住院了，每年享有的最高报销额度是 3 万元，如果是重大疾病，这个额度会提高到 6 万元；第三，假如疾病或者意外造成了不幸，您不能再继续照顾家人了，我们会提供一笔 30 万到 45 万元的身价保障金，让您的家人有基本的生活保证。您每天只需要投入 24 元钱，就可以获得您需要的保障，这样，您关心的两个问题都能得到解决。李先生，不知道我有没有介绍清楚？（理清条理，图表辅助）

您的保险利益

养老保障金：25.8万元

身价保障：30万～45万

住院医疗保障：3万～6万元

客户：你再说清楚一些。

保险销售人员：好的，我先解释一下养老险。您也知道，人老了，精力和体力都跟不上了，而生活还要继续，无论是日常三餐，还是大病小疾，都是免不了的开销，您没有社会保险，所以养老的这笔钱应该尽早开始规划。现在孩子还小，您的负担还不是很重，养老规划就应该从现在开始。每天存24元钱，20年总共的投资是17.7万元，到您65岁时一次性就可以取出25.8万元，有了这笔钱，再加上您退休前的存款，在您六十多岁的时候，您可以和太太去旅游，享受生活，过一个幸福的晚年，您说是吧？（描述养老金的使用情景）

客户：哦，我明白了。那这个定期寿险是怎么回事呢？

保险销售人员：您平时经常出差，开车或者坐飞机，都是有风险的。有了定期寿险，在您出现意外的时候，这990元的投入就能变成30万到45万元的身价保障金，给家人日后的生活提供可靠的经济保证。

客户：如果没出险，990元会返还吗？

保险销售人员：如果您没出险，这笔保费是不返还的。但是我想，有了990元带来的三四十万的保障，您没有了后顾之忧，做起生意来一定更加安心，更加理智，这样的心态一定能为您带来更多的生意机会，所以，这990元是非常值得的，您说是不是？

客户：也有道理。

保险销售人员：还有医疗保障，人这一辈子难免会有一些小病小痛，如果是意外或者一般疾病住院，我们每年最高的报销额度是三万，如果是重大疾病，我们能提供最高六万的保障。哪些属于重大疾病，这份资料上很详细。去年我有一位客户也投保了这份综合保险计划，今年年初得了急性肺炎，住了两个星期的医院，花了两万多元，我们为他保销了两万元。您看，这样一来，即使生病了，医疗费的负担也减轻了一大半，对不对？（举例说明）

客户：这倒是。

保险销售人员：整个计划就是这样，每天24元钱的投入，我们最全面地为您提供养老、健康、意外的综合保障，不知道您对这份建议书满不满意？（征询意见）

情景分析

一份保险计划设计得再合理、再科学，如果不能准确、明白地呈现给客户，也会失去计划书的意义与作用。保险销售人员在向客户阐述保险计划时，首先强调计划书是根据客户的现实情况量身设计的，并且再次点明客户的需求保障点，这样，客户才会抱着兴趣和认真的态度来了解这份计划。不论是介绍险种，还是解释险种的利益，保险销售人员都要紧紧抓住客户的需求，并且使用图表来辅助说明。在介绍完整个保险计划后，保险销售人员及时地引导客户提出问题，提出意见，以确认客户对计划书的满意度。产品介绍的目的是让客户了解保险计划，充分表达意见和看法，及时修正完善，并最终形成客户认可的一套保险计划。

技巧展示

技巧一：以需求为中心

客户不会关心产品怎么样，建议书做得怎么样，客户只关注保险产品带来的利益，而这种利益必须能够满足客户某种或某些需求。因此，介绍保险产品或建议书的第一原则就是要以客户需求为中心。在介绍产品之前，保险销售人员先对客户需求进行回顾和确认，然后再阐述保险计划如何能满足这种需求。当客户问起为什么给他设计这样的险种组合，为什么要设定这样的保额，为什么这个险种占的比重大，那个险种占的比重小的时候，保险销售人员都要到客户需求中去寻找答案。

技巧二：注重细节

细节决定成败，细节问题处理得好，既能为保险销售人员创造有利的销售时机与环境，对于销售达成也有很大的积极作用。向客户介绍保险产品时，保险销售人员需要多注意以下细节。

1 **选择最佳位置**

地点：安静，排除外界干扰

座位：尽量避免坐在客户对面，这样有谈判的意味；与客户坐同一侧，或者呈90度角，既能拉近距离，制造亲密感，又能看清楚客户的反应，也便于向客户作引导或书写

2 **多用笔，少用手**

在对保险建议书或者其他资料进行讲解时，应该用笔指着材料，不要用手指；对关键词或专业词要先用笔写出来，再以通俗化语言向客户解释

3 **目光随时观察客户反应**

目光不要盯着客户，也不能只盯着资料，应该随时观察客户反应，以便调整语言或讲述方法。客户专心聆听，并不时点头，这可能是认同和理解的表现；客户皱眉，或者下意识地拉开双方之间的身体距离，可能是保险销售人员说错话了，或者客户有不理解的问题了；客户目光游移，欲言又止，可能是有疑问，等等。

4 **避开大价格，多用小价格**

谈到保费时，尽量使用日均价格或者月均价格，不要频繁报出年保费或者总保费金额

技巧三：产品说明注意事项

产品说明的注意事项

条理清晰，简单明白——介绍保险产品时条理和逻辑要清晰，逐个介绍险种，逐项介绍保险利益，不要丢三落四、啰里啰嗦，一些关键信息如险种、保险利益、方案特色、保费和保额等一定要表达清楚

保持与客户的互动——在介绍完一个主要的信息点之后，要及时以问答的形式询问客户是否能够理解和接受，既让客户有表达意见的机会，增加参与感，又能随时发现客户的问题与疑虑

让保险利益具体化、生动化——介绍保险利益时，如果只是单纯地报出保额，客户没有什么概念，但是如果具体生动地形容一个保险金的使用场景，如养老金20万元，那就告诉他20万元可以怎么用，用在哪里，这样会让客户感觉钱已经到手了一样，从而更容易接受产品

适时展示资料，举例说明——单纯的语言阐述容易让客户产生疲倦感，适时展示资料，举例说明，既有新鲜感，又具有说服力

适时导入促成——产品和利益介绍完毕时，如果客户对计划比较满意，保险销售人员要抓住时机，适时导入促成，如您看这样的保障够不够？每天24元钱，您没有问题吧？您对这份计划满意吗？

技巧四：产品说明注意用词

保险行业的很多专业词汇或行业用语会让客户难以理解，或者催生负面情绪，因此，保险销售人员介绍保险计划时要注意用词，比如：

“首期保费”会让客户想到要拿出钱来交到保险公司，而改用“初期投资”客户就会觉得钱还是自己掌控的，只是通过保险公司获取更大利益而已；

“投保”或者“买保险”会让客户想到买卖，而“拥有保障”则会让客户感觉到保险切实的利益；

“比较便宜”让人听起来不舒服，而“比较经济”则要顺耳很多；

“身故保障”会让客户联想到死亡，而“身价保障”则让客户有价值感和成就感，等等。

第6章　异议处理用实招

在保险销售人员向客户介绍保险计划的过程中，客户往往会提出各种各样的异议。处理异议是销售工作中至关重要的一个环节，保险销售人员能否准确识别并恰当处理好客户的异议，直接关系到销售的成败。客户的异议多种多样，有真有假，从它们涉及的内容来看，异议可以分为如图 6-1 所示的五类。

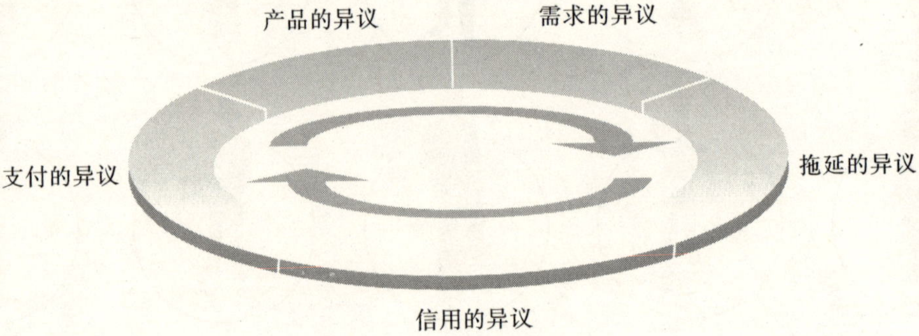
产品的异议
需求的异议
支付的异议
拖延的异议
信用的异议

图 6-1　异议的种类说明

第1节　支付的异议

有关支付的异议是指客户担心支付能力有限或者保费金额超过预期而引起的异议，比较常见的说法有：我负担不起；我有贷款要还，没有多余的钱；我快要结婚了，准备婚礼需要很多钱；我这几个月已经没有预算了；我不想投这么贵的保险；我担心以后续保有困难，等等。

情景67　资金紧张支付保费存在困难

实景再现

客户：小刘，要是去年你给我这份保险建议，我一定会买，但是今年买了房，刚付完首付，每月还要还月供，压力特别大，手头特别紧啊。

保险销售人员：您的意思是说，这份保险计划您是满意的，只是刚买房带来了一些经济压力，所以在保险投资上有一点儿困难，是吗？（澄清确认客户的异议）

客户：嗯。

保险销售人员：李先生，如果您没有贷款买房，这份保险对您来说确实可有可无。正是因为您买了房，所以这份保险对您来说意义才更加重大。（诱导设疑法）

客户：为什么？

保险销售人员：如果您没有贷款买房，也就没有负债，那么即使您生活中发生不好的事情，您的家人还能勉强维持生活。可是有了贷款的压力，您的责任更加重大了，如果几个月甚至更长的时间没有收入，家人就有可能负债累累甚至无家可归！所以说，没有压力和责任的人，根本不需要这份保险，像您有家有孩子，这份保险绝对不可缺少。在您收入中断或者下降的时候，

这份计划将能够保住您的美满家庭。（从观念上解疑）

客户：（犹豫）

保险销售人员：您放心，这份计划书是我专门为您设计的，已经充分考虑了您的房贷压力，您看，每个月除了还贷和基本生活费，您余下的可支配收入大约是5 000元，而这个保险组合每天只需40元，完全不会给您带来经济压力，却能带来50万元的保障，即使发生一些不好的事情，也能帮您偿还房贷，保障家人的生活。让我们一起来看看投保单，好吗？（平摊价格，从实际执行上解疑）

情景分析

客户能够坦率地表明经济状况以及对保险计划的看法，说明客户对建议书确实经过了认真的考虑和分析，并且形成了初步的购买欲望。针对客户的这种心理状态，保险销售人员首先对异议进行澄清和确认，然后以诱导设疑法提出一个足以吸引客户的观点，接下来，一方面从观念上强化保险的意义与重要性，减少客户的顾虑；另一方面从实际的可执行性上来分析，通过对客户经济状况的梳理，让客户确信保费支出不仅能换来家庭的长期保障，而且绝对不会影响家庭的收支平衡，这样就自然地化解了客户的异议。此时，保险销售人员再以“一起看看保单”这样婉转的方式引导客户签单。

错误提醒

错误：“割城让地”，轻易妥协，改动保险计划

客户：我刚付完房贷的首付，资金紧张。

保险销售人员：哦，这个没有关系，您看，只要保留建议书里的主险就可以了，附加险其实作用并不大。您看主险这一年三千块钱没有问题吧？

客户：（既然附加险作用不大，你为什么还给我设计出来呢？这个保险销售人员太不专业了）

技巧展示

技巧一：了解异议产生的原因

客户提出异议，必定是有原因的。如果能够分辨异议的动机，保险销售人员处理起来就能事半功倍。一般来说，异议的出现可以归纳为下列三个原因。

1 客户对保险需求或保险产品缺乏深入了解

2 保险产品不适合客户的实际状况

3 客户存在偏见或误解

在大多数情况下，客户提出异议并不是有意针对保险销售人员、保险产品和保险公司，所以，面对异议，保险销售人员不要有任何压力和负担，应该保持自然和正确的心态去处理异议。

技巧二：异议处理方法一——诱导设疑法

当客户缺乏对自身需求与保险产品的深入理解时，提出来的异议很大一部分都是表面性的，因此，保险销售人员处理异议的一种方法是设置疑问或悬念，激发客户的好奇与兴趣，从而顺利地将话题引向客户需求，或者引向保险的核心价值与利益。比如以下对话。

客户：买保险没有用啊，不出险我拿不到钱，出险了拿到的钱对我又没意义了。

保险销售人员：保险有没有用，您做不了主，我也做不了主。

客户：那谁来做主？

保险销售人员：您的妻子，您的宝宝，您六十多岁的父母，他们才最有发言权。

技巧三：异议处理方法二——平摊价格法

在处理因价格问题而引发的异议时，保险销售人员经常会用到平摊价格法，或者说化整为零法，也就是将金额较大的年保费均摊到每一个月，甚至每一天，或者将整体的保障额度平摊到每一块钱的保费上。

保险销售人员：李先生，您只需要每天花三元钱，就能得到30万元的身价保障，每天省下三元钱，非常容易，您说是不是？

情景68　担心经济状况改变续保困难

实景再现

客户：小刘，你刚说过，如果不按时续费，保单是会失效的。你也知道，我是做生意的，有时候手头难免会紧张，要是续保遇到困难怎么办？

保险销售人员：李先生，这么说，您对这份保险计划没有意见，只是担心续保遇到困难，是这样吗？（澄清确认客户的异议）

客户：嗯。

保险销售人员：您看，目前来说首期付费是没有问题的，您担心的是将来能否负担得起。我们一起来看看，哪些情况会对续保有影响：

第一，收入维持目前水平，那您续保当然没有问题；

第二，收入增加，续保也没有问题，甚至可以增加保险，提高保障额度；

第三，收入减少，续保有困难。

我们为您提前想好了三条对策，首先，您有两个月的宽限期，两个月内补缴保费，保单就不会失效；如果两个月过了，您还是续不了保费，我们会以您保单的现金价值自动垫缴保费，让保单继续有效；第三个办法就是改变缴费方式或者减少保障额度。以您的实力和能力来看，有这三条，您续保是不成问题的。

假如真的出现了事故或者意外，您50万元的身价保障金也可以保证家人日后的生活。您一看就是有福之人，这种情况的可能性是最小的。（画图解说）

现在您不担心续保了吧？我们来看看投保单吧。（促成）

情景分析

针对客户提出的担心“续保困难”的问题，保险销售人员首先巧妙地试探了客户对整个保险计划的态度，在得到客户积极的回应后，才着手解决问题和异议。为了让客户对“续保”充分自信，保险销售人员就客户未来经济状况的四种可能——收入不变，收入增加，收入减少，意外或事故导致收入中断，配合手绘图形一一进行分析，说明每一种经济状况下续保的困难与解决方法。这样逐一罗列分析看起来比较啰唆，但是正因为保险销售人员细致地考虑到了未来每一种可能以及相应的解决方法，反而给了客户充足的信心，让客户确信不管将来发生什么，续保都不会存在很大问题。当客户有疑虑和顾虑的时候，全面、细致、专业的分析往往能坚定客户的信心和决心。

错误提醒

错误一：信口承诺，为续保制造麻烦

客户：我担心以后经济状况发生改变，续保会有困难。

保险销售人员：这个您放心，绝对不会出现这种问题，我们有两个月的宽限期，还可以自动垫缴，续保绝对不会出现问题的，您相信我吧。

错误二：语言专业化，让客户难于理解

保险销售人员：您放心，我们有三种方法来应对续保困难的问题：一是两个月的宽限期，二是自动垫缴，三是减额缴清。有这三条，您的续保应该不成问题。

客户：（什么是宽限期？什么是自动垫缴？什么是减额交清？）

技巧展示

技巧一：话要说圆，不要说满

客户提出的异议有时候会涉及一些特殊问题，比如“我将来手头紧张，续保困难怎么办”，“保险的分红有保底收益吗”，“你们公司如果倒闭了怎么办”，等等。保险销售人员解答这一类异议时，既要将实际的可能情况讲清楚，又要最大程度地消除客户的担心与顾虑，最重要的是，不能把话说满，不能信口作出承诺，一旦期许与承诺不能兑现，客户将丧失对保险销售人员以及保险公司的好感与信任。

技巧二：专业术语口语化

保险销售人员在销售保险产品时，不可避免地要使用到很多专业词汇、专业术语，在传达这类专业信息时，不能直白地用专业化词语向客户解说，让客户难于理解。为了正确而又浅显易懂地传达信息，保险销售人员可以在纸上写下关键的专业词，然后以口语化的语言来解释，这样，专业术语既不失真，客户也能听懂。

"宽限期"可以这样解释：打个比方，您这份保单应该在七月二十号交费，如果您手头紧张，可以在九月二十号之前交上保费，在这两个月里，您虽然没有正常续保，但是合同依然是有效的。

情景 69　只要基本保额不要高额全保

实景再现

客户：小刘，你设计的险种太多了，保额也有点高啊，我看十万元的保额足够了，像住院医疗、重疾这些保险也没有太大必要啊。有一个养老险就够了吧。

保险销售人员：李先生，如果我们能一起回到十年前，我肯定只给您设计十万元的保额，重疾、养老我都不会给您介绍，有一个定期寿险就足够了。但现在不一样，您有妻子有孩子，有压力有责任，您要对家庭负责，我也必须对您负责。（郑重其事，强调客户的责任与负担）

保险销售人员：您现在有房贷十八万元，家庭每年的生活教育开销最低是三万元，预备十年的就是三十万元，这两块加起来就是五十万元啊。现代人的生活中，花钱最厉害的除了房子就是医疗，有了住院医疗和重疾保险，不管是大病还是小病，都能减轻您的负担。（完全从客户的现状与需求出发，解释高保额与全保障的意义和必要性）

保险销售人员：我为您做保险计划，并不是想着您付的保费越多越好，而是想尽力为您设计全方位的保障。您想减少保额，或者减少一些险种，我说了不算，甚至您说了也不算。（表明原则与立场，以悬念激起客户好奇心）

客户：我的保险我做不了主，那还有谁说了算？

保险销售人员：您的太太，还有您的宝宝，只有他们说了才算。您是他们的依靠，您有全方位的保障，他们才会有美好的生活。看得出来您很爱您的家人，您的爱不会打折扣，这份保障也不应该打折扣，不应该留下漏洞和空白，您说对不对？（回归客户需求，感性说服，打动客户）

情景分析

客户表示只需要基本的保障与保额，而不接受高保额与全面保障，这并不能理解为客户的支付能力有限。有这种异议，是由于客户对保险计划的意义与目的缺乏了解。保险销售人员首先郑重地表明了自己的原则与立场，之所以设计这样的高额全保并不是为了多收保费，而是慎重考虑了客户的需求，这样的郑重表态可以取得客户的信任。然后，保险销售人员从客户的经济现状与需求出发，阐述了高保额与全保障的意义和必要性，这样解释还不足以说动客户，于是，保险销售人员以“是否调整保额与险种客户说了不能算”这样一个很有悬念的观点引起对方的兴趣与好奇，从而引出客户最关心、最关爱的家人，借助他们的力量彻底打动和说服客户，化解险种与保额的异议。

错误提醒

错误一：直接反驳，不顾及客户的感受和颜面

客户：我看，十万元的保额就差不多了吧。

保险销售人员：十万元哪够啊，您的房贷就有十六万元呢，万一您出事了，这十万元还账都不够，还怎么保障家人生活啊？

客户：（是我买保险还是你买保险啊？）

错误二：主观猜测，不管猜对还是猜错，都容易引起客户不满

客户：我看，十万元的保额就差不多了吧，险种的话有一个养老险也就差不多了。

保险销售人员：李先生，您是不是觉得保费太贵了，这么高的保额，这么全面的保障比较难以承受呢？

技巧展示

技巧一：回归现状，回归需求

一份保险计划设计得再完美、再理想，客户也不会感兴趣，只有当这份计划能解决他们现状中存在的某些严峻问题，能满足他们的某些迫切需求的时候，客户才会对这份计划感兴趣，并形成强烈的购买欲望。所以，客户提出任何异议，保险销售人员都可以将话题拉回到客户的现状和需求上，不断分析客户的现状，不断刺激客户的需求，让客户主动意识到保险是改变现状，满足需求的惟一方式。比如以下对话。

客户：我现在养家都有点困难，哪里还有买保险的钱。

保险销售人员：您这么高的收入养家都觉得压力大，如果让您的妻子或者孩子来独立挑起这个担子，您觉得可能吗？

技巧二：对客户说“不”

虽然保险销售人员在沟通交流中要尽量避免强硬地反对客户，但是在涉及客户切身利益，以及自身原则与立场的问题时，保险销售人员要敢于坚持，敢于向客户表达不同的主张与建议。当客户意识到你是在为他的利益坚持的时候，客户不仅不会生气，反而会完全地信任你，从而达成保单。当然，保险销售人员在向客户提出反对意见时不能声色俱厉，真诚、恳切的态度是最重要的。

第2节　产品的异议

有关产品的异议是指客户对保险产品缺乏信心或了解而造成的异议，比较常见的说法有：保险比不上股票和基金；买保险不如存银行安全；这种保险保费不能返还，我不要；某公司的保费要比你们的便宜；这份保险计划我不喜欢；一定要通过体检才能投保吗；保险的分红有没有保底收益，等等。

情景70　买保险不如买股票

实景再现

客户：小刘，你的保险建议书我看了，我是个老股民，每年玩股票能赚二三十万。说实话，缴保险费的钱我如果投在股市里，凭我的经验和能力，赚的钱要比买保险多得多啊。

保险销售人员：呵呵，李先生，我早就听说您素有“民间股神”之称，有时间一定要跟您拜师学艺。您刚才说得很对，论起赚钱来，保险就是不如股票，保险最大的功用是保障，而不是投资。（赞美客户，以退为进）

客户：就是嘛。

保险销售人员：李先生，像您这样的老股民，有没有见过稳赚不赔的股票？（紧抓客户最感兴趣的话题）

客户：哪有这样的股票。

保险销售人员：那您投资股票时不担心吗？

客户：担心什么？

保险销售人员：您是家里惟一的经济来源，家人生活、孩子上学都是您在负担。如果股市行情不好，资金被套牢了，或者赔了，谁来保障您一家的生活？如果我们再想得多一点，万一您生病了，或者发生了什么事故与意外，您投资股票的钱足够您家人十年、二十年的生活吗？我想，像您这样把家庭看得比什么都重要的人，炒股的时候肯定会有这样的担忧吧。（设身处地，分析客户的需求与风险）

客户：有时候会有吧。

保险销售人员：李先生，您认为用十万元和九万八千元投资股票，有没有很大的区别？（关键性问题）

客户：就两千元钱，区别不会太大。

保险销售人员：那您何不用这两千元钱来投资保险，把您的家庭开销、养老保障都安置妥当了，再用这剩下的九万八千元放心大胆地去炒股呢？我

相信没有了后顾之忧，您炒股时会更轻松、更理智，赚的肯定要比现在多，您说对不对？（提出方案，强调保险与炒股相得益彰）

客户：嗯，有道理。

保险销售人员：我们今天就让这份保单生效吧。（发出成交信号）

情景分析

要把保险产品销售给一位颇为自得、看不上保险的老股民，销售人员不能用"一根筋"的思路，以为要卖出保险必须先把炒股的风险摆明了，要把股票贬得一无是处，这样不仅说服不了客户，还很可能惹恼客户。因此，客户一提出"买保险不如炒股票"的异议，保险销售人员首先就对客户大加赞美，以退为进，承认保险作为投资方式确实不如股票，这样既赢得了好感与信任，也让客户放松了警惕。客户最感兴趣的是炒股，保险销售人员就紧抓这一话题，询问有没有稳赚不赔的股票，答案当然是否定的，这样，就可以把话题顺利地引到客户潜在的需求与隐藏的风险。接下来，保险销售人员提出了一个关键性问题，用十万元或九万八千元来炒股有没有很大区别？既然没有太大区别，为什么不从炒股的大笔钱中划出一小块来买保险呢？通过这样的方式，保险销售人员告诉客户：保险只占用极少的炒股资金，但是可以为炒股保驾护航，可以为家庭提供保障。既然保险与炒股并不冲突，反而相得益彰，那么客户还有什么理由拒绝呢？

错误提醒

错误：言语唐突，触犯客户的隐讳

客户：我认为买保险不如投资股票，我玩股票很有一套的。

保险销售人员：买保险是稳赚不赔的，股票虽然有时候能赚不少钱，但要是跌起来那可是血本无归的。世上没有"常胜将军"，您玩股票有赚的时候，肯定就有赔的时候嘛。

技巧展示

技巧一：异议处理方法——以退为进法

以退为进法是指保险销售人员在了解到客户的异议后，先对其看法与意见表示认同，然后抓住时机阐述自己观点的方法。认同并不代表赞同，表达认同一是为了缓和客户提出异议后相对比较紧张的气氛，二是为了赢取客户的好感与信任。人们都讲究"礼尚往来"，你赞成了我的观点，我也就能接受你的观点，所以，当保险销售人员阐述自己观点时，客户更容易认同与接受。

技巧二：以退为进的说话技巧

客户不喜欢听的话

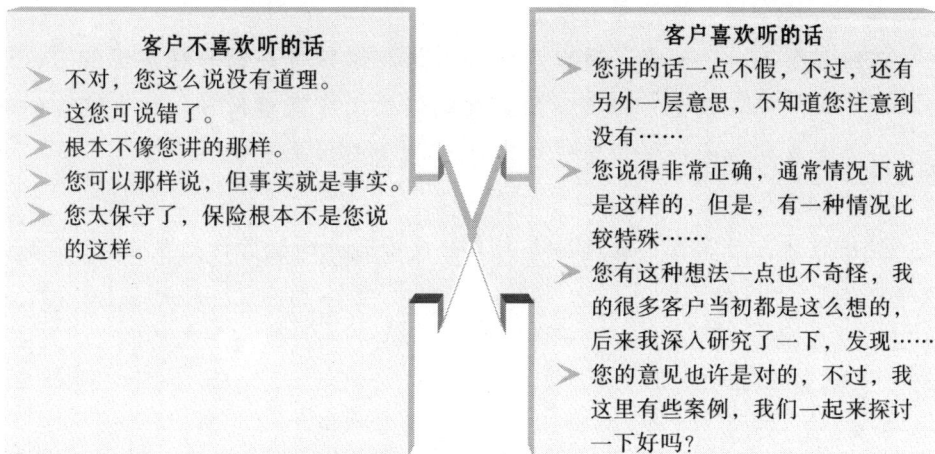

- 不对，您这么说没有道理。
- 这您可说错了。
- 根本不像您讲的那样。
- 您可以那样说，但事实就是事实。
- 您太保守了，保险根本不是您说的这样。

客户喜欢听的话

- 您讲的话一点不假，不过，还有另外一层意思，不知道您注意到没有……
- 您说得非常正确，通常情况下就是这样的，但是，有一种情况比较特殊……
- 您有这种想法一点也不奇怪，我的很多客户当初都是这么想的，后来我深入研究了一下，发现……
- 您的意见也许是对的，不过，我这里有些案例，我们一起来探讨一下好吗？

情景71　买保险不如存银行

实景再现

客户：小刘，你推荐的这个保险我看跟银行的储蓄没太大区别啊，银行也有利息，而且存款取款既自由又方便，我看买保险不如存银行放心。

保险销售人员：李先生，如果我现在把5 000元钱存进银行，我的账户上会多多少钱？（顺水推舟）

客户：当然是5 000元嘛。

保险销售人员：如果我用这5 000元投资保险，您知道会变成多少钱吗？（关键性问题）

客户：多少？

保险销售人员：假如我生病了，这5 000元会变成两万元的住院补贴；假如我患了这份保单上列出的某种疾病，这5 000元会变成20万元的治疗现金；假如我发生意外了，这5 000元会变成40万元留给我的家人；假如我平平安安，到60岁时，这笔投资会变成每年10 080元的养老金，可以一直领取到过世。您说，银行会因为我们存了钱，就管我们的医疗，管我们的重大疾病，管我们的养老，管我们家人的生活吗？（强调保险储蓄的意义与价值）

客户：这个银行当然管不来。

保险销售人员：对啊，所以，保险不仅能像银行存款一样实现储蓄，还能为我们的疾病以及意外保驾护航，既能储蓄又有高额保障，拥有这样的保险是一个非常明智的选择，您说对不对？（总结陈词）

客户：嗯……

保险销售人员：我们就选择今天来让这份特殊的储蓄计划生效吧。（促成信号）

情景分析

既然客户偏爱银行储蓄，保险销售人员就顺水推舟，提出两个"存款"问题，引导客户一起分析与思考。把钱存入银行得到的只是本金加利息，把同样数额的钱存入保险公司得到的却是健康保障金、身价保障金、养老金，是全方位的高额保障。在分析保险的意义与价值时，保险销售人员细心地使用了第一人称"我"，而不是"您"，这样可以避免客户因为疾病、住院、意外等话题而产生不满或排斥情绪。在最后的总结中，保险销售人员强调保险也是一种储蓄，并且是有高额人身保障功能的储蓄，从而让偏爱"储蓄"的客户接受保险产品。

错误提醒

错误一：信口承诺，给客户无法保证的期许

客户：银行存款还有利息呢，比买保险要强啊。

保险销售人员：对啊，银行给利息，我们的保险给分红啊，我们的保底利率可以达到7%呢，比银行存款利息要高多了。

错误二：针锋相对，与客户据理力争，赢得争辩而失去客户

客户：我看买保险不如存银行。

保险销售人员：您那都是老观念了，把钱存银行利息不高，还要缴税，还是保险好，不仅有分红，还有身价保障，您说，这些银行能做到吗？

技巧展示

异议处理方法——顺水推舟法

客户的异议往往能暴露他们的喜好与偏向，顺水推舟法就是指保险销售人员利用客户的喜好与偏向展开话题，最终引向保险利益或需求，也就是将客户原本不愿意购买保险的理由转化成客户必须购买的理由。比如以下对话。

客户：现在经济不景气，赚钱多不容易啊，哪能腾出钱来买保险啊。

保险销售人员：是啊，经济不景气，人们的心理压力大了，工作强度大了，家庭责任也更大了，我能理解您的压力和负担，所以才会为您设计这样两个险种……

情景72　体检核保非常麻烦

实景再现

客户：这份计划很全面，保费也合理，我基本上没有意见了。但是我不想体检，我一个好朋友投保之前接受了一次体检，他说很麻烦而且体检过程太难受了。小刘，你向公司申请一下，如果不体检能投保，我现在就签字。

应对一：

保险销售人员：李先生，您看，外面下着这么大雨，如果您既不想被淋湿，又不想撑雨伞，可能吗？完全可能，您只要穿件雨衣就行了。这份保险也是一样，您不想体检，绝对可以，只需要支付双倍保费就行。这样的话，即使您的身体存在小问题，我们也能承保，因为我们多收了一倍的保费。可是，您这么年轻，既不吸烟也不喝酒的，身体肯定比同龄人都要棒，这样的话付双倍保费您就吃亏了。您肯定不想因为体检稍微麻烦一点儿就付这双倍保费，对不对？（巧用比喻，让客户易于理解和接受）

保险销售人员：您放心，与我们合作的体检医师都是经验丰富的老专家，他们不仅能为您做全套的体检，还能为您提供很多健康保养的建议。我现在就为您做个预约，好吗？

应对二：

保险销售人员：李先生，您的心情我完全理解。如果我跟您只是简单的销售人员和客户的关系，今天我就会顺着您的意思，让您多付一点儿保费免去体检这个过程，但是，这一个月跟您打交道，我已经把您当朋友了，从朋友的角度上来说，我真诚地建议您参加这个体检。（推心置腹，动之以情）

保险销售人员：跟您说个真实的事吧，去年，我的一位客户打算投保，但不想体检，我左右劝说，他总算同意体检了，就是在那次检查中，细心的体检医师发现他患有早期肝硬化，他及时接受了治疗，今年已经完全康复了。上个月他给我打来电话，一个劲儿地感谢我当初劝他体检，说这个病幸亏发现得早，在他经济能力不错的时候根治了，如果再过十年，或者二十年才发现这病，不仅治疗难度大，而且他也未必能有这么多钱去医治了。后来他再次接受了我们安排的体检，并顺利通过核保成功投保。我跟您讲这个故事，并不是说您也会遇到这样的状况，您这么年轻，又经常锻炼，一看就是身体特棒的人。我想说的是体检虽然麻烦一点，但是能够确认您的健康，让您和家人都更安心、更快乐地享受生活，这也是您对自己及家庭负责的一种方式，您说对不对？（举例说明法，晓之以理）

情景分析

客户已经快要同意投保了，但不想参加体检核保，这是很多保险销售人员经常遇到的一种状况。应对一里的保险销售人员通过巧妙的比喻说明了体检核保的意义，同时称赞客户的身体状况，给予客户信心和勇气，并强调体检医师的经验与能力，最大化地消除客户对体检的反感，这是一种偏理性的说服方式。应对二里的保险销售人员采取的是偏感性的说服方法，首先推心置腹，以朋友的立场提出真诚的建议，然后通过讲故事的方式引导客户正确地看待体检核保，并提出接受体检确认健康也是对家庭负责的一种做法，动之以情，晓之以理，最后达到说服客户排除顾虑的目的。

错误提醒

错误一：态度强硬，不给客户留商量的余地

保险销售人员：不体检是绝对不能投保的，我们公司没这个先例。

保险销售人员：要么您接受体检，核保过后我们办理投保手续，要么您不体检但是要支付双倍的保费。

错误二：不注意言辞，伤害客户的感情

保险销售人员：您不体检，我们怎么知道您是不是已经有一些疾病来骗保的呢？

保险销售人员：李先生，您是个生意人，跟别人签单子时您会不会对对方的诚信和实力做个调查呢？体检也是我们保险公司调查客户的一种方式嘛。

技巧展示

技巧一：异议处理方法之一——生活化比喻

客户提出异议时，由于他们本来就缺乏对保险的深入了解，保险销售人员如果一板一眼、中规中矩地来解答，往往越解答客户越糊涂，越糊涂就越不能理解，这时候，如果保险销售人员能用生活化的比喻来进行阐述，客户一方面易于理解便于接受，另一方面也会因为销售人员机智生动的解说而更加信赖其的专业性。如下示例。

保险销售人员：世上没有最好的保险，只有最适合您的保险。这就像穿衣服，小孩的服装大人穿不了，再鲜艳再好看也没用。所以保险计划一定要量体裁衣来设计。您看，这份计划就是我专门为您做的……

技巧二：异议处理方法之二——举例说明法

保险销售人员可以利用现实生活中发人深省的真实事例，最好是客户身边熟知的人与故事，排除客户的异议。需要注意的是，如果举的是老客户的事例，在未经老客户允许的情况下，不能随意透漏姓名以及投保信息，这是保险销售人员必须具备的职业素养。

举客户身边的例子：李先生，您大伯的伤好些了吗？我前天给他送理赔款的时候，他还一个劲儿地念叨，后悔当初没有多加一些保费呢。

举知名人士的例子：胡适曾经说过，保险的意义就是今天作明天的准备，生时做死时的准备，父母做儿女的准备。现在我们确实年轻，负担也小，但是等以后压力大了再来买保险，不仅保费更贵，而且很可能既要买房又要养家已经腾不出多余的钱来买保险了。

举报纸杂志的例子：李先生，您看看保险报上的这篇报道吧，讲的是一位王先生的故事……

第3节　需求的异议

有关需求的异议是指客户对自身保险需求缺乏深入了解而产生的异议，比较常见的说法有：我不需要保险；我有社会保险足够了；我存的钱够多了，没必要买保险；我年轻体壮，保险对我没什么用；我单身汉一个，没负担，不需要保险；我家老辈人没买保险不也过得很好嘛；孩子有保险就行，大人无所谓；我有个孝顺儿子，不需要养老险；我都这么大年纪了，还买保险做什么，等等。

情景 73　客户已经购买社会保险

实景再现

客户：小刘，虽然你做的这份保险计划很不错，但是我觉得社会保险也能给我这些保障啊。你看，社会保险里也有医疗报销，也有养老金，这不挺全面的嘛。

保险销售人员：您说得是，社会保险确实给我们带来了一些基本福利。李先生，抛开保险不谈，我问您一个生活上的小问题，现在您家里用的是非常高档的等离子电视，如果把它挪走，让您看黑白电视，您还看得下去吗？（诱导性问题）

客户：现在谁还会看黑白的啊，那都是过去的东西了。

保险销售人员：对啊，您看，现在您家庭每个月的生活费是 3 000 元，将来靠社保养老的话，按我们这个地区的平均水平来说，也就 1 500 元，您年轻时过的是月开销 3 000 元的日子，晚年却缩减到 1 500 元，这就像看惯了等离子电视再去看黑白电视一样，您能适应吗？（生活化的比喻，客户更易理解）

客户：这……

保险销售人员：您看，冬天室内有暖气，在屋里我们穿一件毛衣就足够了，可如果要出门，我们还是得穿件厚外套，对不对？可以说，社会保险就像这件毛衣，只能维持正常状态下的最低水平，而这份保险计划就像厚外套，能给您和家人提供最温暖、最全面的保障。您说是不是这样？（生活化的比喻，客户更易理解）

情景分析

社会保险和商业保险并不是互斥的关系，而是互为补充的，社会保险满足了人们最基本的生活保障，而商业保险让保障范围更大、更细、更全。客户认为拥有社会保险就足够了，保险销售人员就举出了“等离子电视”和

“黑白电视”这样生活化的例子，引导客户认识社会保险不完备、不充分的弱势，然后再举出冬天“毛衣”与“厚外套”的例子，生动形象地告诉客户：有了社会保险的“毛衣”还不够，必须加上商业保险的“厚外套”，才是一个全面而完善的保障计划。

错误提醒

错误：贬低其他产品，盲目夸大保险产品

客户：我已经有社保了，没必要再买这养老险和医疗险了吧。

保险销售人员：社保只是一个最基本的保障，养老金较少，医疗报销又有限，靠社保是不能保障您的生活质量的。商业养老险和医疗险就不一样了，不仅能保证您老年的生活水平，而且大病小病都能报销，比起社保来，保障更多些。

技巧展示

预先防患，做好前期工作

保险销售人员在为客户设计保险计划之前，一定要全面掌握必要的客户信息，像客户是否购买社会保险就是一条非常重要的信息，关系到保险计划里险种、保额、保障范围的设计。事实上，只要把前期工作做好了，该挖掘的资料挖掘到了，该传达的信息准确传达了，很多异议是可以防范于未然的。

情景 74　年轻健康不需要买保险

实景再现

客户：小刘，我觉得你设计的这几个保险是很不错，但是，我现在不到三十岁，年纪轻轻，身体也很健康的，这保险对我没多大意义啊。等我三四十岁再买不更合适嘛。

保险销售人员：您说得对，年轻和健康是一个人最大的财富与资本。李

先生，撇开一切都不谈，如果今天我送您一份保险的话，这受益人您希望是谁呢？（倒推法，巧妙寻找客户最在乎的人）

客户：这不用想，我肯定填我爸妈。

保险销售人员：为什么呢？（引导客户主动发现责任与压力）

客户：我爸妈就我一个孩子，这么多年他们太不容易了。我还没机会报答他们呢。如果我出个什么事，我当然不希望他们老来没有依靠。

保险销售人员：李先生，您看，虽然您这么年轻，但其实您心里还是有牵挂的，您希望能回报父母这么多年的爱，即使您发生了什么事，您也希望能让父母过有保障的生活，是不是？

客户：嗯。

保险销售人员：您有能力又有志气，一定能让父母过一个安逸的晚年。但如果上天不给我们这么长时间呢？假如有一天来不及孝敬爸妈呢？他们去哪里找依靠呢？

保险销售人员：您年纪轻、身体棒，这份保险您根本就不需要，但是您最在乎的爸妈需要。如果真发生了什么事，这 20 万元可以让父母的生活有保障，如果您平平安安，这 20 万元也可以作为您的养老金。您看，受益人这一栏您填一下父母的名字好吗？

情景分析

很多保险公司在核保的时候往往不愿意承保身体状况出现问题的客户的保单，另一方面，年龄越小，保费越低，因此，年轻健康的客户购买保险既划算，又比较容易通过核保。但是这类客户正是因为年轻气盛，身体健康，所以对疾病和意外的风险意识并不强烈。“我年轻，我健康，我不需要保险”这种异议很常见。保险销售人员的处理思路是以倒推法先寻找客户的“软肋”，也就是客户最在乎、最关心的人，然后再唤起客户的责任意识，引导客户认识无处不在的风险，最后阐述年轻买保险的优势与必要性。关键是找到客户最在乎的也是最关心的人，以此为突破口，激发客户紧迫的需求。

错误提醒

错误：不顾分寸，言语居高临下

保险销售人员：年轻健康才是买保险的好时候，等你年纪大了，身体没现在这么好了，那时候根本没有一家保险公司敢接受你的投保，你明白我的意思吗？

保险销售人员：你到底是刚毕业的年轻人，缺乏一点责任感，你年轻健康好像确实不大需要保险，但是你的父母需要啊。

技巧展示

异议处理方法——倒推法

当客户缺乏对自身保险需求的深刻认识，或者想拖延做投保的决定而提出诸如“我没必要买这么多保险”、“明天再给你答复”、“我不太需要保险”、“我想一想再说”等类型的异议时，保险销售人员可以运用倒推法，先假定成交，寻找出客户最关心的人或者最紧迫的保障需求，然后以此为基点，反过来激发客户的需求与责任感，最终达到化解异议促进销售的目的。倒推法常用的话术有：

李先生，假如今天我们把所有问题都解决了，签保单的时候您希望谁是受益人呢？

李先生，撇开这个问题不谈，养老、医疗，还有意外，这三类险种您会把哪个排第一呢？

李先生，假如今天我送您一份免费试用十天的保险，这个保障额度您希望是多少呢？

情景75　爸妈没保险也过得很好

实景再现

客户：小刘，我想了又想，这个保险真的有必要吗？我爸妈现在都是六十多岁的人了，一辈子连社会保险都没买过不也过得很好嘛。

保险销售人员：真羡慕您，有这样一个美满幸福的家庭。我爸妈也是六十多岁，他们经常笑我，说我现在养家要花的钱放在他们那时候，都够养活一村子人了。李先生，您说我们和父母两辈人哪一辈的负担及责任更重呢？（利用共同话题，引出责任与负担）

客户：按生活的开销来说，我们这一辈好像担子更重一些。

保险销售人员：我和您有一样的感觉。咱们都是“421”家庭，夫妻两人一般都要赡养四位老人，抚养一个孩子，再加上房子、车子的压力，要养活一个家真的很不容易。担子重了，责任重了，我们如果发生了什么事儿，哪怕是一场小病，影响的不仅是自己，还有老婆孩子和四位老人，这份保险其实说到底并不是为您设计的，而是为您的家人设计的。人生变幻难测，在有经济能力的时候为自己和家人争取这样一份保障，将来就算真的发生什么，家人的生活也可以正常地过下去，不至于留下遗憾和懊悔。我想，如果我们爸妈年轻的时候，保险就已经像现在这么完善，他们也一定会做出和您一样明智的选择的，您说是不是？（以第一人称分析意外与风险，强调保险的必要性与重要性）

情景分析

在风险与意外没有降临之前，人们往往抱有侥幸的心理——“长辈没买过保险一辈子也过得挺好的”，“我几十年来没买过保险也没出什么意外”，“买了保险不一定出险，等于白买了”，等等，这些异议就是由这种侥幸心理引发的。保险销售人员首先阐述了相对父辈而言，客户所承担的责任与压力更为重大，责任越大，负担越重，越需要保障。为了避开客户对生老病死等敏感话题的排斥，保险销售人员采用了第一人称，将自己置于客户的位置上，分析生活中存在的意外与风险，从而让客户切实体会到保险与保障的重要性和必要性。

错误提醒

错误：说话直接，不加修饰

客户：我爸妈一辈子没买保险不也过得很好嘛。

保险销售人员：这是您父母的福气，一辈子平平安安、健健康康的，可是您不一定有这么好的福气和运气啊。

技巧展示

以第一人称来谈生老病死

在谈生老病死这一类敏感话题时，不管客户是抱定无所谓还是排斥的态度，保险销售人员都要尽量采取委婉的表达方式，让客户既能理解也愿意接受。一个比较有效的方法是以第一人称来表述这类话题，多用“我”、“我们”，少用“你”、“您”。这样，一来拉近了双方的距离，二来不容易引起客户的负面情绪。

我们作为一家之主，如果不给家人做好十年甚至二十年的保障，一旦我们出了什么事，不就等于把自己的家庭推到了悬崖边上吗？

拿我来说吧，我平时经常在外约见客户，见过不少车祸，每次都会特别紧张，担心啊，担心自己也遇上这样的意外，我和您一样，也是家里的支柱，不能不考虑自己如果出事了，家人以后的生活该怎么继续呢？

情景76　给孩子买了保险就够了

实景再现

客户：小刘，你这份保险计划里设计的险种太全了吧，我觉得只要孩子有保障，我们就能放心了。我就投孩子的险种，我和我妻子无所谓，没必要投保。

应对一：

保险销售人员：李先生，您真是一个好父亲，能为孩子想到的您都做到了，他将来长大了，一定会为有您这样的父亲而感到自豪。您投保这份少儿综合保障计划，就像为孩子准备了一杯水。但是，谁是这杯水的水源呢？（生活化的比喻）

保险销售人员：是您和您妻子。你们俩是孩子的水源。水源如果没有保护好，这一杯水喝完就没了。孩子是爸妈的心肝宝贝，爸妈在，自然会全面地保护孩子，所以孩子的出险概率是最小的；如果爸妈不在了，就算为孩子买了再多的保险，又有什么用呢？（引发客户深思）

保险销售人员：所以说，您为自己投保其实就是在为孩子投保，只要您健健康康、平平安安的，孩子就有保障。即使以后真的发生了什么，您的保险也能给孩子充分的补偿和保障。您说是不是这样？

应对二：

保险销售人员：李先生，您能为孩子这样付出，我很钦佩。但是，我不能按照您的意思来设计您家庭的保险方案，如果我这样做了，是对您和您家人的不负责任，将来您是会责怪我的。（为了客户的利益，坚持原则）

客户：为什么这么说呢？

保险销售人员：您说，孩子最大的保障是这份少儿险，还是您这个父亲？（诱导性问题）

客户：这还用说，当然是我嘛。

保险销售人员：对，父母是孩子最大的保障，所以，父母才是最应该拥有保障的人。想一想，只要您夫妻俩都平安健康，以您的能力和实力难道还不能保障孩子的教育及健康吗？当你们遇到不幸时，谁来负担孩子以后的保费呢？即便是保费豁免了，孩子的日常生活又由谁来照顾呢？从这种意义上来说，您为自己投保，其实就是为孩子投保，只要您拥有了一份好的保障，孩子以后的教育与生活也会得到很好的保障，您说是不是这样？

情景分析

"父母之爱子，则为之计深远"，孩子永远是父母的心头肉，父母在购买保险的时候往往舍得为孩子设置全面的保障而忽视了自身。保险销售人员要想让这些父母意识到自身保障的重要性，还得从孩子的保障入手来启发。应对一里，保险销售人员巧妙地利用了水和水源的比喻，让家长认识到为自己投保就是为孩子投保，保障好了自己就是保障好了孩子；应对二里，保险销售人员首先对客户的异议提出了意见鲜明的反对，这种强势的反对必然会引起客户的好奇，接着，保险销售人员深入分析了父母缺乏保障可能给孩子成长带来的问题与后果，从而让客户主动意识到自身保障的重要性。

错误提醒

错误：为求签单，完全顺从客户的意愿，不顾及保险计划是否科学合理

客户：我只想给孩子投保，自己有没有保险无所谓。

保险销售人员：您真是位好父亲。那您的意思是只保留这个少儿综合保障计划，其他的不需要是吗?

客户：嗯。

保险销售人员：那好吧，您在这里签个字，就能立刻拥有这份保单了。

技巧展示

唯客户利益是从，不唯客是从

一份好的计划书，一定是基于客户现实状况的，一定是能满足客户需求的，也一定是能保障客户利益的。如果保险销售人员设计的计划书满足这三个条件，就不要因为客户的一个异议，尤其是不正确或者不理智的异议而轻易对保险计划作出修改。客户最在乎的是自己的利益，如果保险销售人员在为客户的利益说话，终会得到客户的理解与赞同。

情景 77　养儿防老不需要养老金

实景再现

客户：小刘，我要养老保险做什么啊？我孩子就要大学毕业了，他能不照顾我们两口子吗？养儿防老，天经地义嘛。

保险销售人员：李先生，您说得对。有这么优秀的孩子，您一定会很幸福。现在的年轻人可太不容易了，一份工资，既要买房，又要买车，还要娶妻生子，还要照顾四位老人，您说是不是这样？（顺水推舟，分析为人子女的压力）

客户：是啊，我们家孩子现在就开始找工作了，说是想在城里买套房。

保险销售人员：可怜天下父母心，做父母的总是希望能为孩子减轻一些负担，让他们不用这么辛苦，您说对吧？（抓住父母爱子之心）

客户：当然，这是父母该做的嘛。

保险销售人员：如果有这样一种方法，可以让孩子的压力小一点，担子轻一点，您想不想了解呢？

客户：你说的是保险啊？

保险销售人员：对啊，就是保险，买保险就像养了另外一个“儿子”，当您步入老年的时候，他每个月会孝敬您一笔养老金，让您可以自由地有尊严地享受晚年，同时，他又减轻了您孩子的负担，让他可以轻松一点地生活。到时候，您的孩子以亲情来孝顺您，您的保险以养老金来孝顺您。没有人不希望过一个幸福宽裕的晚年，这份保险既是您对自己的补偿，也是您对孩子的关爱和体贴啊，您说对不对？

情景分析

养儿防老是一种深入人心的传统观念，也是为人子女应尽的义务。但是现在生活成本越来越高，年轻一辈的生存压力越来越大，“养儿防老”也存在着危机和风险。父母总是将孩子放在第一位，因此，保险销售人员首先就与客户分析了年轻人的压力和负担，然后提出保险可以减轻这种压力和负担，客户爱子情深，当然乐意了解保险有什么利益和价值。自始至终，保险销售人员没有讲过“养儿防老不可靠”，“孩子长大了不一定会管父母”这类可能伤害或者激怒客户的话，而是不断地传达这样一个观点：买保险能减轻孩子赡养父母的压力，可以让孩子过轻松一点的生活。这样做牢牢抓住了客户的爱子之心，能够获得客户的理解与认同。

错误提醒

错误：损害客户最关心的人就是在伤害客户

客户：我孩子快毕业了，他将来肯定能赡养我们两口子的。

保险销售人员：养儿防老是不错，可是也有句话叫“久病床前无孝子”啊。等他将来有了自己的家庭，有了自己的妻儿，他能将多少精力和花费分给您呢？

技巧展示

在传统文化里，“父慈子孝”和“家和万事兴”是评价一个家庭是否和谐的标准。因此，在面对家庭客户时，保险销售人员绝对不要有意或者无意识地去破坏家庭成员的形象或相互间的关系，这样做永远不能把保险销售出去；相反，保险销售人员如果将保险定位为加深家庭成员之间亲情与爱的方式，客户会很乐意接受。比如，客户比较在乎“养儿防老”，如果保险销售人员强调“儿子不可靠，保险才可靠”，就很难得到客户的认同，而强调保险是“父母减轻孩子未来负担的方式”，这样的观点客户更容易接受。

第4节　信用的异议

有关信用的异议是指客户对保险销售人员、保险公司和保险行业缺乏信任而引发的异议。比较常见的说法有：你设计这么多的险种是为了赚佣金吧；你离职了我的保单谁来管；你们公司倒闭了我的保费怎么办；你能返给我多少折扣；我朋友说保险十买九不赔，买了没用；我朋友也是做保险的，我看还是找熟人买比较好；你们公司才成立没多久吧，等等。

情景78　你离职了怎么办

实景再现

客户：我很多朋友也买过保险，但是做业务的保险人员总是一两年就跳槽了，等到想理赔时连个管事的人都找不到。我要是投了你的保险，你离职了怎么办?

应对一：

保险销售人员：呵呵，李先生，您投的保险是受到《保险法》保护的，具有法律效力。我是保险公司的销售人员，是代表公司来的，不是代表个人。不管我是不是离职，我们公司作为行业内规模最大、客户评价最高的企业，一定会为您提供最好的服务，您的保单绝不会没有人管。而且，我已经在保险行业干了八年了，如果想离职我早就离开了，能一年一年干下来，是因为我打心眼里喜欢这个行业，愿意长期干下去。如果您不信任我，也不会一次又一次地接受我的拜访，对不对?

应对二：

保险销售人员：李先生，您有这样的担心我非常理解。我有一个笔记本，里面记载着从业八年来我的老客户们留给我的评语，您愿意看一看吗?

客户：哦，我倒是真的很想看看。

保险销售人员：您看，这是八年前我的第一位客户的留言……这是我签的一笔50万元大单的客户的留言……八年来我一共有452位客户，每一位都是我的朋友，他们在最开始的时候也担心我会跳槽、会离职，但是八年下来，他们不仅不担心了，而且愿意把朋友介绍给我，您说，如果我的客户不相信我，会向亲人朋友推荐我吗?

情景分析

在保险行业，“孤儿保单”并不少见，保险销售人员签单之后离职或者跳槽，往往造成客户续保、理赔或者售后服务等无人接管，得不到应有的服务。因此，客户提出“你离职了怎么办”这样的顾虑也在情理之中。应对一里，保险销售人员首先强调的是保险合同的效力以及公司的实力，再表明自己的资历与决心，这种办法能基本上消除客户的顾虑；应对二里，保险销售人员采取的方法很具有说服力，以自己长期的稳定的从业经历以及老客户的客观评价来增强客户的信心，不仅可信度高，而且能够彰显保险销售人员的能力与实力。

错误提醒

错误：自信满满，拍胸脯保证，轻率地表决心

客户：我投保了，你离职了怎么办？

保险销售人员：您放心，我绝对不会离开这家公司。只要您投保，我一定会长期为您做好服务，保证随叫随到！

客户：（说得好听，就是不知道做不做得到，无凭无据的，我怎么相信你！）

技巧展示

技巧一：利用销售工具推进销售工作

销售工具是指能够有效辅助并促进销售工作的各种材料。一名成功的保险销售人员懂得灵活调动客户的各种感官，既让客户听，也引导客户说，还能让客户看到实实在在的资料。可视化的销售工具运用得当，有如下独特的优势。

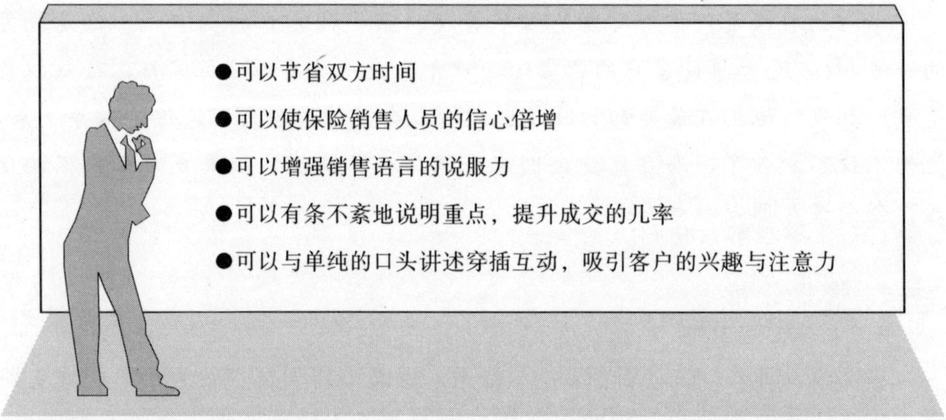
●可以节省双方时间
●可以使保险销售人员的信心倍增
●可以增强销售语言的说服力
●可以有条不紊地说明重点，提升成交的几率
●可以与单纯的口头讲述穿插互动，吸引客户的兴趣与注意力

销售工具按用途可分为“客户使用”与“保险销售人员自用”两类。

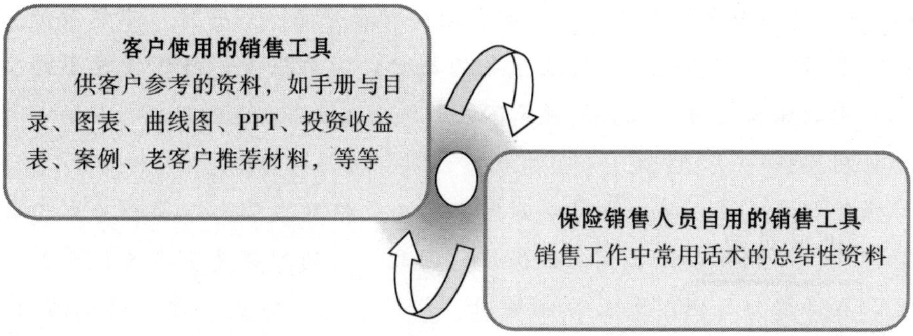
客户使用的销售工具
供客户参考的资料，如手册与目录、图表、曲线图、PPT、投资收益表、案例、老客户推荐材料，等等
保险销售人员自用的销售工具
销售工作中常用话术的总结性资料

技巧二：少说大话、套话、空话

当客户出于对保险销售人员、保险公司甚至是保险行业的不信任而提出某些异议时，保险销售人员不要以大话、套话或者空话来应付，这样只会让客户更加怀疑，更加不信任。应对这类问题，保险销售人员要么拿出可信的依据，要么拿出诚意来。例如，客户担心保险销售人员离职，那么公司的实力与口碑、老客户的评价与推荐、长期稳定的从业经历都可以作为说服的依据。

情景 79　公司倒闭怎么办

实景再现

客户：小刘，你说得再好我还是有一点儿不放心啊，我如果投保了，就等于要把钱放在保险公司二三十年啊，现在很多公司都倒闭了，如果你们公司也倒闭了怎么办？

应对一：

保险销售人员：李先生，您真是一个很谨慎很有风险意识的人，您的担心我完全能够理解。您是个见多识广的人，我想问问您，这么多年，您见过保险公司倒闭吗？

客户：这个，好像没有。

保险销售人员：这是有原因的。保险公司出售的产品和其他公司的不一样，是一种保障，关系到千家万户的生活质量和稳定，因此，国家对保险公司的经营行为有极其严格的限制。保险公司也会为自己和客户再保险，况且

《保险法》规定经营人寿保险业务的保险公司除分立、合并外，不能解散。我们公司在行业内排名前三，有几十年的历史，实力强大，与规模较小的公司相比，更能保障您的利益。您说是不是？

应对二：

保险销售人员：保险公司受到国家极为严格的监管，不仅会为自己和客户再保险，而且有责任准备金的保证，因此，您的利益是有多重保障的。李先生，在考虑公司倒了怎么办的同时，您是不是也会担心自己出现问题时，家人怎么办呢？（转移话题）

保险销售人员：公司倒闭了，保监会会出面协助保险公司解决财务和债务问题，您的利益总会得到保证。可是，如果一家之主倒下了，有谁能帮其家人解决他们将要面临的财务和生活问题呢？

保险销售人员：相对于保险公司的倒闭而言，我们自己所要面对的问题更加迫切，尽早为家庭建立可靠的保障也更加重要，您说是不是呢？

情景分析

保险是一种长期性的契约，客户需要一次性或者分期将保费存入保险公司，保障期间短则数天，长则终身，因此，客户对保险公司自身的风险存在顾虑是很正常的。在应对一里，保险销售人员采取的方法是专心解决客户的异议，从法律法规以及公司自身的历史与实力两方面来阐述，让客户打消顾虑；在应对二里，保险销售人员采用的则是“避虚就实”转换话题的方法，保险公司倒闭的风险比较小，而客户遭遇风险与意外的几率相对而言要更大一些，而且客户最终更为关注的肯定是自身的风险，而不是保险公司的风险，因此，保险销售人员在简略地介绍了保险公司的风险防范措施后，随即巧妙地将话题引到客户的风险与保障上，这样既避开了无谓的话题，又向达成迈进了一步。

错误提醒

错误一：话说得越满，客户越容易起疑心

客户：我投保了，你们公司倒闭了怎么办？

保险销售人员：这怎么可能，保险公司是绝对不会倒闭的。

保险销售人员：您放心好了，就算所有公司都倒闭了，保险公司也不会倒闭的。

错误二：使用专业术语，造成客户不解

保险销售人员：您放心，国家规定保险公司注册资本最低限额为两亿元，而且必须是实缴资本，并且需要再保险和计提责任准备金，所以，保险公司是不会轻易倒闭的。

技巧展示

异议处理方法——转移话题法

当客户提出的一些异议与其自身利益相关性不大、不重要，或者无关紧要时，保险销售人员可以在简单处理后将话题转移到与保险、与客户切身相关的关键性问题上来，这样既能节省时间，也能避免客户在不重要的问题上纠缠，为销售达成制造障碍。比如以下对话。

客户：我邻居老马是不是买了你们的保险啊？

保险销售人员：马先生的保险是由他公司统一投保的。李先生，每个家庭都有自己的“一本经”，您说对吧？这份保险计划是我根据您的实际情况来设计的，您看还有什么问题吗？

情景80　你能返多少折扣

实景再现

客户：我知道，现在的保险都差不多，要缴的保费也差不多，从哪家买都没什么区别。你能给我多少折扣啊？上周××公司的业务员也跟我推荐了他们的保险，他答应返给我1 000块呢。

保险销售人员：您的意思我明白。每个人买东西的时候，都希望能得到品质最好，服务最佳，而价钱又最低的产品，您说是不是？（诱导性问题）

客户：当然啊。

保险销售人员：如果能三者皆得当然是最好的，但这种可能性很小，对不对？假如这三者您只能选择其中一种，您会选择牺牲品质吗？您会选择牺牲服务吗？您只能牺牲价钱，对不对？您放心，我为您设计的这份保险品质不会打折，服务也不会打折，您付出的这个价钱非常合理。我相信您也希望自己的保险代理人是有原则、有立场的，对不对？

客户：是啊。

保险销售人员：在您有需要的时候，只有坚守原则和立场的保险销售人员，才会有勇气为您的利益力争到底，而一位用自己的佣金来给客户折扣的人，很难保证自己的基本生活，当然也就不会在这个行业干得长久，这样最终还是损害了您的利益，您说是不是？（有理有据反驳，不卑不亢）

客户：嗯。

保险销售人员：我从业这么多年了，从没私下给过客户任何折扣。如果我给您折扣，那我就变成了一个没有原则和立场的人！您愿意从一个没原则也没立场的销售人员手里买保险吗？

情景分析

在保险行业，确实会有一小部分销售人员为了达成保单，以“返佣金”、“打折扣”等方式拉拢或吸引客户。这样急功近利的“拉单”行为最后损害的还是客户自身的利益，价格打了折扣，服务必然也会大打折扣。保险销售人员一方面坚守原则和立场，不卑不亢；另一方面完全从客户利益出发，剖析了“返佣金”、“打折扣”的销售方式存在的隐患以及可能带给客户的损失。

错误提醒

错误一：攻击竞争保险销售人员，给客户留下不良印象

客户：××公司的业务员答应返给我1 000块呢。

保险销售人员：这个业务员一点都不称职，也不合格，××公司也是保险行业内不入流的小公司，难怪要靠这种方法来拉业务。

错误二：直接抨击客户不正确或者不正当的做法

客户：你给折扣吗？别的公司业务员可答应给我返 1 000 块呢。

保险销售人员：您不能这样贪小便宜啊。虽然能够拿回 1 000 块，但以后的服务肯定也是要打折扣的，贪小便宜最终都是要吃亏的。

技巧展示

异议处理方法——反驳法

反驳法是指保险销售人员根据较明显的事实与理由直接否定客户异议的一种处理方法。这种方法只适用于处理因为客户的不了解、误解、成见和信息不对称而引起的异议。这种方法的运用要注意以下两点。

反驳必须有理有据：反驳客户异议的理由必须是科学的、合理的、有据可查的、有证可见的。在反驳的过程中，保险销售人员要立足于客户的利益，依靠事实与逻辑的力量去说服客户

营造良好气氛：有理不在声高，保险销售人员要始终保持友好的态度，营造良好的气氛，反驳的只是客户的观点，而不是贬低客户的人格。在反驳过程中，保险销售人员应做到面带微笑、用词委婉、语气诚恳、态度真挚

情景 81　旁人劝阻准客户

实景再现

（经过保险销售人员的耐心劝说，客户李先生对保险建议书比较满意，已经准备投保了，但客户的一位同事郭先生插话说，保险十买九不赔，买保险根本没什么用，客户听到这番话又开始犹豫起来。）

保险销售人员：（对郭先生）郭先生，我想请教您一个问题，您说保险十买

九不赔，这是您的亲身经历，还是您朋友或者家人曾经遇到过？（追根究底）

郭先生：哦，我没买过，但是很多人都这么说嘛。

保险销售人员：呵呵，原来是这样。其实，保险合同都是有法律效力的，什么可以保，什么不可以保，什么可以理赔，什么不能理赔，都有明文的规定，只要销售人员尽职尽责地把合同赔与不赔的范围都讲清楚了，十买九不赔这种情况就不会出现。李先生，刚刚讲到的理赔范围和理赔方法不知道我有没有说清楚？（试探准客户态度）

客户：你说得很清楚很明白。

保险销售人员：那就好。其实，保险的意义就在于当风险意外降临的时候，能保证有一笔钱来帮助您渡过难关，来保障您家人的基本生活，如果您有非常要好的朋友或者同事，能够保证在您有难处的时候慷慨解囊、鼎力相助，那么，您确实就没有必要买这份保险了。郭先生，您说是不是这样？（间接向劝阻人施加压力）

保险销售人员：但是事实是，不管是多么要好的朋友或同事，他们都有自己的负担和压力，偶尔帮帮您还可以，但是要拿出几十万来基本上是不可能的。关键的时刻，只有保险才是最可靠的保障，李先生，您说对不对？（排除外界干扰，回归保险意义）

情景分析

在保险销售人员与准客户的交流过程中，外界的劝阻与干扰是不可避免的。只有巧妙的应对和机智的化解才能赢回客户。上述案例中，保险销售人员在听到郭先生的劝阻时，首先冷静地询问其看法的由来，在了解到真实的情况后，镇定地解释了造成“十买九不赔”的原因，并试探准客户的态度，随后，保险销售人员对保险的意义进行了阐述，强调“如果有同事朋友能提供保险的保障，那么保险确实没必要买”，这样就简接地给郭先生施加了压力，使其不好再讲出其他负面的言辞，在排除了外界的干扰之后，保险销售人员再次回归保险的意义，彻底消除劝阻人制造的不利影响。

错误提醒

错误一：被旁观者的劝阻激怒，失去理智

郭先生：老李，别买保险，保险十买九不赔，买了根本没什么用。

保险销售人员：您是自己买了还是道听途说啊？您有证据吗？不了解就不要瞎说话，不懂装懂！

客户：（这保险销售人员怎么这么恼怒啊，会不会是因为老郭说的都是事实啊？）

错误二：不理睬旁观者的重要异议，忽略客户的心理反应，急于引导成交

保险销售人员：李先生，买保险是保障自己的利益，所以对别人说什么不能太在意，只要您觉得保险有用就行。您看，这份保单的受益人填谁呢？

客户：（保险销售人员这么急着让我填保单，难道老郭说的都是真的？）

技巧展示

软中带硬，排除劝阻者干扰

保险产品和其他商品不一样，它是一种风险补偿机制。劝阻者可以干扰准客户，可以将保险批评得一无是处，可以阻碍保单的达成，但是有一点是劝阻者不能也不敢保证的，那就是承担起保险的责任，在准客户遭遇风险与意外后提供切实可靠的保障。所以，保险销售人员面对劝阻者，不应该沉默，也不应该针锋相对，更不要恶语相向，最好的方法就是软中带硬地分析利害关系，给劝阻者施加无形的压力，使其知难而退。

情景 82　买人情保单放心

实景再现

客户：我有个朋友也在做保险，我想找他买。

保险销售人员：真的呀，那太好了。不管您投保是找朋友，还是找我，或者找其他的代理人，都可以，关键是找一个专业的、负责任的、能够让您放心的人，毕竟保险是一个长达几十年的长期契约。（表明态度，善意提醒）

保险销售人员：我有位客户和您的情况很像，他的姐姐也是一位保险销售人员，但他想来想去还是没有在姐姐那里投保，他觉得找亲人、熟人投保有两点不方便，一是服务不及时不周到的时候，不好意思去投诉人家，只能自己受着委屈；二是理赔或者权益受损的时候，处理不好引起纠纷很容易伤了感情伤了和气。所以最后，他还是在我这里投保的。（借案例点明人情保单的缺陷）

保险销售人员：我和您朋友相比，跟您可能要陌生一些，如果我做得不好，做得不对，您该批评就批评，该投诉就投诉，我一定尽心改正。您能选择我，是对我的莫大信任，当您需要理赔时，我会全力以赴争取最大的保障。这样，您的保险才买的有价值，因为您的权益得到了全面的保护。您说对不对？（郑重作出服务承诺，赢取客户信赖）

情景分析

当有相熟的亲友在从事保险销售时，为了避免上当受骗，客户往往会选择投人情保单。这种情况对保险销售人员来说是很不利的。但是每个硬币都有两面，人情保单有好处，必然也会有缺陷。例如，人情保单的销售人员往往认为与客户关系亲密，就忽视了服务质量，而客户又不方便投诉，怕伤和气；客户需要理赔的时候，往往容易起纠纷，伤感情。保险销售人员正是借其他客户的案例向准客户分析了人情保单的弱点与缺陷，在客户态度动摇的时候，再郑重作出服务承诺，赢得客户完全的信任与信赖，从而消除异议，争取到保单。

错误提醒

错误一：挑拨客户与朋友的关系，以求达成销售

客户：我有个朋友在××公司做保险销售，我想找他投保。

保险销售人员：××公司的信誉并不太好，他们的理赔拒赔率非常高。

您朋友既然在做保险，为什么从来没有为您设计过保险方案呢？

错误二：不够自信，快速放弃，或者埋怨客户浪费了自己的时间

保险销售人员：既然您朋友也是做保险销售的，那您肯定会找熟人买了。要是您早一点告诉我，我就不会花这么大气力来做计划了。

技巧展示

调整心态，绝地突围

保险销售人员在应对客户异议时，如何处理和化解都是次要的，最重要的是心态的调整。如果能对任何异议都抱有积极乐观的心态，即使是最苛刻、最难处理的异议，保险销售人员也能实现“绝地突围”。每一枚硬币都有两面，客户提出不利的问题时，心态良好的保险销售人员总是能看到这个问题对销售有利的一面。例如以下对话。

客户：我朋友也做保险，我还是找熟人买比较好。

保险销售人员：（消极心态）完了，我肯定卖不出这份保险了，人家有熟人在做保险，凭什么还会买我这个外人的东西啊！

保险销售人员：（积极心态）既然客户的朋友也是做保险的，那为什么客户还愿意跟我聊这么多呢？他为什么不直接找朋友投保呢？其实，人情保单也不一定好，它有什么弊端呢？

第5节　拖延的异议

有关拖延的异议是指客户不想立刻做投保决定而产生的异议。比较常见的说法有：不急，我再考虑考虑；等几天我再给你答复吧；我要和家人商量商量；我要比较比较；等我同事老张买了，我再买；等我还完房贷再买吧；我年终发奖金了再买，等等。

情景 83　考虑考虑等等再说

实景再现

保险销售人员：李先生，不知道我为您做的保障计划您考虑得怎么样了？

客户：小刘，你做的这份计划我觉得很不错，但也不用急于一时嘛，过一段时间吧，我再考虑考虑。

保险销售人员：李先生，您的意思是说这个保险方案您是认同的，只是想过一段时间再买，是吗？（澄清并确认客户的异议）

客户：是啊。

应对一：

保险销售人员：您这样想没错，买保险确实要慎重，因为一买可就是几十年的保障。但保险并不是什么时候都适合买的。（设置悬念，激发好奇）

客户：哦，这个说法有意思啊。那你说说保险什么时候买最合适。

保险销售人员：您的生日是十一月份，所以十二月份不适合买保险，因为年龄大了一岁每年保费就要多好几百块钱，二十年下来就是一两万；一月、二月也不合适，因为快过年了要预留一大笔开销；三月、九月也不行，因为孩子要上学需要钱；五月、十月也别买，因为长假适合带家人出去旅游需要花钱；七月、八月份也不能买，孩子要花钱上各种补习班。（完全站在客户的立场分析）

客户：那什么时候买比较好啊？

保险销售人员：现在，六月份。年中间买保险，不会给家庭增加太大压力，又正好赶在您生日之前，能省下一两万的保费。（言简意赅，摆明理由）

客户：小刘，你跟其他业务员真的不一样，好吧，你需要我在哪里签字？

应对二：

保险销售人员：李先生，您看，您刚递给我的这杯水，我 10 块钱卖给您，您要吗？（诱导性问题）

客户：不要。

保险销售人员：如果您三天没有喝水了，这杯水我 100 块钱卖给您，您要吗？

客户：这……

保险销售人员：如果您在沙漠迷了路，独自走了六天也没找到一滴水，这时候，我拿着一杯水到您面前，您会有什么反应？如果没有这杯水您就走不下去了，而我要把这杯水卖 1 000 块，您会不会买下来？

客户：会吧。

保险销售人员：李先生，保险就像这杯水一样，卖给您的时候可以很便宜，您也可以不买，但是当您真的需要它的时候，就算花几倍甚至几十倍的钱恐怕也买不到了，您说是不是这样？（巧用比喻，发人深省）

保险销售人员：现在，您完全有能力获得这份保障，何不现在就拥有它呢？（促成信号）

情景分析

拖延作决定是一种很正常很普遍的心态，当客户表示要“等一等”、“考虑考虑”的时候，保险销售人员首先需要确认的是客户的这种表示是真异议还是假借口，因此第一步是澄清确认。在了解到客户对保险计划并无异议，只是不想立刻作决定的心态后，保险销售人员就必须让客户的保险需求紧迫起来。在应对一里，保险销售人员在购买保险的适当时机上做文章，完全立足于客户的现实与利益，一一阐述哪些月份不适合客户买保险，哪些月份适合客户买保险，这种说服方法有些匪夷所思，就像讲笑话一样，但是客户会从这番分析中体会到保险销售人员的良苦用心，从而作出立即投保的决定。在应对二里，保险销售人员将保险比作一杯水，从十块到一千块的价格，层层引导，让客户从这个浅显易懂的比喻中深入理解保险的意义与价值，最终改变拖延的态度。

错误提醒

错误一：顺从客户的决定，不做任何积极的努力与争取

客户：等等吧，我再考虑考虑。

保险销售人员：既然这样，那好吧，您要是考虑好了一定要给我打电话啊。

客户：(我其实很想投保的，只是有一点犹豫而已，这个保险销售人员为什么这么快就放弃了呢?)

错误二：咄咄逼人，不给客户预留下决心的空间和时间

客户：等等吧，我再考虑考虑。

保险销售人员：您还要考虑什么呢?

客户：我……

保险销售人员：您告诉我，还要考虑什么事情，我们一起来探讨啊。

客户：这……

保险销售人员：如果没有什么可考虑的，那就现在作决定吧。

技巧展示

真实异议与虚假异议

从真实性的角度来看，客户的异议可以分为真实异议与虚假异议两类。真实异议是确切明白、现实存在的问题，而虚假异议则是客户为了掩盖真实想法与状况而敷衍的借口。保险销售人员要分辨真假异议，可以“一听二察三问”：

- 听：听客户的语气、语调，听客户提出的异议是否有根有据，具体明白；
- 察：观察客户的神态举止是否自然；
- 问：主动询问、请教，直到确认真实异议，如下列对话。

客户：我再考虑考虑。

保险销售人员：李先生，您能帮我一个忙吗?

客户：当然，你说吧。

保险销售人员：我相信这份保险计划是非常适合您的，而且您也能承受这个价格，但是我感觉到您还有一些顾虑没有说出口，如果您信得过我，能不能告诉我，我们一起来探讨一下?

客户：我就是想再仔细想想。

保险销售人员：我是真心诚意想了解是什么在困扰您，如果能帮您把顾虑解决了，即使您不投保我也会很高兴，您说说看，是什么问题在困扰您呢？

客户：我……是这样，这个月我店里刚进了一批货，资金很紧张啊……

情景 84　我要综合比较一下

实景再现

客户：小刘，你介绍得很清楚了，我很满意，但是保险嘛，毕竟保费也不低，我想跟其他公司的产品比较一下。

应对一：

保险销售人员：呵呵，李先生不愧是个成功的商人，谨慎而且理智，难怪您能把生意做得这么好。不知道您是想比较哪一方面呢，是保费、保障额度，还是保障范围呢？（试探虚实）

客户：都综合比较一下吧。

保险销售人员：货比三家确实有必要。在为您设计这个险种的时候，我特意把行业内所有公司的这一险种的详细资料都整理了出来，您看，××公司的这个险种优势在于……不足的地方在于……（有备无患，权衡对比）

保险销售人员：您看，对比下来，我们公司的这个险种保障额度是最高的，保障范围很全面，在价格上也非常有优势。

客户：行，你把资料留下来，我好好参考参考，明天再给你答复，好吗？

保险销售人员：没问题，李先生。您如果觉得其他保险公司的产品不错，想找个可靠的人咨询一下，也可以告诉我，我认识一些其他公司的优秀业务员，您需要的话我可以为您推荐。没有最好的保险，只有最适合自己的保险，您在不在我这里买并不重要，重要的是您有这么一份保障。（表明态度，留好印象）

应对二：

保险销售人员：李先生，我想问一下，这份计划设计的险种、保障额度、保障范围，以及每年的保费，您对哪一项还有意见吗？（试探虚实）

客户：没有，都挺好，很合适。

保险销售人员：这样说来，您认同这份计划，只是想跟其他公司的产品

对比一下，对吗？（澄清并确认异议）

客户：是的。

保险销售人员：我非常赞成您多参考几家再作决定的想法，货比三家不吃亏嘛。您目前有没有接触过其他公司呢？（刺探敌情）

客户：我朋友买的是××保险公司的。

保险销售人员：您认为××保险公司的优势在哪里呢？

客户：我也不太清楚。

保险销售人员：李先生，撇开保险公司不谈，您觉得保险对您和家人的生活来说重不重要？（转移话题）

客户：你给我介绍了那么多，保险当然是重要的，不然我也不会去了解。

保险销售人员：那您觉得保险最重要的部分在哪里？

客户：这……

保险销售人员：如果有一天您的一位熟人发生事故了，请问您会先问他的家人他“保了多少”还是“投的哪一家公司”呢？

客户：当然是先问他保了多少啦。

保险销售人员：对，如果我是您，也会这么问。这说明，最好的、最便宜的、最可靠的保单只有一种，那就是意外和风险来临时就已经生效的保单，您说对不对？（回归主题）

客户：对。

保险销售人员：那么如果这份保单生效了，受益人您希望是谁呢？（促成信号）

情景分析

保险行业竞争非常激烈，客户非常容易就能接触到各个公司的保险销售人员，而且通过网络平台，客户能轻松比较不同公司同类险种之间的孰优孰劣。在应对一里，保险销售人员作了充足的准备，预先对各个公司的产品信息进行了整理，这样一方面可以试探客户的“比较比较”是真异议还是假借口；另一方面如果客户真的想货比三家，这份资料可以让保险销售人员掌握主动权，如果客户执意要先比较一下，保险销售人员也不可急于当场促成，应该给客户一定的时间和空间。在应对二里，保险销售人员采取的是转移话题的方法，将客户的关注点由“投保哪家公司”一步步引入“让保单即刻生效”，把握住每一个可能促成的机会。

错误提醒

错误一：消极式应对

客户：我想跟其他公司的比较一下。

保险销售人员：那好吧，您可以跟其他公司的销售人员都接触一下，如果还是觉得我们的产品好，您再给我打电话。

错误二：贬低竞争对手，纠缠客户签单

保险销售人员：李先生，我在这个行业干了三四年了，哪家公司产品是怎样的，我比谁都清楚，您放心吧，其他几家公司的这个险种绝对比不上我们公司的。如果您觉得这份计划可行的话，我们今天就让这份保单生效吧。

技巧展示

技巧一：正确对待竞争对手

“同行是冤家”，保险销售人员在与客户接触的过程中，不可避免地要面对竞争的保险公司或者保险销售人员。贬低或者攻击竞争对手是非常不理智的做法，会让保险销售人员的专业形象和职业素养在客户心中大打折扣。在为客户设计险种之前，对于其他公司的同类险种保险销售人员要进行深入了解，这样在面对竞争对手时，才能给予客观公正的评价。当然，如果没有必要，保险销售人员尽量不要主动提起竞争公司的产品或服务。

技巧二：异议处理方法——权衡比较法

当客户坚持要对各公司的产品进行比较时，保险销售人员与其让客户自行比较，不如将主动权掌握在自己手里，与客户一起来进行产品的比较和探讨。在对各家保险公司的同类险种进行权衡比较时，保险销售人员可以从以下几个因素入手。

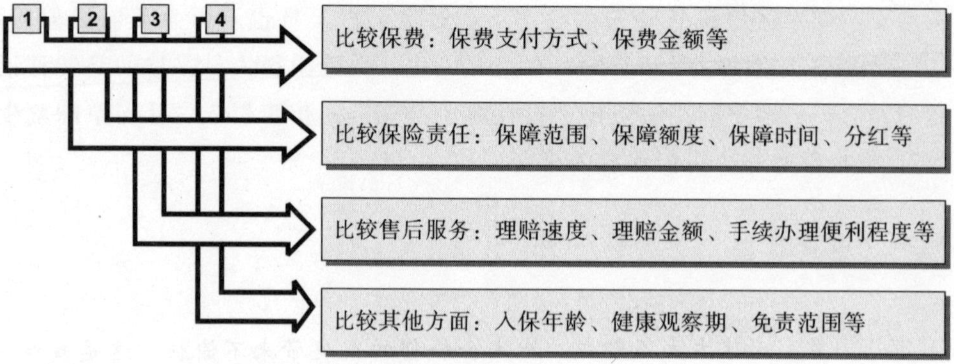
1
2
3
4
比较保费：保费支付方式、保费金额等
比较保险责任：保障范围、保障额度、保障时间、分红等
比较售后服务：理赔速度、理赔金额、手续办理便利程度等
比较其他方面：入保年龄、健康观察期、免责范围等

情景85　我和家人商量商量

实景再现

客户：小刘，我个人完全能接受你这份保险计划，但是这笔保费金额不小，我需要跟老婆商量一下。

保险销售人员：我理解了。您的意思是不是这样，这个方案您没有意见了，如果您太太也同意的话，就能确定下来，是吗？（澄清并确认客户的异议）

客户：嗯。

应对一：

保险销售人员：呵呵，李先生，我觉得您是在为太太制造一个大难题。（设置悬念）

客户：为什么这么说？

保险销售人员：因为这份保险计划的目的就在于，当您发生意外或不幸时，有足够的治疗费用，还有足够的家庭保障费用。让您太太来评价这个计划，她当然说好也不是，说不好也不是啊。说好吧，她是受益人，而受益的前提是您发生一些事情，这当然不是您太太希望看到的；说不好吧，万一将来真的发生什么，却因为自己没有赞成投保而得不到保障。所以说，让太太来作决定，是为她制造了大难题啊。

客户：这……

保险销售人员：其实，您之所以选择这份计划，并不是为了自己，而是出于对妻子和家庭的爱，爱她们，所以想为她们建立全方位的保障。当您拿着保单交给您太太的时候，她一定能体会到您深深的爱，感动还来不及呢，怎么会反对呢？您说是不是？

应对二：

保险销售人员：看得出来，您是一位尊重太太的好丈夫。您的想法也很有道理，毕竟保费是要从家庭收入里支出的，争取太太的支持很重要。如果只有您同意，而您太太不赞成，肯定会给您的家庭带来不愉快，这是我绝对不愿意看到的。您看什么时候方便，我们三个人可以一块儿就这个计划再探讨一下呢，明晚还是周六？（为再次拜访创造机会）

情景分析

对一个家庭而言，保险保障的往往是全家的利益，保费的支出虽然不会对基本生活造成太大影响，但毕竟占了家庭支出的一部分，所以客户在确定投保之前，很可能提出要与家人商量后再作决定。保险销售人员需要确认一点，客户是真的要与家人商量，还是存在其他的顾虑与异议？在应对一里，保险销售人员澄清异议之后，在情在理地阐述了客户的太太在面对投保抉择时可能产生的心理矛盾，从而暗示客户不应该将是否投保这样的难题抛给太太，激励客户自主作出决定；在应对二里，当客户的态度比较坚决，非要与家人商量不可时，保险销售人员应该主动约好时间和地点，创造再次拜访的机会。

错误提醒

错误一：用带有贬义的话语刺激客户

客户：我想和老婆商量商量。

保险销售人员：这有什么好商量的，您是一家之主，买份保险，每年三四千块钱的事，这也要和老婆商量啊？

错误二：忽视了为下次拜访设定时间和地点

保险销售人员：买保险是一家人的事，您和太太商量一下是应该的。那这样吧，今天我先告辞了，您和太太商量好了，可以给我打电话。

技巧展示

异议处理四步曲

一般来说，不管客户提出什么样的异议，应对处理的过程可以大致分为以下四个步骤。

第一步：倾听理解

细心倾听客户的异议，对客户的想法与观点表示尊重和理解，如：

李先生，您有这种担心我非常理解……

确实，我的很多客户都有跟您一样的想法……

第二步：澄清确认

客户的异议可能是确实存在的问题或疑虑，也有可能是为了隐藏真实想法而敷衍搪塞的借口与托词，因此，在处理异议之前首先要进行澄清确认，例如：

李先生，您的意思是不是……

除了这一点外，您还有其他的看法和意见吗？

第三步：异议处理

针对客户的真实异议做出解释或者提出解决方案，常用方法有诱导设疑法、平摊价格法、以退为进法、顺水推舟法、生活化比喻、举例说明法、转移话题法、反驳法和倒推法等。

第四步：请求行动

异议解决后，向客户发出达成信号，或者创造再次拜访的时机，例如：

您现在还有其他的顾虑吗？

这份保单的受益人您希望是谁呢？

我们一起来看看投保单吧……

第 7 章　缔结成交有方法

辛苦耕耘是为了收获，赢得订单才是推销的终极目标。但是，即使前面的工作做得再好，保险销售人员把握不好这最后的促成环节，也可能会前功尽弃。

所以，保险销售人员在跟踪客户进行销售的各个阶段中，应明察秋毫，随时关注客户的一言一行、一举一动，并适时采用适当的方法，帮助客户作出购买决策，并协助其完成购买手续，促成交易的顺利达成。

第1节　掌握技巧赢订单

经过保险销售人员的一番努力，客户对其推荐的保险产品或计划有了充分的认识，可就是迟迟不作出购买决策！其中原因很多，保险销售人员忽视客户的购买信号、没有抓住购买时机，或者没有主动帮助、鼓励客户作出购买决定可能是其中很重要的因素。所以，要想成功签单，还是要讲求一些技巧的。

情景86　购买信号不可忽视

实景再现

（保险销售人员李红与某客户联系了一年后，有一天，客户主动打电话让李红到他的办公室，聊一聊购买保险的事情。二人见面寒暄后，转入正题。）

保险销售人员：张总，我给您设计的保险计划您仔细看过了吗？有不解的地方我可以给您介绍。

客户：我正要问呢？里面的具体保障你给我说说。

保险销售人员：张总，如果按照我给您的这个计划投保，你可以获得……（具体保障说明，语言要尽量生动，并用数字等增强这个保险计划的吸引力）

客户：是这样啊。那你们的理赔办理需要多长时间？（购买信号）

保险销售人员：……

客户：还能不能再优惠些？（购买信号）

保险销售人员：这个不能了，张总，您也知道，保险不同于其他产品……（说明理由）

客户：好的，让我想想。（说完，仔细翻阅保险计划书，陷入沉思，又一个购买信号）

保险销售人员：……（耐心等待10秒钟，如果客户仍没有继续询问的意思，保险销售人员就可以主动出击）张总，我都跟您联系一年多了，您自己也知道保险的重要性，就别犹豫了。这个计划我是根据您的情况为您量身定制的。如果您没有什么其他疑问，我就帮您填保单了。

客户：好的，你把保单给我看一下。（又一个购买信号）

保险销售人员：好的。

保险销售人员将保单交给客户，在必要的地方进行了讲解，之后，客户当场答应合作，并在保单上签了字。保险销售人员成功拿下了这一单生意。

情景分析

上述案例中，保险销售人员通过与客户的交流，在客户发出三个购买信号后，感觉时机成熟，主动提出交易，在客户表示“仔细看看保单”这一购买信号后，耐心地为客户讲解疑问，最终成功签单。整个过程中，保险销售人员始终从客户的行为出发，采取相应的应对措施，既给客户留下了一个专业、职业的良好形象，又让客户接受了成交的请求。

错误提醒

错误：无视客户的购买信号，不主动提出交易

保险销售人员：李先生，这份保险计划您还有什么疑问？

客户：基本没有。就是理赔时如何办理？（问及售后，购买信号）

保险销售人员：如果缴费期内出现什么情况，您要……（说明理赔办理情况）

客户：喔，那怎样缴保费呢？

保险销售人员：您可以付现金，也可以给我一个银行账号，到时候银行直接划账即可。

客户：那还挺方便的。

保险销售人员：是啊，现在信息技术这么发达，节省了人们很多时间。

客户：好的，我再考虑考虑。（说完，客户背靠座椅，双臂抱于胸前，看

着保险销售人员）

保险销售人员：嗯……也行，李先生，您考虑一下，决定好的时候给我打电话。

客户：好吧，那就这样吧。

上述场景中的保险销售人员，无视客户频频发出的购买信号，自己付出了那么多努力，最终却放弃了成交的机会，有很多保险销售人员，尤其是保险销售新手，易犯此类错误。

技巧展示

客户的购买信号

语言信号

1. 客户询问投保细节，如缴费方式、投保内容等
2. 询问别人的购买情况
3. 表示自己有支付能力
4. 对保险销售人员的专业及敬业精神感动并加以赞赏
5. 把话题集中在某一险种或某一保障，并再三关心某一险种的优点或缺点
6. 征询家人意见或与家人低声商量
7. 询问保单的生效时间
8. 认同保险销人售员的观点或表示和其观点一致
9. 询问优惠政策或进行讨价还价
10. 对保险保障的细节表现出强烈的兴趣，并开始关心售后服务

表情信号

1. 皱着眉头，好像很难作出选择似的
2. 表情由冷漠、深沉转为自然、亲切、随和
3. 眼睛转动由慢变快、眼神发亮而有神采
4. 由若有所思转为明朗轻松
5. 抿紧的嘴唇放开并直视保险销售人员
6. 听保险销售人员介绍产品时眼睛发亮

行为信号

1. 反复、仔细地翻看保险计划书及有关资料
2. 仔细查看费率表
3. 关注保险销售人员的话语及动作并不住点头
4. 时而看保险销售人员，时而看着建议书
5. 坐着的姿态由前倾转为后仰，身体和语言都变得轻松
6. 转身把电视声音调小以认真倾听保险销售人员讲话
7. 突然用手轻敲桌子或身体某部位以帮助自己集中思路
8. 突然直视保险销售人员
9. 从滔滔不绝突然变得沉默不语
10. 不再提问，而进行思考

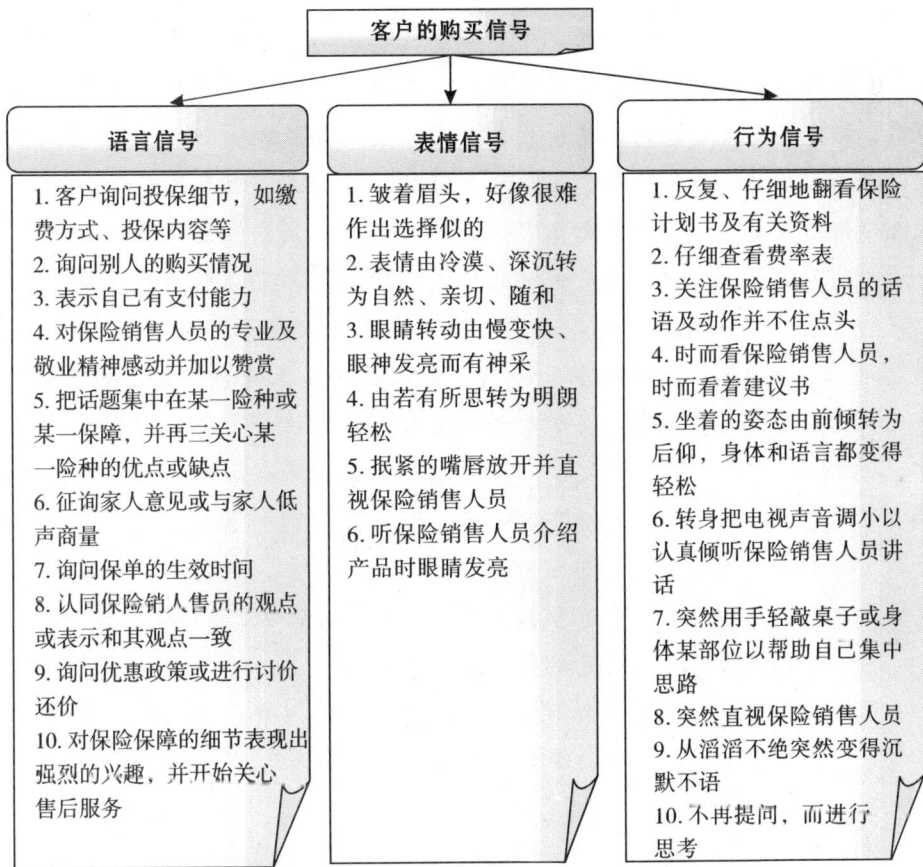

技巧一：交易的促成不是随时随地发生的，它需要保险销售人员的努力

和判断。客户的购买信号往往稍纵即逝，所以保险销售人员要善于观察，抓住并把握好交易促成的时机。

技巧二：交易促成的时机在销售过程的任何阶段都可能出现。客户在产生了购买欲望后会下意识地通过语言、表情、行为等传递出一些信号，具体如下图所示。保险销售人员要善于抓住这些信号，及时发出成交请求。

情景 87　借用案例劝服签约

实景再现

客户：保险，还是算了吧，以后再考虑吧。

保险销售人员：您别这样想啊。每个人都不知道再过几个月会发生什么事情，趁现在身体健康时，赶快投保才是最明智的选择。您知道吗？去年夏天，有一天我乘地铁，认识了一位从事律师工作的人。在车上我跟他聊起了保险，他给我留下了他家的电话，让我有时间到他家详细说说保险的事。可由于那些天我很忙，就没有及时跟他联系。20 天过去了，我想起他来，就给他家打了电话，他太太接的，让我去他家看看。我就去了，结果，一进屋，就看到了他的遗像。原来就在 5 天前，他在出差路上遭遇车祸不幸去世了。他太太还以为丈夫投了保，当听我说没有投保后就失声痛哭。而我，只留下 200 元钱就匆匆离开了。我太后悔了，为什么没有早点儿去他家，哪怕提前 10 天去，今天就不会只是给他们送 200 元钱了，他们一家人可能就有更多保障了。郭先生，我现在每天都在争分夺秒去拜访客户，争取每一位客户购买保险，就是不想再给客户也给自己遗憾的机会，尽量避免出现这种情况。

客户：也是啊，发生这样的事情就太遗憾了。

保险销售人员：是啊，郭先生，保险就是未雨绸缪，一旦发生意外，还可以给家人一个安慰，至少生活上暂时不会有大的落差。

客户：也是。

保险销售人员：郭先生，您就别犹豫了，我来给您填保单吧。您的身份证号码是……

情景分析

上述案例中，保险销售人员在客户提出“以后再说吧”的拒绝时，通过一个亲身经历的事例告诉客户投保的重要性：未雨绸缪，提前预防未来的风险。在得到客户认可后，直接提出成交请求，最后签单成功。

保险销售人员在与客户面谈时，如果运用一些真实的案例或生活中的小故事，让客户感觉到危机，进而认识到投保的重要性，那么此时提出成交请求，成功的几率会比较大。

技巧展示

技巧一：了解客户不购买的原因

在成交的最后阶段，如果客户仍迟迟不肯答应签单，保险销售人员就要认真分析一下客户为什么不能下定决心，然后根据具体情况选择适当的应对策略。

分析客户不购买的原因时，保险销售人员应从两方面入手，首先要自省，看自己还有哪些地方做得不够，然后从客户那里找原因。具体原因如下图所示。

保险销售人员的原因

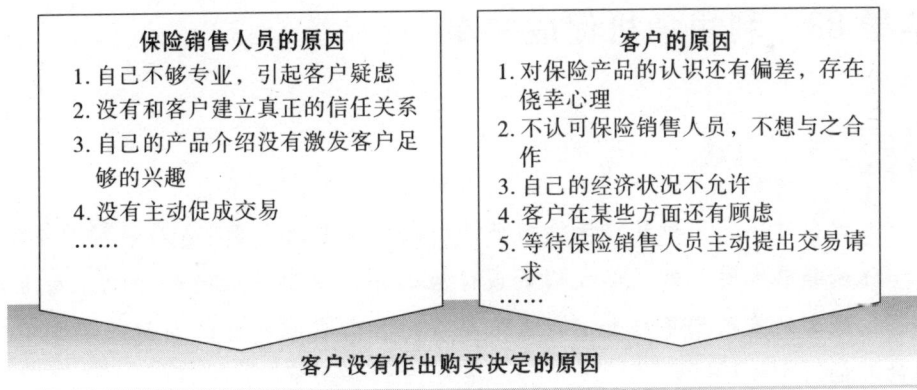

1. 自己不够专业，引起客户疑虑
2. 没有和客户建立真正的信任关系
3. 自己的产品介绍没有激发客户足够的兴趣
4. 没有主动促成交易

……

客户的原因

1. 对保险产品的认识还有偏差，存在侥幸心理
2. 不认可保险销售人员，不想与之合作
3. 自己的经济状况不允许
4. 客户在某些方面还有顾虑
5. 等待保险销售人员主动提出交易请求

……

客户没有作出购买决定的原因

知道了客户不购买的原因后，保险销售人员就要采取相应的办法。如果确实是自己的问题就要尽快改正，提高自己的业务水平；如果是客户的原因，则要探寻客户的真实想法，想办法消除客户的疑虑，直至最后成交。

技巧二：利用案例、事例和故事等劝服客户购买

保险销售人员平时要多积累一些有助于说服客户的案例、事例或故事，并在适当的时候说给客户听，让客户从这些事例、故事中感悟人生苦短、世事无常，增强客户对投保重要性的认识，加快其做出决定的速度。

案例

可以是亲身经历，也可以是自己在展业过程中遇到的、听到的，可以是发生在亲朋好友身上的，也可以是发生在陌生人身上的，案例要足够感人、发人深省

事例

从电视、报纸等途径获得的、大家熟知的事件、新闻等，如矿难、旱灾、名人英年早逝等

故事

通过阅读获得的一些古代故事、寓言和漫画等，适当时候也可以描述给客户听，但要符合当时的主题

情景88　利用危机促成签单

实景再现

客户：你怎么又跟我说保险的事情，我都跟你说过了，我对保险没兴趣。

保险销售人员：好，那我们不谈保险的事。说说最近的新闻吧。马上就要到汶川大地震两周年纪念了，最近很多地方都在搞一些活动纪念地震中遇难的人们。

客户：是啊，转眼快两年了。那么多人在瞬间死去，世事难预料啊。还有2004年的印度洋海啸，不也夺去了很多人的生命吗?

保险销售人员：没错，谁也不知道未来将会发生什么。灾难发生，此时有保险和没有投保就显出差别了。保险意识强的，早早为自己和家人购买了人身意外保险，灾难过后，还可以从保险公司获得一些理赔，加之政府救济，生活上不会受到大的影响。您当时也听到了这样的新闻吧，很多保险公司都在当地开通了理赔绿色通道，让拥有保险的企业、个人、家庭快速领到了保险金。

客户：确实如此。

保险销售人员：平安的时候，谁也不会想到会有灾难砸到自己头上。而且总是存在侥幸心理，总觉得意外不会降临到自己身上。其实，未雨绸缪才是上策。像那些没有保险的，地震发生后，只能靠政府救济和自救。这和有保险公司的保障情形肯定不一样。您说呢？

客户：对，不一样。

保险销售人员：人们都希望喜事降临，而坏事最好不要发生，即使发生也最好发生在别人身上。可是，遇到地震这种重大灾难，光有侥幸是逃不掉的。刘先生，说句您不爱听的话，您是不是也存在这种侥幸心理？

客户：嗯，确实有一点。因为保险需要缴费那么长时间，获得的保障只有灾难、事故等发生才能享受到，哈哈。

保险销售人员：这就是保险产品的特点，提前弥补可能发生不幸造成的损失。其实，这么长时间跟您接触，我知道您对保险理解得很清楚，而且这个计划我也是针对您的财务状况为您设计的，保费对您来说不成问题，您就是侥幸心理在作怪，一直不让我和你谈保险。您说，我分析得对吗？

客户：对对对，非常正确。

保险销售人员：那您也别对保险避之不及了。我们再商讨一下这个计划的细节，您看看还有什么提议。

客户：好的。我建议将保额再提高些吧，到 20 万元。

保险销售人员：可以，还有其他的吗？

……

情景分析

上述场景中，保险销售人员通过“汶川地震两周年”这一事例，说明投保和不投保的差异，让客户认识到危机时时都存在，自己存在的侥幸心理是错误的，同时对投保的重要性给予肯定，自己和家庭都要平安、快乐地活下去，那么就要尽量避免危险的发生，即使发生也要有足够的保障应对。

基于达成的共识，保险销售人员主动提出成交请求，最后客户主动提高了保额，交易顺利达成。

技巧展示

危机法促成签单

在实际销售谈判过程中，保险销售人员可以运用人们熟知的案例以及生活中发生的情况等，制造危机感，让客户感到这种危机而改变自己之前的观念，主动要求成交。

值得注意的是：保险销售人员在讲案例、叙述事件时，要自然而然地真情流露，最好这些案例、事件等都烂熟于胸，提前做一些准备，讲的时候流畅自然、朗朗上口，切忌出现结巴、得意忘形等情况。你的讲解要让客户真切意识到危机的存在和保险的重要性。

情景 89　营造氛围利于成交

实景再现

场景一：

（保险销售人员张捷被客户约到其办公室进行面谈，进入到客户的办公室后，张捷与客户打完招呼就按照其示意坐到了沙发上等待，因为办公室里还有人在汇报工作。等这人走后，张捷与客户聊了起来。）

保险销售人员：李总，我上次给您做的保险计划您看过了？

客户：看过了。

保险销售人员：那您觉得怎么样，合适不合适？还需要我再调整吗？

客户：我正要跟你说这个事情。……（客户正说呢，有人敲门，原来是请其签字的，待客户签完字，电话又响了，客户又接电话）

保险销售人员：李总，我看您这么忙，要不我中午的时候或者其他您空闲的时间再来吧，别打扰您的工作。

客户：那样也好，只是让你还得跑一趟。

保险销售人员：没关系，这是我的工作。

场景二：

（保险销售人员张芳应客户之邀，在中午休息的时候来到客户的办公室。）

保险销售人员：袁小姐，您好！以前都是电话沟通，早就想和您见面了，今天终于如愿了，哈哈。

客户：是呀。前几天看你给我做的保险计划书还不错，想跟你再仔细谈谈。

保险销售人员：好啊。（说完环顾四周，袁小姐的同事陆续回来）袁小姐，在这里方便吗？我们找个清静的地方聊吧！

客户：也行。我们去楼下的咖啡厅吧。

保险销售人员：好的。

（经过一番商谈，张芳成功地与袁小姐签下了保险合同。）

情景分析

保险销售人员与客户商谈购买保险事宜时应注意面谈场所。场景一中，由于客户很忙，双方谈话总被打断，保险销售人员提出换个时间再与客户沟通；场景二中，保险销售人员看到客户的同事陆续回来，于是建议换个地方，最终与客户达成交易。

保险谈判的成功，面谈环境在某种程度上起着重要作用。试想，在一个纷乱、嘈杂的环境中，人们哪有心思将注意力都集中在谈判上呢。所以，要像上述场景中的保险销售人员一样，善于营造利于成交的环境。

技巧展示

营造利于成交的氛围

为了营造利于成交的氛围，保险销售人员可以采用下面的办法达到目的，具体如图 7-1 所示。

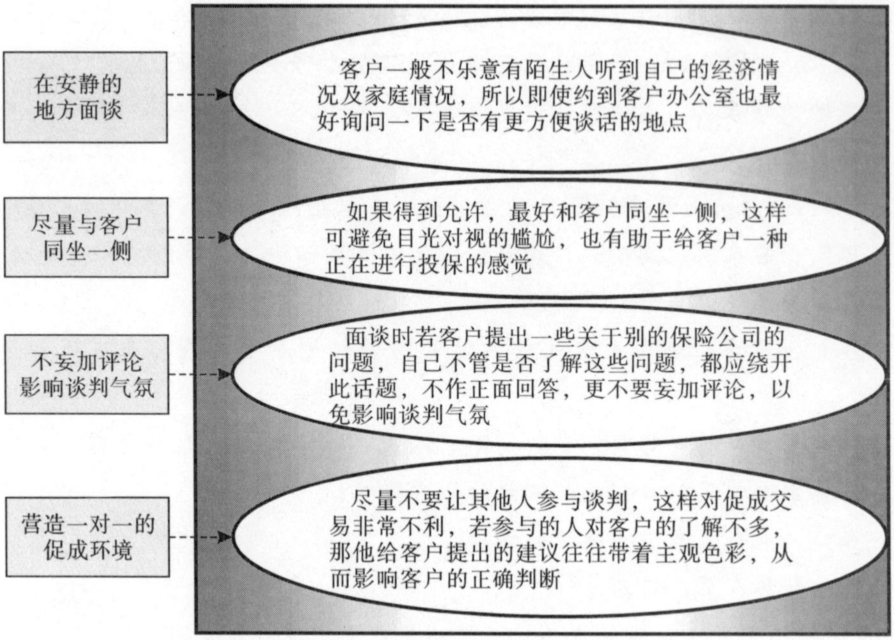

在安静的地方面谈
客户一般不乐意有陌生人听到自己的经济情况及家庭情况，所以即使约到客户办公室也最好询问一下是否有更方便谈话的地点
尽量与客户同坐一侧
如果得到允许，最好和客户同坐一侧，这样可避免目光对视的尴尬，也有助于给客户一种正在进行投保的感觉
不妄加评论影响谈判气氛
面谈时若客户提出一些关于别的保险公司的问题，自己不管是否了解这些问题，都应绕开此话题，不作正面回答，更不要妄加评论，以免影响谈判气氛
营造一对一的促成环境
尽量不要让其他人参与谈判，这样对促成交易非常不利，若参与的人对客户的了解不多，那他给客户提出的建议往往带着主观色彩，从而影响客户的正确判断

图 7-1　营造利于成交氛围的四种方法

第 2 节　巧用方法促签单

如何能让客户一锤定音呢？保险销售人员除了注意运用上述成交技巧以外，还要采用恰当的方法，就像足球场上的“临门一脚”。这个“射门”技术关系到“进球”，而保险销售人员用什么方法能够让客户对保险产品或保险计划点头称是呢？巧用方法很重要。

情景 90　直接请求法

实景再现

（保险销售人员在给客户介绍完保险计划书后，抬头看着客户。）

保险销售人员：王小姐，您还有什么不清楚的地方吗？

客户：保费怎样交？

保险销售人员：您签单时指定一个个人账户，我公司会按照您选择的缴费方式按时划走您应缴的费用。

客户：你再说一下，按季交和按年交分别为多少钱？

保险销售人员：按季缴是……，按年缴是……。（客户听了，点头后陷入沉思）

保险销售人员：王小姐，您还有其他疑问吗？

客户：暂时没有了。

保险销售人员：那我们就办手续吧。这样您就能够早日获得这份保障了。请您先把身份证给我看一下，我得在这里填一下。

客户：好的。……

情景分析

上述场景中，保险销售人员在介绍完保险计划后，客户表现出三个成交信号：询问保费如何缴、点头陷入沉思、暂时没有其他疑问。此时正是保险销售人员提出签单请求的好时机，最后成功签单。

错误提醒

错误一：不能主动提出签单要求

有些保险销售人员不敢主动向客户提出签单要求，怕被客户拒绝而破坏洽谈气氛，甚至有人觉得不好意思，羞于开口。这都是不对的。这首先表明保险销售人员对自己和自己的产品没有信心，其次是没有认清保险的实质和意义。感觉买保险是有求于人，实则不然，你的保险是给客户带来保障的，是帮助他的。

错误二：认为客户会主动提出签单要求

有很多保险销售人员会误认为，客户有需求自然会主动提出签单要求，因而总等待客户先开口，这是非常错误的。因为绝大多数客户都在等保险销售人员先提出签单要求。即使是客户主动购买，如果保险销售人员不主动提出签单要求，也难以成交。

锁定目标就要及时行动。保险销售人员在时机成熟时，一定要及时提出成交请求。不提出就是不想要订单。

技巧展示

技巧一：在客户发出明显的购买信号时，保险销售人员要用简单明确的语言直接要求客户购买，这就是直接请求法。在提出请求时，保险销售人员要做到不自卑、不紧张，语速上不快不慢，动作上也不要有大的变化。

技巧二：当客户流露出成交信号，却不愿主动提出成交请求时，保险销售人员应委婉地提出成交请求。使用“直接请求法”的常用语言示例：

1. 我们现在就可以办投保手续了，麻烦您在这里签一下字……

2. 这个计划对您来说再合适不过了，为使您能够早日获得这份保障，请在这里签个字吧……

3. 好的，如果您没有问题了，我们就办手续吧，请把您的身份证给我看一下，我填一下号码……

情景91　假设促成法

实景再现

保险销售人员：郭先生，您看，这三份的计划和五份的计划，您觉得哪个更适合您呢？

客户：我再想想。(没有拒绝，说明有购买意愿)

保险销售人员：您觉得每年花多少钱用来购买保险比较合适呢？

客户：我觉得最多不能超过6 000元。

保险销售人员：喔，那好，这个三份的保险计划正合适，每年缴费5 879元。

客户：是吗？那都有哪些保障呢？

保险销售人员：选择这个计划，您可以获得……

客户：喔。

保险销售人员：郭先生，关于付款，您是喜欢年付还是季付？

客户：年付吧。

保险销售人员：那好，请问您的身份证号码是？我给您填好保单，明天就能上报核保，您可以尽早拥有一份保障了。

客户：好的，谢谢你。

情景分析

上述案例中，保险销售人员先假设客户购买保险，让其选择三份的计划还是五份的计划，当客户说再想想时，保险销售人员通过询问了解到客户每年想在保险上的花费，向客户推荐适合客户的那个三份的保险计划，促使客户作出决定。之后通过再一次的阐述客户将获得的保障以及假定客户已经决定购买的问询，让客户同意签单。

整个过程中，保险销售人员都是在假定客户已经购买的角度讨论一些细节问题，如险种选择、保额选择、付费方式等，使得客户不好意思拒绝，无形中增强了购买的意愿，直至最后成交。

技巧展示

技巧一：假设促成法，就是在假定客户准备投保的基础上，通过讨论一些具体、细节的问题而促成交易的办法。在此过程中，保险销售人员要注意：

1. 尽量使用委婉、温和、商量的口气说出肯定的语言，让客户在心理上难以拒绝；

2. 谈话中，尽量保持原来的洽谈气氛，不要因为是要促成签单而显得急躁、没有耐心，要一步步引导客户产生购买意愿。

技巧二：假设促成法常用话术示例

您觉得您每月花费多少钱购买保险比较合适呢？

请问您需要个人养老保险还是家庭财产保险？

张小姐，关于付款问题，您是喜欢年付还是季付呢？

李大姐，请问您的身份证号码是？

情景 92　选择促成法

实景再现

保险销售人员：宋姐，这份保障计划，您觉得还有不妥的地方吗？

客户：暂时没有了。(成交信号)

保险销售人员：您选择 20 年缴还是 10 年缴呢？

客户：20 年吧。

保险销售人员：您是付现金还是选择转账？

客户：转账吧。

保险销售人员：那好，请您在这里签个字。其余的项目我帮您填好，这样，5 个工作日后您就拥有一份保障了。

客户：好的。

……

情景分析

上述场景中，保险销售人员通过两个选择问句，最终促成了交易。这就是选择促成法。即在面谈时，保险销售人员不与客户讨论是否投保的事，而是直接向客户发问，向客户提出具有可行性的选择方案，让客户二选一，把客户的选择限制在有限的范围内，让客户不知不觉变成保户。

技巧展示

技巧一：选择促成法可以帮助没有决定力、犹豫不决的客户进行交易，因为只要客户回答询问，不管他的选择如何，总能达成交易。因为问题的设置决定购买已成定局，不是让客户选择是否成交而是选择用哪种方式成交。

运用此法时，要避免客户的拒绝，保险销售人员给客户的选择一定不能超过两个，否则就增加了客户的选择范围，给了客户说“不”的机会。

技巧二：使用选择促成法常用话术示例

张小姐，您是付现金还是银行转账？

王先生，您看是选择 20 年缴还是 10 年缴呢？（季度缴费还是年缴？）

就在这里签单，还是到我们公司去签？

我是给您制订买两份的计划，还是三份的计划？

情景 93　利益诱导法

实景再现

客户：我还是考虑考虑再说吧！

保险销售人员：张先生，您的这份保障计划在缴费期内有充足的意外事故保障金，期满后又有一笔不菲的养老金，能够让您过一个无忧的晚年……

客户：可是，我现在还年轻，是不是有点早了？

保险销售人员：正因为年轻，才要买保险呢。根据您的保障额度和年龄，现在投保还可以免费体检。岁数大了，同样的保额，保费却比这要高，而且有些保险就不能投了。

客户：是这样吗？

保险销售人员：是呀，不信您咨询一下我们的客服中心。

客户：那好吧，听你的，反正早晚都得买一份。

保险销售人员：是呀，保险是现代生活的必需品。

情景分析

上述案例中，保险销售人员通过再一次阐述保险给客户带来的利益以及现在购买的好处，促使客户下定决心购买。应对犹豫不决的客户，可以采用此种方法，使保险利益在客户脑海中重现，增强客户的购买信心，此时再提出签单请求，成交的几率就会高很多。

技巧展示

利益汇总引导成交

当客户犹豫不决时，保险销售人员可以汇总阐述其险种的优点，并将投保能带给客户的利益再概述一次，借以激发客户的购买兴趣。因为，进一步强调其险种优点，使客户更加全面地了解其险种的特性，巧妙地突出购买的利益所在。使保单利益在客户的脑海中再重现一次，当然成交的可能性就会增加。

运用此法，保险销售人员要留心客户的一言一行，注意客户最关注的点，如价格、保障范围、公司信誉等，并据此有所侧重地组织自己的语言。

情景 94　“是的”逼近法

实景再现

保险销售人员：大姐，您说，每天 4 元钱的保费，您少在外面吃一顿饭就够好几天的了。

客户：也是。

保险销售人员：大姐，给孩子买了这份保险，一旦孩子生病住院，保险公司会给您报销一部分费用，可以给您减轻多少负担啊。

客户：这倒也是啊。

保险销售人员：相比给孩子买零食，我觉得给孩子一个保障更重要，您说呢？

客户：确实如此。零食吃多了对孩子不好！

保险销售人员：这份保险计划，您觉得可以吗？还有什么不妥之处？

客户：没有了。

保险销售人员：大姐，请您告诉我孩子的出生日期、姓名……

情景分析

上述案例中，在促成交易的最后阶段，保险销售人员通过四个问题，让客户对保险重要性的认识逐步加深，对于价格的异议也一扫而光，最后保险销售人员的直接请求成交成了水到渠成的事情。当然，这只是一个示例，在实际销售面谈中，谈话可能要复杂得多，但保险销售人员使用此办法，要知其精髓：根据客户的异议，由远及近、由浅入深，通过询问一步步让客户认可保险，推进销售进程。

错误提醒

错误：咄咄逼人吓走客户

运用此法时，如果保险销售人员的每一个问题都直指客户的关注点或客户不愿触及的地方，与客户的对话中，问题一个接着一个，形成咄咄逼人之势，这样就会给客户一个心理压力，或者让客户感觉自己在受审问，那么，成单几乎是不可能的。

技巧展示

巧问问题促签单

在与客户面谈的过程中，尤其是已经观察到客户有购买意愿，或者已经发出购买信号，只是客户还在犹豫，此时，保险销售人员如果通过一连串的问题能让客户持续说“是”，那么签单几率就会大大提高。

如何用一连串客户只能回答“是”的问题，促成客户下决心购买呢？保险销售人员要学会提问并选择适当的问题。具体技巧见图 7-2 所示。

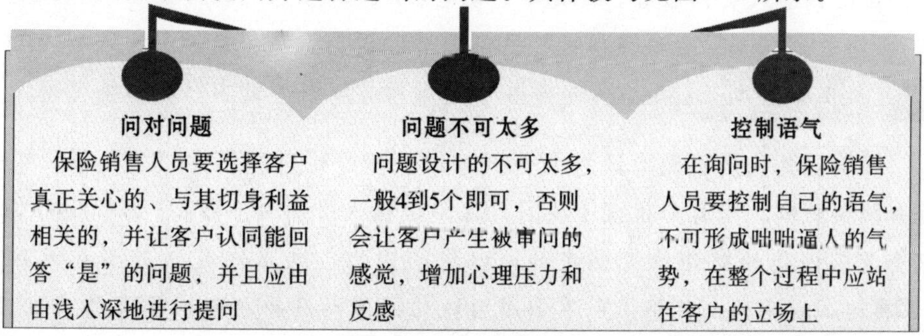
问对问题
保险销售人员要选择客户真正关心的、与其切身利益相关的，并让客户认同能回答“是”的问题，并且应由由浅入深地进行提问
问题不可太多
问题设计的不可太多，一般4到5个即可，否则会让客户产生被审问的感觉，增加心理压力和反感
控制语气
在询问时，保险销售人员要控制自己的语气，不可形成咄咄逼人的气势，在整个过程中应站在客户的立场上

图 7-2　巧问问题的技巧

情景 95 激将促成法

实景再现

（保险销售人员在与某位客户联络了一段时间以后，通过对客户的了解，为客户量身制定了一份保险计划书，并与客户约好时间，给客户送了过去。经过一番寒暄之后，双方的交谈进入正题。）

保险销售人员：李总，我根据您个人的财务情况，为您设计了这份计划书，您先看一下。

客户：好的。（李总开始仔细翻看这份建议书，并不时问一些问题）太贵了吧，每年要缴 2 万元的保费……

保险销售人员：李总，我给您设计的是××险，您每年缴 2 万元，可您 15 年后将获得……，而且每年……，生病住院还有每天……的住院补助；保险，买的就是保障，不仅给自己，也给家人一份安心。

客户：嗯，这样算起来还可以，不过我还是觉得贵了……（客户还在犹豫）

保险销售人员：李总，这个计划书我完全是根据您的财务状况制定的，以您的实力，这点钱我相信不成问题，而且像您这么顾家的人，相信也不会因为钱的问题而选择放弃对家庭的责任吧，况且这点钱对您来说确实不成问题。

客户：这个……也是，那好吧，我就按照这个计划投保吧，相信你小子一回，哈哈。

保险销售人员：哈哈，还是李总明智。

情景分析

保险销售人员将保险计划书交给客户，客户看过之后并没有拒绝，说明其有购买意向，当客户犹豫不决时，保险销售人员适时一激，“这个计划书我完全是根据您的财务状况制定的，以您的实力，这点钱我相信不成问题”、“像您这么顾家的人，相信也不会因为钱的问题而选择放弃对家庭的责任吧，况且这点钱对您来说确实不成问题”，让客户听了心里既能接受，也放弃了犹豫，最终决定签单。

争强好胜是人的本性，保险销售人员如果善于把握这一特点，在适当的时候使用激励的语言，激发客户的购买意愿，促使客户下定决心，也是促成签单的重要方法之一。

错误提醒

语言过激引反感

保险销售人员：李总，以您的实力，这点钱算什么？每年区区 2 万块，对您来说还不是小菜一碟！

客户：话不能这么说，我的钱也是辛辛苦苦赚来的，花也要花得明白、有价值。

保险销售人员：您说得是，不过，像××公司的张总，前天刚在我这签了合同，一签就是 100 万元保额的，您不比他厉害。

客户：哈哈，我没有他厉害。这保险还是算了吧，太贵了。

保险销售人员：李总，您再考虑考虑吧。

客户：不用考虑了，就这样吧。

保险销售人员几句不当言辞，引起了客户的反感，签单成为泡影。

技巧展示

技巧一：适当运用激励语言，促使准客户下定购买的决心是激将促成法的精髓所在。但是，在使用激将法时，保险销售人员要注意以下三点

- **对象要选准**：用以激将的对象要选准，如客户的财力、相对比的对象等，都要选取客户比之相当或略逊一筹的事项进行
- **语言要讲究**：激将语言既要防止“过”，又要避免“不及”，要让客户听起来感觉合情合理、易于接受，而不能引起客户反感
- **态度要把握**：用此法时，保险销售人员的态度要温和，最好口气上非常轻松，自然而然地流露，不要让客户感觉到你很着急签约、是为了签约而使用的招数等

技巧二：激将法促成签单的常用话术示例

您这么顾家的人，相信不会为每年这笔小钱的支出放弃对家庭的责任吧？况且，这些钱对您来说，相信不会有问题的。

程总他们都买了保险，以您的能力，我相信只能买比他们保障范围更高的……

情景 96　参与成交法

实景再现

保险销售人员：大妈，您看看，这种保险比较适合您这个年龄的人。您一个人保了险全家人都安心，以后如果看病住院都能向保险公司申请。

客 户：是啊，你这么一说我想起来了，隔壁的刘大嫂就是，一大把年纪了天天吃药看病，动不动就住院。上次住院都花了好几万了……我还真得考虑考虑这事。(购买信号)

保险销售人员：是啊。

客户：儿女们虽然孝顺也不能天天守在身边啊，总不能不工作就在家伺候她吧，你说这事闹的。

保险销售人员：对啊。

客户：还有啊，对面楼上的王老爷子，上个月做了个手术，花了 8 万元，结果保险公司就给付了 90%。自己掏了 1 万元都不到。

保险销售人员：嗯，您看王大爷就有先见之明。

客户：我也在琢磨，我都这把年纪了，如果真有个三长两短的可怎么办啊。

保险销售人员：嗯。

客户：如果一下子去了还好说，就怕拖累儿女。

保险销售人员：哎，可不是么。

客户：小陈啊，就给大妈挑一个合适的保险吧，大妈相信你！

保险销售人员：好啊，大妈。您看这款产品，……我给您做了一份保险计划建议书，您看看，有什么不妥的，咱们再商量……

（最终，大妈与保险销售人员小陈签订了一份10万元的保单。）

情景分析

上述案例中，保险销售人员先告诉客户投保的好处，使客户想起周围一些人的情况，进而想到自己也已经是一把年纪的人，有了投保的意愿；随后，保险销售人员给客户看自己为其设计的保险计划书，并与客户商讨计划书的可行性和适用性，让客户参与其中，最终签单成功。

整个过程中，保险销售人员认真倾听客户的叙述，顺着客户的思路，引导客户重视保险，直到客户下定决心购买保险，此时保险销售人员又让客户参与保险计划书的商讨。成功之道在于保险销售人员让客户自己参与保险重要性的讨论，参与计划书的制定，而不是向客户一味地推荐。

技巧展示

让客户参与其中

保险销售人员在最后促成阶段，可以让客户参与其中，在不知不觉中支配客户的意志，最后达到成交的目的。

保险销售人员可以让客户参与以下事项，具体如图7-3所示。

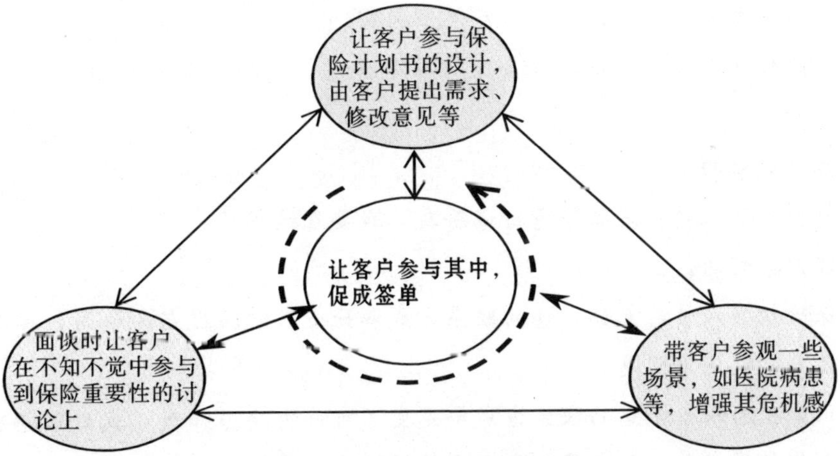

让客户参与保险计划书的设计，由客户提出需求、修改意见等
让客户参与其中，促成签单
面谈时让客户在不知不觉中参与到保险重要性的讨论上
带客户参观一些场景，如医院病患等，增强其危机感

图7-3 让客户参与成交的方法

第7章 缔结成交有方法

第3节　签单细节多注意

客户终于决定签单，然而保险销售人员此时更要注意一些细节问题，如填表要正确，不能紧张，更不能喜形于色，还要对客户表示感谢并道贺等。如果不注意这些小纰漏，很有可能“让煮熟的鸭子飞了”，或者给客户留下不良印象，影响以后的关系或合作。

其实，促成签单只是销售流程中一个简单自然的步骤而已，保险销售人员不必有任何的压力。如果前期的每一件事都做得切中要领，签单就是水到渠成的事，没必要紧张慌乱。

情景97　从容签单客心靓

实景再现

（经过一番努力，客户终于同意签单，保险销售人员从包中拿出保单放在桌上，一边与客户聊天，一边填写保单内容。）

保险销售人员：大妈，这份保障非常完善。我现在给您填好，以便申报核保。

客户：好的。

保险销售人员：请您将身份证给我，我要在这里填一下。

客户：好的。

保险销售人员：大妈，您的联系方式和地点我就按现在的填写，可以吗？

客户：嗯，没问题。

保险销售人员：您的联系方式要是变了可一定要通知我，我好帮您更改，以便给您邮寄发票、贺卡等，我也能随时联系到您。

客户：好嘞，我知道。

……

保险销售人员：表已经填好了，大妈，您在这里签个字……

保险销售人员：大妈，目前的手续已经办完了。刚才我跟您说过，核保还需要您的一个体检报告。您去我公司指定的医院体检就成。我回去落实一下，等体检时间确定了我给您打电话，到时候我陪您去。

客户：行、行！

保险销售人员：好的，那就这样，恭喜您又多了一份保障，也谢谢您对我工作的支持！

客户：也辛苦你了。谢谢！

保险销售人员：大妈，那我就先走了，赶紧回公司给您办理投保手续。回头我跟您联系。再见！

情景分析

客户同意签单是十分高兴的事情，此时，保险销售人员更要注意自己的言行，要表现得从容不迫，让客户放心、安心，并对自己的购买决定坚定信心。上述案例中，保险销售人员在客户同意签单后，拿出事先准备好的保单，逐项填写，一边写一边与客户聊天，整个过程轻松愉快、有礼有节、从容自如，客户心里高兴，事情也进展得很顺利。

错误提醒

错误一：表现过于喜悦

如果客户同意签单，保险销售人员事前没有作好准备或者表现得过于喜悦，那么很可能使“煮熟的鸭子飞了”。

客户：那好吧，我就选这个险种吧，外加一个意外险。

保险销售人员：真的吗？（眼睛睁大，表现出不相信的样子）太好了（缓过神后手舞足蹈）！

客户：不至于吧！（面露不悦）

保险销售人员：您选择这款产品真英明，这是我们最近最受欢迎的一个险种……（一边说一边从包中找保单，手忙脚乱）

客户：你慢慢找，不着急！（言语中透出不高兴）

保险销售人员：实在对不起，张先生，今天我没有带空白保单，明天您有时间吗？我再过来跟您办手续。（保险销售人员满头大汗）

客户：那就不用了，以后再说吧！（改变主意，拒绝合作）

保险销售人员：为什么呢？

客户：你这样慌乱，丢三落四的，保单都没准备好，分明没把我当客户看。

错误二：话语引起客户不满

一位保险销售人员在跟客户达成合作后，填完保单，为了表达自己的一点心意，说出了下面的话。

保险销售人员：小姐，谢谢您对我的信任。这回，您丈夫多了一份保障，您也就更安心一些了吧？

客户：你这话什么意思？

保险销售人员：没什么意思，就是感觉您为丈夫购买了这份保险，您的心也踏实了。

客户：就好像我盼着我丈夫出事好领取一笔保险金似的。你这人真不会说话，算了，刚才的保单你撕毁吧，我收回我的决定。

（保险销售人员愣在那里，不知所措。）

上述场景中，保险销售人员的一句话导致客户反悔，放弃合作，使得前期工作功亏一篑。

技巧展示

注意客户同意签单后的四个细节。

听到客户同意签单后需注意的四个细节

绝不要慌张

不论是填写保单还是收取保费，都不要表现出慌张、紧张的情绪，否则会引起客户怀疑，担心自己的决定是错误的或者保险销售人员是冒牌的等

不要过于表露喜悦

在交易成功后，要极力隐藏自己内心的喜悦，不要给客户留下“很得意”的印象，这样会导致客户反感

事先准备好投保书和收据

有经验的保险销售人员坐下来与客户谈话之时，应把所有资料都按照顺序摆放在客户面前，抓住机会适时促成，以投保书和收据进行试探，给客户留下一种专业的印象

不可与客户争辩

客户同意成交，也可能会有抱怨或一些异议，此时保险销售人员要保持理智，不可争论，更不可贬斥客户，因为即使自己再有理由，争辩求胜也没有任何价值

情景 98　保单填完要道贺

实景再现

（一位客户同意签单后，保险销售人员陈平认真填好了保单，然后站起来与客户亲切握手。）

保险销售人员：李先生，谢谢您对我的信任，也祝贺您又多了一份保障，也给全家人带来一份安心。有您这样一位好父亲、好丈夫，做您的家人真是幸福啊！

客户：呵呵，我也要感谢你，为我的事情让你辛苦了！

保险销售人员：不客气，这些都是我应该做的。

客户：保单什么时候能好呢？

保险销售人员：李先生，这个您放心。今天回去我马上把您的投保资料和保费上交公司，我们公司核保很快的。以您的情况，估计很快就能批下来。保单下来后我再给您送过来。

客户：那太好了，谢谢你。

情景分析

保险销售人员向客户表示感谢及祝贺，会让客户非常高兴，对自己的购买决定感到非常满意。这为以后双方的交往，奠定了良好的基础。

签单结束，保险销售人员向客户表达谢意，能够给客户留下深刻的印象，而且会在一定程度上更加信任保险销售人员；向客户表示祝贺也应是保险销售人员签单成功后必须要做的，因为保险是一种特殊商品，它能够给客户带来远期利益保障，如果不出意外，客户近期是感受不到它的好处的，因此向客户表示祝贺可以在某种程度上加强客户对自己所作的决定的信心，同时还能使客户对保险销售人员产生信任感。

错误提醒

错误一：不知感谢

很多保险销售人员不知道感谢客户，签单结束就好像完成了自己的一个任务似的，按部就班填好保单等后就匆匆离开，其实这样会让客户产生失落甚至后悔成交的心理，失去对保险销售人员的好感，那么续保、让客户转介绍等情形将很难发生，这也是很多保险销售人员得不到更多客户的原因。

错误二：感谢过头

有些保险销售人员在与客户签单后，由于激动或其他原因，向客户表示感谢时有些过头，表现得感激涕零，让客户不知所措，或者可能使客户对自己的购买决定和保险产品产生怀疑，这样就得不偿失了。

技巧展示

技巧一：客户同意购买，一旦保单填写完毕，双方签字后，保险销售人员应做好以下三件事，具体如图 7-4 所示。

表示谢意

- 感谢客户能在百忙之中抽出时间进行商谈，感谢客户给予自己的帮助
- 表现要得体，过头和不及都不适宜，没有必要表现得感激涕零

赞赏道贺

- 以适当的方式或语气赞美客户做了一个不错的选择或者明智的决定
- 向顾客表示祝贺拥有一份保障（给全家增添了一份保障）

向客户保证

为表示对客户负责和对客户利益的关注，保险销售人员应主动向客户保证：如果客户有什么问题或要求，可随时通知保险销售人员，保证随叫随到或全力帮助解决

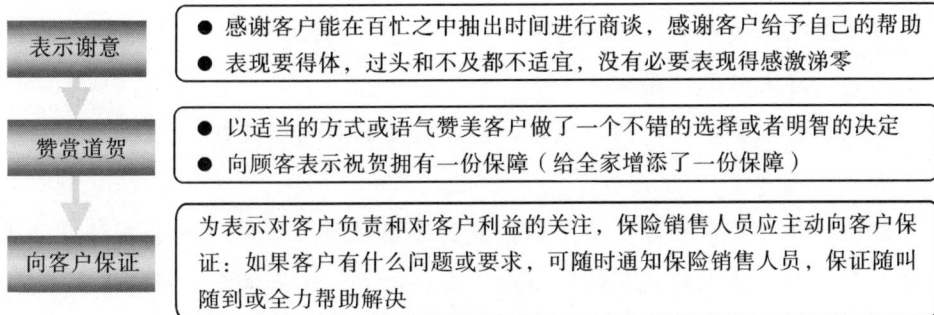

图 7-4　签单后应做的三件事

技巧二：拥有感恩的心就能得到更多的客户

保险销售人员要有一颗感恩的心，不论说服客户的过程有多么艰难，也要感谢他能给自己一个成交的机会；即使是遭到拒绝，也要感谢客户让自己又经历了一次磨炼，向着成功又迈进了一步；保险销售人员要养成感恩的习惯，懂得去感谢客户为你所付出的哪怕一点点帮助，感谢那些在成功的道路上帮助、支持你的客户和朋友。只有这样，客户才会源源不断。

情景 99　有礼有节来辞别

实景再现

（一位保险业务员与客户办妥一切手续后，起身与客户握手，向客户表示祝贺与感谢，然后及时请求告辞。）

保险销售人员：王小姐，谢谢您对我的信任。也祝贺您又多了一份保障和收益。

客户：呵呵，不客气，我也要感谢你啊。

保险销售人员：不客气，这些都是我应该做的。

客户：保单什么时候能好呢？

保险销售人员：王小姐，这个您放心。今天回去我马上把您的投保资料

和保费都上交公司，我们公司核保很快的。以您的情况，估计很快就能批下来。保单下来后我亲自给您送过来。

客户：那太好了，谢谢你。

保险销售人员：王小姐，您看，您还有没有其他疑问？

客户：没有了。

保险销售人员：那好，王小姐，我就不打扰您了，赶紧回公司给您递交投保材料。如果您有什么事情可随时给我打电话，我保证全力解决您的事情。

客户：好的。如果有变动也请随时告诉我。

保险销售人员：好的。再见了，王小姐！（与王小姐再次握手，王小姐送其出门）

保险销售人员：请您留步！再见！（一边说，一边挥手，离开）

情景分析

上述案例中，与客户办理完投保手续后，保险销售人员除了向客户表示感谢和道贺外，应主动问询客户有没有其他疑问，在得到客户的回应后主动告辞。这样能够给客户留下深刻印象，坚定客户的购买信心，为下一次的沟通、接触奠定了良好的基础。

错误提醒

错误一：无视客户的时间，与客户闲聊

（一名保险销售人员为客户填写完保单后，开始跟客户闲聊起来。）

保险销售人员：王小姐，您可真年轻，一点也不像30岁的人。

客户：谢谢。

保险销售人员：您爱人是做什么的呢？

客户：我还没结婚呢。

保险销售人员：哦，我说您的保险受益人是您的父母呢？

客户：是呀。

保险销售人员：王小姐，那您可得抓紧了！

客户：这是我个人的事情，好像和我刚才买的保险没有什么关系吧！（恼怒地）我一会要出去一下，改天再聊吧。

保险销售人员：好吧。您放心，我会经常给您打电话的。

客户：没事最好别给我打电话。

上述场景中，保险销售人员签单结束后没有主动告辞，而是跟客户聊起了其个人的感情问题，引起了客户的反感，最后下了逐客令，保险销售人员只能灰溜溜地离开，而且存在丢单的危险。

错误二：把客户的客套当真

保险销售人员：王先生，保单在24小时之内就能生效，如果您没有其他问题，我就告辞了。

客户：不用急着走，再坐会吧！

保险销售人员：不了，我还有事情。（虽然这样说，但是还坐在座位上，没有走的意思）

客户：反正也是中午了，要不你就在这吃午饭吧！（提醒已经到午餐时间了）

保险销售人员：王先生，您真客气，那我就尊敬不如从命了。

客户：没什么。（虽然这么说，但是客户只能给助理打电话再定一份工作餐）

客户的挽留多半只是一句客套话，保险销售人员要依据当时的情景、与客户的熟识和了解程度决定是否在签单后多呆一会儿，否则最好尽快离开，不要过多打扰客户，这样不但会给客户增添麻烦，还会给人留下不懂礼貌的不良印象。

错误三：常识性的错误

交易成功，保险销售人员不要因过度兴奋或情绪激动而犯一些常识性的错误，以下三种常见的错误，保险销售人员要尽量避免。

得意忘形	交易达成，所以有些保险销售人员在成功签单后会得意忘形，甚至目空一切，这些都是客户最为忌讳的，客户往往因反感而后悔作出购买决定，这样不但使成功的交易毁于一旦，而且事后再难推销成功
惶恐不安	有时候保险销售人员因深感成交不易或勉强，害怕客户会变卦，因此神色慌张，没有礼貌辞别就急欲离开。其实这种行为很容易引起客户的猜疑，以为自己上当受骗，进而后悔自己的购买决定
没有礼貌	在成交之后，有些保险销售人员可能会变得狂妄，不向客户道谢就匆匆离开，甚至连门都不关，这样也会给客户留下极坏的印象，影响以后的长期合作

技巧展示

告辞讲礼貌

保险销售人员向客户告辞时要讲求礼貌，以便给客户留下一个好的印象。礼貌告辞的具体要求如图 7-5 所示。

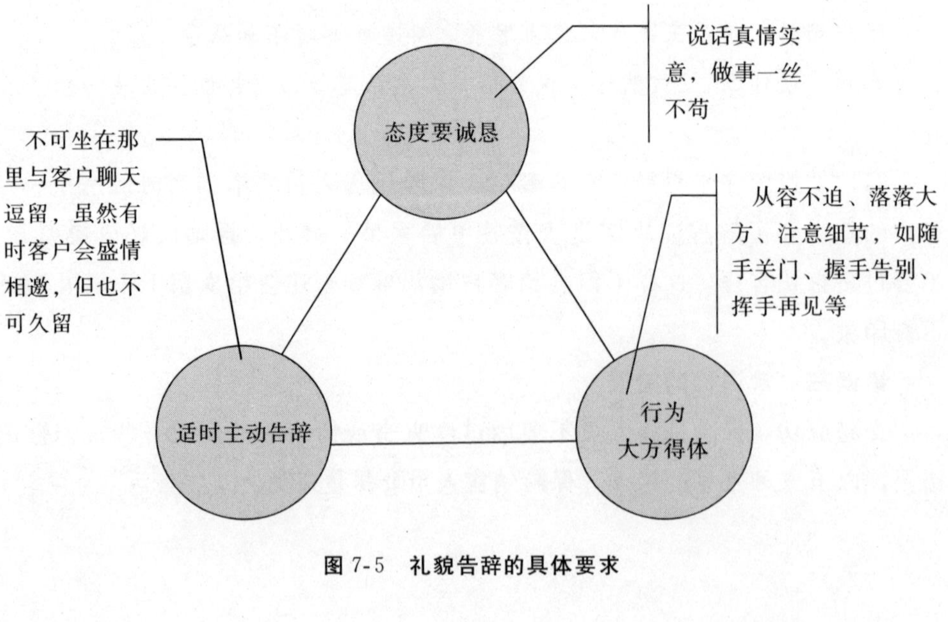
态度要诚恳
说话真情实意，做事一丝不苟
适时主动告辞
不可坐在那里与客户聊天逗留，虽然有时客户会盛情相邀，但也不可久留
行为大方得体
从容不迫、落落大方、注意细节，如随手关门、握手告别、挥手再见等

图 7-5　礼貌告辞的具体要求

第 8 章　利用服务业绩增

良好的售后服务关系着续交率与契约品质，更关系着保险业务的进一步拓展。因此，优秀的保险销售人员必须为客户持之以恒地提供周到的服务，不断创造一个更大的“人脉链”，才能使自己的保险事业更上一层楼。

如何利用服务使自己的销售业绩逐步提升呢？保险销售人员在为客户提供售后服务的时候要注意以下四个要点，具体如图 8-1 所示。

提高满意度

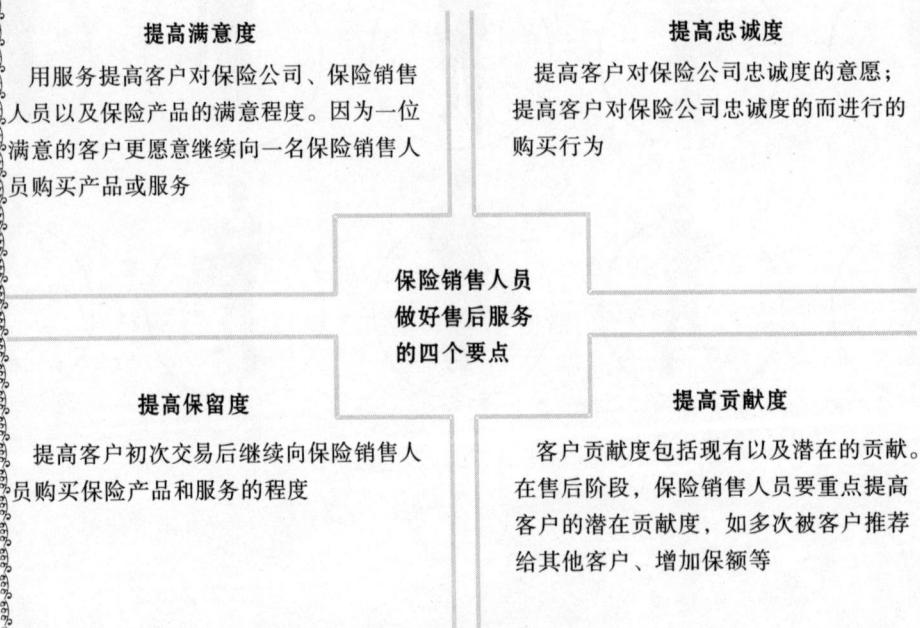

用服务提高客户对保险公司、保险销售人员以及保险产品的满意程度。因为一位满意的客户更愿意继续向一名保险销售人员购买产品或服务

提高忠诚度

提高客户对保险公司忠诚度的意愿；提高客户对保险公司忠诚度的而进行的购买行为

保险销售人员做好售后服务的四个要点

提高保留度

提高客户初次交易后继续向保险销售人员购买保险产品和服务的程度

提高贡献度

客户贡献度包括现有以及潜在的贡献。在售后阶段，保险销售人员要重点提高客户的潜在贡献度，如多次被客户推荐给其他客户、增加保额等

图 8-1　保险销售人员做好售后服务的四个要点

第1节　日常维护暖如流

冰冻三尺非一日之寒，保险销售更是如此，需要保险销售人员一如既往地为客户提供服务，使客户更加认同保险公司以及保险产品，进而成为“回头客”或成为保险销售人员事业的推动者，为其带来丰富的客户资源。

情景100　递送保单

实景再现

（客户的保单通过审核后，保险销售人员要及时与客户电话预约递送时间，不要拖延。与客户约好后还应按照约定的时间、地点准时赴约，同时做好保单的解释工作。）

保险销售人员：张姐，您好！恭喜您为自己和家人购买了这份保险，您真有远见，能够考虑未来的风险，居安思危，一般人通常不会考虑到这些。

客户：那也得感谢你给我推荐这么好的保险产品。

保险销售人员：哈哈。不过剔除经济上的原因，不是所有人都能够成功投保寿险的，只有客户在健康、道德、财务的条件全部通过后才能买到，所以您的保单能顺利承保，说明您的健康、道德、财务情况都非常好啊！（边说边掏出保单，并打开，摊到客户面前）

客户：哪里，你过奖了。

保险销售人员：张姐，我给您解释一下保障范围及一些细节问题吧。

保险销售人员：刚才我所讲的这些，您还有什么需要我再详细解释吗？（直视客户、等待回答）

客户：没有了。

保险销售人员：好，如果您没什么问题，我就正式将这份保障交给您，非常感谢您一直对我的信任，请在这儿签收（拿出保单送达书回执及发票给客户）。如果将来对保单有任何不清楚的地方，您随时都可以联络我；如果公司有任何最新资料，我也会及时通知您。

客户：好的，谢谢。

情景分析

保单是保险契约的凭证。就人们的购买心理而言，只有拿到保单并确认无误后，心里会真正踏实下来，因此保险销售人员一定要及时递送保单并详细向客户解释有关条款及客户的保障范围等。

就像上述场景中的保险销售人员，保单制作完成后及时拜访客户、递送保单。见面后，先赞美客户让其获得心理满足，然后为客户详细讲解保单中的内容，直到客户没有疑问为止，给客户留下了良好的印象，也在客户心中建立了良好的信誉。最后，保险销售人员向客户保证：有问题可随叫随到以及会传递最新公司产品信息给客户，为下一次沟通及实现再次销售都奠定了良好的基础。

错误提醒

错误一：不给客户解释保单内容

保险销售人员：张姐，您好！恭喜您为自己和家人购买了这份保险。这是保单，给您，这是第一次缴费发票。

客户：好的。（客户接过保单和发票，开始翻看保单内容）

保险销售人员：张姐，您先在这个“保单送达书回执”上给我签个字。保单您回头慢慢看，有什么问题再给我打电话。

客户：这么着急。（一边签字一边嘟囔）

保险销售人员：好的，谢谢您，张姐，再见！（说完，转身就走）

保单送达后，保险销售人员只顾完成自己的工作，不顾客户的感受，没有提供相应的解释说明服务，也没遵循应有的礼仪，客户虽已签单，可心里也不会舒服，那么以后再次合作或给保险销售人员提供帮助的可能性就很小了。

错误二：递送不及时引起客户反感

客户：小王，我的保单什么时候下来？你上次不是说几天就好吗？

保险销售人员：哦，是陈小姐啊，我现在不在公司，等下午我回去给您查一下，然后打电话给您！

……

保险销售人员：陈小姐，我刚才给您看过了，您的保单已经出来了，恭喜您又多了一份保障。改天有时间我给您送过去。

客户：好的，谢谢！

（过了几天，陈小姐还不见销售人员将保单送过来，就又给小王打电话，结果他没接电话。此时陈小姐就起了疑心，这样就更加着急，于是给保险公司打电话投诉，要求退保。保险公司让小王赶紧跟客户解释。）

保险销售人员：陈小姐，实在对不起，这些天我竟忙着拜访其他客户了，忘记将保单送过去了，您别生气……

客户：你自己亲自承诺的事情都办不到，而且我同意投保之前，你可比这热情多了。连送保单这样的事情你都能忘，那以后我要是真出了事需要理赔，得等多长时间呀？你这就是不负责任……

（不管保险销售人员怎样道歉，客户都坚持退保，并让小王退回保费。）

递送保单，是成交后保险销售人员为客户提供的第一次服务，是能否获得客户信任的一个重要依据。如果保险销售人员不能及时递送保单，势必引起客户的焦虑、怀疑，甚至退保。所以保险销售人员切不可忽视此项工作，千万别拖延。

技巧展示

技巧一：保险销售人员一定要重视递送保单工作，及时将保单送到客户手中，并进行相应的讲解。绝对不能有“反正他已经交了钱，什么时候送没关系”、“我忙自己的，有时间再去送，反正他已经知道保单出来了”等这些不负责任的想法。

技巧二：成功递送保单，保险销售人员要按照以下步骤进行。

检查保单	检查保单有无错误，内容包括名字、身份证号、保险金额和投保险种等
客户资料记录	将客户资料输入计算机或写入档案卡，以便做好售后服务等工作
准备工作	准备封套，并将名牌贴于保单封套上醒目的位置；准备好包括现有保单在内的全盘保障计划，制定综合需求计划表，以便在交付保单时顺便说明已实现的保障部分，提示日后需追加的保障部分；可在封套内放一张缴费提示卡及带有公司特色的小礼品
约拜访	电话约定递送保单的时间
递交保单	递送保单时，可先向客户表示祝贺，然后对保障范围和条款进行解释。在解释时，既要呈现保单的功能，也要注意提及除外责任和保全知识等
要求转介绍	在给客户递送保单时，向客户索取转介绍名单，成功的几率会很高。这时，客户的心情会很放松，对你也开始信任，所以不太会拒绝你的要求

情景 101　适时联络

实景再现

情景一：表达谢意

保险销售人员：赵姐，您好！我是张芳，××保险公司的寿险顾问。

客户：哦，听出来了，最近还好吧，业务做得怎么样？

保险销售人员：还好，多亏像您这样的老客户的照顾和支持。

客户：不客气。

保险销售人员：赵姐，您上次给我介绍的那位彭总，也在我这里投保了。哈哈，真是太感谢您了。

客户：哈哈，是吗？挺好的。不过你也别那么客气，主要还是你人好、你们的产品也好。

保险销售人员：让您这么一说，我更有信心了。改天一定登门拜访，亲自谢您！

情景二：传递信息

保险销售人员：李经理，您好，我是张芳，××保险公司的寿险顾问。

客户：是你呀，哈哈。

保险销售人员：您最近怎么样？目前汽车市场火爆，您的生意也越做越大了吧？

客户：还好。

保险销售人员：李经理，我们公司最近推出一款新的保险产品，叫做××险，我仔细分析了一下，比较适合您购买，正好作为您上次购买的××险的补充，相关资料我给您发过来，您先看看？

客户：好的，你发到我的邮箱吧，我先了解一下。

保险销售人员：好的，我马上发，您注意查收。身体是革命的本钱，您别光顾着工作，一定要注意身体啊。

客户：好，谢谢！

情景三：节日祝福

保险销售人员：张总，您好，我是××保险公司的寿险顾问张芳。

客户：你好。

保险销售人员：春节就要到了，提前给您拜个年，祝您新春愉快、合家欢乐！

客户：谢谢！

保险销售人员：这个春节，您打算去哪里玩啊？

情景四：送去问候

保险销售人员：程姐，您好，我是××保险公司的寿险顾问张芳。

客户：你好。有什么事吗？

保险销售人员：没有。就是好久没见您了，问候一下，哈哈。马上入冬了，天气越来越冷，您要注意防寒保暖，注意身体健康。

客户：谢谢！

情景分析

以上四个场景，都是保险销售人员在售后服务时应该做的，获得帮助要及时向客户表达谢意、公司有新产品或活动信息等要及时传递给客户、遇有节假日不忘送上祝福以及适时的打电话问候等，只有这样，保险销售人员才能和客户的关系越来越紧密，那么保险销售人员的付出必将获得丰厚的回报——更多的客源，这也就达到了保险售后服务的最高境界。

错误提醒

成交后即没有了音信

有些保险销售人员会错误地认为：成交了就万事大吉，有关事项已经跟客户交代清楚，而且保单上也写得很清楚，没有必要再跟客户联系，况且，客户有问题会找自己的，因此，给客户送完保单后溜之大吉，将自己的精力转到开发新客户中去，不再主动跟老客户联系。其实这就大错特错了，适时地跟老客户保持联络，成交后继续提供优质的服务有百利而无一害。实践证明，开发新客户的成本是服务老客户的五倍。

技巧展示

技巧一：做好服务，保单无忧

售后服务对保险销售人员来说是相当重要的环节，如果能够享受到优质的售后服务，则签了单的客户可能成为“回头客”，增加保额或者增添险种，或者将自己的亲朋好友介绍给保险销售人员，因为人们总愿意将好东西与别人共享。因此，保险销售人员应定期与客户联系，一个电话问候、一个别致的新年礼物、一个短信祝福等，都可以让客户记住你、信任你、喜欢你，你也就不必再为每月没有保单而发愁了。

技巧二：采用不同形式与客户适时联络

适时与客户联络，保险销售人员应该采用适当的形式，避免造成不必要的麻烦，具体如表 8-1 所示。

表 8-1　与客户联系的目的与沟通方式说明表

联系客户的目的	应采用的适当方式
问候	短信、电话、电子邮件
祝福	短信、电话、电子邮件、贺卡、生日卡
传递信息	电话、电子邮件、网上聊天工具
表达谢意	电话、信函、网上聊天工具、邀请客户参加活动或吃饭等
回访	电话沟通、上门拜访等

情景 102　登门拜访

实景再现

场景一：

保险销售人员：张先生，您好！我是××保险公司的寿险顾问张芳，您还记得我吧？

客户：记得，记得，好久没有你的消息了。

保险销售人员：是啊，今天我正在你们公司这边，一会儿我过去看您啊？

客户：好的，好的，过来吧！

保险销售人员：谢谢张先生。

（保险销售人员依约登门拜访客户，并给客户及其下属员工带去了冰激凌，结果，这天下午，张芳又成功地签了两个订单。）

场景二：

保险销售人员：李姐，您好！我是××保险公司的寿险顾问张芳，您最近好吗？

客户：挺好的。

保险销售人员：最近天气转凉了，您要注意身体，您的老寒腿要注意保暖。

客户：嗯，谢谢！这丫头比我的女儿都强。

保险销售人员：哈哈，李大姐，这是我应该做的。另外，我们公司新推出了一个险种，我想给您带过去看看，请您给我们提提意见。

客户：好的。你过来吧。什么时候？

保险销售人员：今天下午吧，您方便吗？

客户：好的，没问题，我也正好有问题要问你。

保险销售人员：好，到时候见面聊。

情景分析

上述两场景中，保险销售人员都是在和客户签约后仍与客户保持联系，制造各种理由获得登门拜访的机会，满足客户“受到关注”、“被重视”的心理。这种服务方式，不但能够使彼此间的关系日益加深，保险销售人员还能在拜访中结识新朋友、获得转介绍名单等。

错误提醒

错误：承诺不兑现

有些保险销售人员在与客户签完保单后，也知道与客户保持联系，送去问候、祝福等，有时候在沟通中，承诺去看客户，结果总是爽约。比如电话中说“张先生，改天我过去拜访您”、“李大姐，抽空我过去看您”、“王小姐，有时间一定过去向你请教”这样的承诺总是说，却经常不兑现，久而久之，失去了客户的信任，自己也不好意思再与客户联络了，结果可想而知。

技巧展示

技巧一：做好售后服务，客户下次便会再选择这家保险公司，选择和你合作，因此保险销售人员可以从已买的保单入手，有空就约客户，去客户家坐一坐、聊一聊，顺便带一些行业信息，赢得“回头客”；或者到他们的办公室去，这样还可以认识他们的同事，索取转介绍名单，慢慢地就会形成“人脉链”，扩大自己的展业资源。

技巧二：登门拜访客户，保险销售人员不要让客户觉得自己是有目的的，尽量不要占用客户太多时间，也不要花费太大，同时可以选择如下时机上门。

1. 客户对保单产生新的疑问或者需要办理有关变更手续时
2. 客户生病在医院或家中休养时
3. 客户转换工作、自己或子女结婚、生了宝宝时
4. 客户生日、过年过节等
5. 客户发生意外事故时

情景 103　接受咨询

实景再现

场景一：

客户：你是张芳吗？我是彭×，你的客户。

保险销售人员：您好，彭姐，有什么可以帮到您？

客户：我给你们留的那个缴保费的账户，那张卡丢了，所以账户得变一下。怎么办呢？今年的缴费日期马上就要到了！

保险销售人员：彭姐，您不用着急。缴费有三个月的宽限期，变更缴费账户要办理变更手续，我抽时间过去给您办。

客户：晚交几天没有滞纳金吧。

保险销售人员：没有，您放心吧，三个月之内交上就行。您看您哪天方便，我过去找您？

场景二：

客户：张芳，我是王×，你的客户。

保险销售人员：王姐，我听出来了，您有什么事情，这么着急？

客户：我闺女病了，这几天就花了 2 000 多元，你们能给报销吗？

保险销售人员：王姐，您别着急。请容我问您几个问题，好吗？

客户：好的，你说。

（询问孩子的病情以及花费情况）

保险销售人员：王姐，按照您为孩子购买的保险合同约定，保险公司可以给您报一部分，王姐，那些付款凭证您都留好，明后天我就过去给您办这个事情。到时我再约您。

客户：好的。

情景分析

在保险期内，客户经常会提出一些问题，像上述场景中一样。客户的问题各种各样，保险销售人员要及时解答、快速反应，给客户一个满意的答复，并及时为客户解决实际问题，赢得客户的感激与信任。

错误提醒

错误：推脱责任惹不满

客户：张芳，你抽时间过来一下，我要办一下地址变更手续。

保险销售人员：李姐，不用那么麻烦，你直接给我们的客服热线打电话，就可以了。

客户：那样行吗？再说，语音提示非常麻烦。

保险销售人员：没问题，客服就是做这些工作的。而且，我这几天很忙，可能没时间过去，所以您还是给客服打电话吧。

客户：你怎么这样对待客户啊？我要投诉你。

虽然客户的这个要求可以通过客服中心解决，但对保险销售人员来说，也是举手之劳，可以在电话中解决（电话中问清客户变更后的地址，然后抽时间去公司办一下，这样就不会让客户懊恼了），但是上述场景中的保险销售人员却坚持让客户打电话给客服中心，客户不生气才怪呢。

技巧展示

技巧一：解答问题要及时

客户投保后，他会希望为他办理各项事务的保险销售人员有较高的效率和热情。遇有客户提出问题或需要帮助时，保险销售人员要真正做到急客户之所急、想客户之所想，一定要心中装着客户，替客户解忧。同时要勇于承担责任，能够帮助客户做的最好代劳，第一时间将客户的事情办好。

技巧二：业务知识要记牢

要想成功、快速地解决客户的问询、咨询，保险销售人员要牢记保险知识及业务知识，对一些常见的问题，最好整理出应答语录，以便能够及时解答客户的问题，让客户安心。

技巧三：手机总是处于开机状态

客户在购买保险后，首先希望能够随时随地联络到保险销售人员。如果客户有事需要保险销售人员协助，联络不上或者联络到的不是与自己签单的保险销售人员，那么客户就会有不安和不满的感觉。因此，为避免此类事情的发生，保险销售人员的手机应总是处于开机状态，以免误事，引起客户不必要的恐慌。

情景 104　提醒服务

实景再现

场景一：

保险销售人员：贾总，我是王浩，××保险公司的。

客户：你好。

保险销售人员：贾总，我已经给您安排好了，下周二一早去××医院体检，回头我把具体地址发到您的邮箱。

客户：不用了，我知道那家医院。

保险销售人员：好的。不过我得提醒您，因为要抽血，那天早上您要空腹去，另外检查前三天，您的生活作息要正常，不要熬夜，因为熬夜容易使血压升高；还有，不要吃太多油腻的食物，以防胆固醇、三酸甘油酯太高。

客户：谢谢，我知道了。

场景二：

保险销售人员：杨老师，您好，我是××保险公司的王浩。

客户：哦，是你呀，最近业务做得怎么样？

保险销售人员：还好，都是你们这些客户的支持。哈哈，杨老师，您今年的保险费该缴了，您别忘记往账户上存钱。

客户：呦，你不提醒我还真忘了，谢谢啊。

保险销售人员：不客气，这是我应该做的。

情景分析

案例中，保险销售人员在客户体检前、该缴保险费时，及时提醒客户，以免前面一位客户体检报告不合格导致核保失败；提醒后者缴费，对客户、公司都百利而无一害，客户感激，公司利益不受损害，自己还得到了客户的认可。

技巧展示

技巧一：注意提醒服务时机

客户来自各行各业，在买了保险后，都希望保险销售人员能够对自己购买的保险给予一定程度的重视。因此，保险销售人员应满足客户的这一心理，做好提醒服务，在图8-2中列举的时刻及时提醒客户。

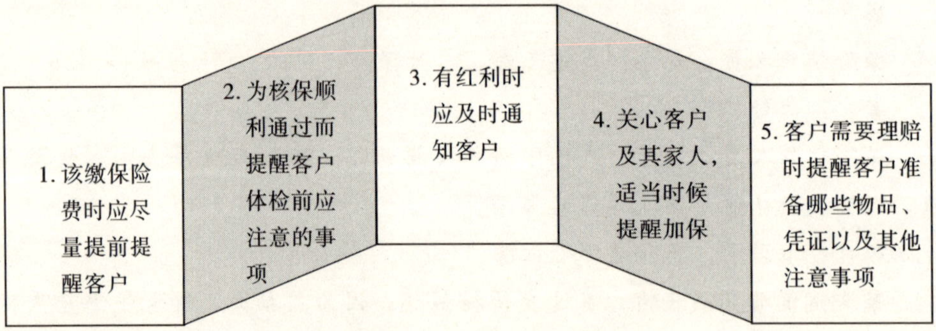
1. 该缴保险费时应尽量提前提醒客户
2. 为核保顺利通过而提醒客户体检前应注意的事项
3. 有红利时应及时通知客户
4. 关心客户及其家人，适当时候提醒加保
5. 客户需要理赔时提醒客户准备哪些物品、凭证以及其他注意事项

图8-2　保险销售人员提醒客户的时机

技巧二：建立客户信息档案，及时提醒客户

保险销售人员应建立自己的客户信息档案，从一开始接触客户到最后成交，应将客户的个人信息、家庭情况、职业、成交时间和保单内容等一切信息

记录在案，并且定期检视档案内容，随时关注客户的发展变化情况，尤其是当客户的身份或环境发生改变时，如结婚生子等责任加大时，或者经济情况好转需要加强理财规划时，就可以与客户联系，发现其新的需求并提醒加保等。

情景 105　办理理赔

实景再现

客户：张芳，我是王××，你的客户，还记得吧。

保险销售人员：记得、记得，王姐，您有什么吩咐?

客户：张芳，我前几天生病住院，怎么办理理赔?

保险销售人员：啊，您病了？现在好些了吗?

客户：已经好了一半，正在家休养。

保险销售人员：好，那我就放心了。理赔的事情您别急，我会帮您办好。下午 3 点我去您家，您方便吗?

客户：方便，你过来吧。

（下午 3 点，张芳准时出现在客户面前，手里还拎了一些营养品和水果。）

保险销售人员：王姐，您的气色还不错，看来调养得很好。

客户：还行，这两天感觉好多了，刚生病时简直痛苦极了。

保险销售人员：是啊，病来如山倒，病去如抽丝。您慢慢养着吧，别着急工作。

客户：可不是，这些年净忙工作了，可这一病，什么都做不了了，看来，平时真得注意身体。你也要多注意啊。

保险销售人员：谢谢您的关心！王姐！按照我们签订的保险协议，您生病住院期间的费用我们可以给您报销……（详述客户可能得到的保险金数额）您需要给我提供您的身份证件、医疗证明、诊断书、缴费凭证。我今天回去就给您上报办理。

保险销售人员张芳收集齐全客户的有关资料，回去马上为其报险，并在理赔款下来后第一时间给客户送去。客户非常感动，并经过这一次生病，更加认识到保险的重要性，又在张芳这里增加了保额。

情景分析

上述案例中，在客户生病需要理赔时，保险销售人员张芳及时、热情、周到的服务深深感染了客户，使得双方的关系更近了一步，并为自己加保。

理赔服务也是保险销售人员售后服务的一个重要环节，做得好，客户满意，则能够提升自己及保险公司的形象，赢得更多的客户；做得不好，不仅影响自己及保险公司的形象，也失去客户的心，失去客户。孰重孰轻，保险销售人员应该心中有数，并努力做好这一项服务工作。

错误提醒

错误：理赔办理拖拉

有些保险销售人员不重视理赔服务，或者因为自己手里的工作多，忙不过来等，常常让客户自己去办理理赔，或者答应客户帮助其办理，却迟迟不现身，搞得客户很不满意。

技巧展示

及时慰问：接到客户的通知应立刻放下手边的工作，以最快的速度前往探视、慰问

↓

协助办理：告诉客户所需资料证件、医疗证明、缴费凭证等，收集齐全后到公司报案并协助公司处理好理赔工作

↓

告知进展：理赔工作过程中，保险销售人员要及时向客户通报理赔进展情况，以免客户担心、着急

↓

送理赔款：理赔款下来后，应在最短的时间内将理赔款送达客户手中，若是保险公司直接将钱汇入客户指定账户，则要及时通知客户注意查收

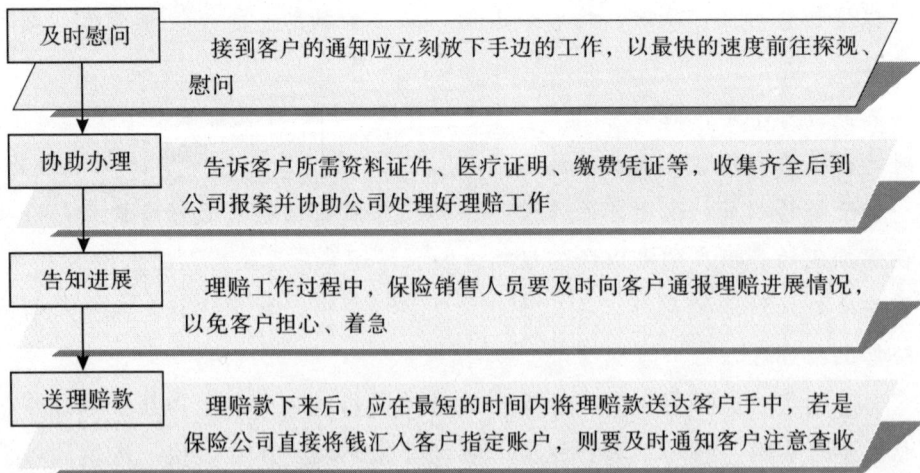

图 8-3　理赔服务工作的具体细节

注重细节，塑造形象

理赔服务是最能体现专业服务的时刻，此时，保险销售人员应把握好这个机会，有条不紊地帮助客户办理相关手续，塑造自己及保险公司在客户心中的形象。具体的工作事项及注意细节如图 8-3 所示。

第 2 节　超值服务给惊喜

超值服务，就是提供给客户意外的服务，超乎客户的心理预期，不断给客户惊喜和感动，让客户在惊喜和感动中加深对保险销售人员、保险公司的好感和印象，自觉成为保险业务的宣传者和介绍者。

超值服务没有一定的形式，而是保险销售人员巧妙心思、真诚态度等的体现。以下几个场景，保险销售人员可借鉴运用。

情景 106　做好顾问

实景再现

客户：张芳，我是刘××，你的客户，还记得吧。

保险销售人员：刘哥，当然记得了。您有什么吩咐？

客户：你说现在去哪里旅游比较适宜、价格也便宜呢？

保险销售人员：这您可问对人了，哈哈，我对旅游小有研究，有空闲的时候就出去走一走，现在是春天，我建议您去……，现在那里……（景色描述），去这里大部分人选择自助游，也可以跟旅游团，但是我建议您自助游，这样更自由些。

客户：还有其他地方可选吗？

保险销售人员：嗯，有，就是……，现在那里正是最好的休假、赏景场所，而且花费也不大，我去年这个时候去的，感觉很不错，一会儿我可以给您发几张那里的照片。另外，我有一个朋友在旅行社工作，您要报团我让她帮忙。

客户：好，好，谢谢。那我就去……，带着家人，你如果想去可以和我们一起！

保险销售人员：谢谢了，这次不行了，下次吧，我们两家可以结伴出行。

情景分析

上述的简单对话只是一个个例。保险销售人员拥有各行各业的客户，社交圈广，信息来源丰富，这样就可以学到很多知识。凭借这些知识积累，保险销售人员在日常工作中，可以将它们再回馈给客户，即当客户有了除保险之外的问题，不知从何处获得帮助时，如果找到你，你就可以为其提供帮助，就像上面的情景一样。久而久之，让客户养成有问题先来找你的习惯，逐步对你形成依赖，甚至成为好朋友。

技巧展示

知识积累是做好客户顾问的基础

保险销售人员应在日常生活、工作中培养自己随时随地学习的习惯，通过各种途径（具体如图8-4所示）获得各方面的知识，并作为维护客户、与客户面谈时的谈资，提升自己在客户心目中的地位。

情景107　巧送礼物

实景再现

保险销售人员：（敲门）请问这是刘先生家吗？

小 孩：（打开门）叔叔您是谁？

保险销售人员：小朋友，你爸爸在不在家啊，我跟他约好了。

客户：哦，是小李啊，请进，请进。

保险销售人员：这是您的宝贝啊，真可爱。

客户：嗯，是我的孩子，（转向孩子）乐乐，快叫叔叔。

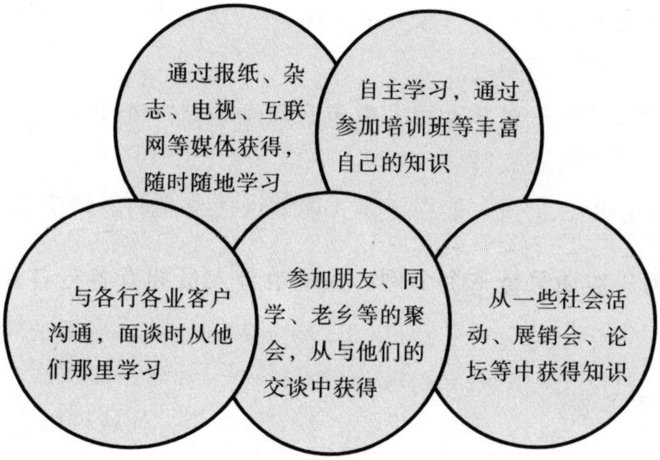
通过报纸、杂志、电视、互联网等媒体获得，随时随地学习
自主学习，通过参加培训班等丰富自己的知识
与各行各业客户沟通，面谈时从他们那里学习
参加朋友、同学、老乡等的聚会，从与他们的交谈中获得
从一些社会活动、展销会、论坛等中获得知识

图 8-4　保险销售人员获得知识的途径

小孩：叔叔好。

保险销售人员：乐乐，真乖！你看，这是什么？（说着，保险销售人员从随身携带的书包里拿出一大把棒棒糖）

保险销售人员：乐乐，这一个给你，其他的给妈妈，好不好？瞧，这儿还有一些气球，让爸爸替你保管，好不好？你真是个听话的乖孩子。好了，我得和你爸爸谈事情了。

客户：小李，你太客气了，还买这些。乐乐，快谢谢叔叔。

情景分析

不论是老客户还是新客户，保险销售人员最好在包中准备一些小礼物以备不时之需。像上述场景中的保险销售人员，事先准备了礼物给客户的小孩，在大人、孩子都高兴的前提下，交谈会很顺利地进行，对于成单和增进彼此的感情都意义重大。

技巧展示

小礼物给客户意外惊喜

日本保险销售大师原一平先生连续 15 年推销业绩保持全国冠军，原因之一就是他每月组织召开一次“原一平批评会”，在安静的小餐厅以晚餐的方式举行，再赠送一个小礼物。

日本另一位“保险销售女神”柴田和子每成交一个客户，就买一只火鸡送去，被誉为“火鸡太太”。

礼物不在于大和贵重，而在于是否能够表达自己的真情实意。

情景 108　至诚关怀

实景再现

情景一：

新加坡保险销售冠军陈明利的客户病了，她买了药材、炖补品送过去，不但感动了自己的客户，为自己增加了保额不说，还给其介绍了好多客户；同时，陈明利的行为感动了与客户同病房的病人，该病人一出院就购买了五百万元保额的保单。

情景二：

保险销售人员张妮的客户宋阿姨在她这里投保了健康险、医疗险。一次，宋阿姨生病住院，张妮闻讯后立刻向公司报险，并买了东西去医院看望。因为宋阿姨的儿子、儿媳工作都很忙，无暇照顾老太太，想请护工，可张妮说，我来照顾阿姨吧，你们放心吧。于是她就主动留在医院陪床，帮助护理。出院后，她又帮助宋阿姨迅速办理理赔手续。宋阿姨一家非常感动，不光宋阿姨给自己又买了几份保险，他的儿子、儿媳也都在张妮这儿投了保。

情景分析

拥有一颗感恩的心，感谢客户对自己的支持，哪怕是一个让自己与之电话沟通的机会。保险销售人员在与客户成功签单后，关心客户也是对客服务的重要内容之一，同时用这种方式感动客户，赢得客户的信任，进而推荐客户给自己。上述案例就是这样。

俗话说，“滴水之恩，当涌泉相报”。关心、爱护是相互的，保险销售人员的至诚付出，必将获得相应的或高于付出几倍的收益。

技巧展示

关心、关怀客户要发自内心

发自内心去关心、帮助客户，才能赢得客户的赞许和感动，而不是一次的作秀或偶尔为之。保险销售人员对待自己的客户要一视同仁，依据不同的情况，适时回访、关照客户，持之以恒地去做，只有这样才能获得更多客户的信赖，客户群才会越来越大，保险销售的路也才会越走越宽。

情景 109　创新服务

实景再现

情景一：建立个人服务基金

保险销售人员可以自己投保险，把一部分身故保险金设立为客户服务基金，并到公证处公证，承诺终身服务，使客户在保险销售人员不幸身故后，能从客户服务基金中继续享受相关服务。

情景二：建立客户资源网络

客户来源于各行各业，客户之间可以优势互补，通过保险销售人员的桥梁作用，使客户得到互补服务，获得更多的交往机会和生意伙伴。因此，有些保险销售人员就会利用互联网提供的聊天工具等，建立自己的客户群，搭建这种沟通平台，以便客户相互之间的沟通、交流。

情景三：举办客户联谊活动

客户购买了保险，同样还会希望通过购买保险获得另外一些附加服务，所以保险销售人员可以以音乐会、旅游、公司说明会等形式，组织客户搞娱乐性活动，增强彼此间的感情交流。既利于自己与客户加深友谊，也为客户提供了沟通、交流的机会。

情景分析

上述三种方式都是从客户的心理需求出发创造的售后服务方式，为客户提供了超值服务项目。情景一的个人服务基金，给客户一个定心丸，解除了客户对服务的疑虑；情景二、三都是充分利用客户资源，为客户搭建相互之间的沟通平台，为客户创造更多机会，使客户获得除保险之外的更多东西，那么作为纽带的保险销售人员，客户自然会记住，也会更有好感，那么展业的人脉链自然也就建立起来。

技巧展示

创新服务要贴心

创新服务，只有为客户提供超过其心理预期的服务，保险销售人员才会在竞争中独占鳌头。服务要贴心，这样才能达到理想的效果。所以，要想提供创新服务，保险销售人员就要花些心思，有些小创意，让服务既有特色，客户又易于接受，获得的效果也更好。

第3节　抱怨处理需坦诚

面对客户的抱怨，保险销售人员应保持良好的心态，站在客户的立场上想问题，并以坦诚的态度化解客户的抱怨，让客户转忧为喜，真正赢得客户的心。

情景110　客户抱怨及时处理

实景再现

场景一：

客户：你们的红利怎么这么少啊？真不如把钱存银行划算！

保险销售人员：您说得有道理。不过，保险的最大优势是给您一份保障，增强您抗风险的能力。我可以给您算一笔账，6 万元钱存银行 20 年，以目前的利率计算，20 年后您可以获得本金加利息共计××万元，而您的保单，不但每年有红利，20 年后红利加本金累计约××万元，而且此间您可以获得××万元的保障，您看哪一个更合适呢？

场景二：

客户：你这个人怎么这样，向我推销时态度那么好，可现在，让你把发票给我都这么困难，那以后一旦发生意外找你理赔，你是不是就更不理我了呢？

保险销售人员：王先生，您息怒，对于我工作的疏忽给您带来麻烦，请您谅解。是这样的，您查看一下您家的信箱，发票都是公司财务部统一出具的，一般在收到保费 15 个工作日内就会寄到您留给我们的地址上。

客户：这个我倒是没看。

保险销售人员：哈哈，也怪我没有跟您说清楚。请您看一下，如果有，您就不用担心了；如果没有，我马上向公司反映这个情况，尽快给您答复。

客户：那好吧，就这样吧。

保险销售人员：嗯，我明天上午再打电话给您。以后有什么需要请随时与我联系，再见，王先生。

情景分析

上述两个场景，保险销售人员都做得很好，前者首先表示认同客户的看法，然后通过现场演示利弊，纠正客户的认识误区；后者先向客户道歉，主动承担责任，然后向客户提出问题的解决办法，讲明出现客户抱怨事项可能的原因，最终反倒是客户觉得不好意思。事情得到圆满解决，客户抱怨消失，保险销售人员自然提升了在客户的心中的信任度。

错误提醒

错误：与客户争执

客户：你这个人怎么这样，向我推销时态度那么好，可现在，让你把发票给我都这么困难，那以后一旦发生意外找你理赔，你是不是就更不理我了呢？

保险销售人员：我态度一直挺好的呀，再说，您的发票早就寄出去了。

客户：可是我没有收到啊。

保险销售人员：您没收到是您的事，我们公司一般在收到客户保费15个工作日内肯定将发票寄出了。

客户：你怎么这么说话，我花钱是买气受的吗？我要投诉！

与客户争执，吃亏的一定是保险销售人员自己。遇到客户抱怨，保险销售人员如果与客户发生争执，那么不但问题得不到解决，还会使事情恶化，得不偿失。

技巧展示

处理客户抱怨五步曲

客户有抱怨是常事，保险销售人员遇到此类情况时，应按照下列步骤进行处理，化解客户的抱怨与不满。

第一步	第二步	第三步	第四步	第五步
拥有良好的心态，把客户的抱怨看作是对自己的一次帮助，站在客户的立场上想问题，客户有抱怨是必然的，做好处理客户抱怨的思想准备和话语准备	听到客户抱怨后，应先诚恳致歉，求得客户的谅解，即使自己没错也不要和客户辩解或争执，以尊重客户为先	认真倾听客户的抱怨内容并始终保持微笑，不论客户的态度如何，自己要稳住阵脚，心平气和	分析客户抱怨的原因并快速寻找解决的方法，需要解释的要诚恳、清晰地向客户讲明，需要公司协助解决的也要跟客户说清楚	及时将抱怨处理的结果告诉客户，即使这个结果不会让客户满意也要及时、如实地告知，不要等到客户追问

情景 111　退保要求先查原因

实景再现

客户：张芳吗？我是王××，你的客户。

保险销售人员：是的，我听出来了。王姐，有什么可以帮助您的？

客户：我要退保，你帮我办理一下。

保险销售人员：好的，帮你办理没有问题，不过，您能告诉我为什么要退保吗？您都缴了三年保费了。

客户：嗯，我也是考虑了很长时间。我以前这个保险，每年保费 5 000 多元，对于我目前的状况来说有点儿多了。你也知道，我一个人带着孩子过日子，本来就有些艰难（声音开始哽咽）……

保险销售人员：您别伤心，办法会有的。

客户：我原来买的是返还型的女性重大疾病保险，我想退了，换成纯消费型的保险，保额也低些，这样我既能承受，也能获得更大的保障，一旦我发生意外情况，我的孩子也能有足够的钱来完成学业。

保险销售人员：王姐，我了解您的心思，是想留更多的钱给孩子，您的这个办法也可以。不过，现在退掉您之前的保险，对您是有很大损失的，您只能拿到您已缴本金的 2/3，所以您要慎重考虑，不到万不得已，我建议您还是别退，您说呢？另外，您还可以选择保单质押贷款，当然，不论怎样，我都尊重您的意见，尽力帮您解决问题。

客户：什么是保单质押贷款？

保险销售人员：就是……

客户：好的，那我再想想吧。

保险销售人员：好的。王姐，哪天我过去看您啊。凡事想开些，没有过不去的坎儿。

客户：好的，谢谢。

情景分析

上述案例中，保险销售人员在听到客户说要退保时，并没有惊慌，而是先安慰客户，然后探明客户退保的原因，帮助客户分析退保的利弊，最后给客户一个中肯的建议并表明态度：尊重您的意见。整个过程充满对客户的关心、理解和帮助，让客户感受温暖的同时，也对保险销售人员充满感激。

错误提醒

错误：不问原因，激化矛盾

客户：张芳吗？我是王××，你的客户。

保险销售人员：是的，我听出来了。王姐，有什么可以帮助您的？

客户：我要退保，你帮我办理一下。

保险销售人员：退保？不行啊，干嘛退了呀，您缴了好几年的保费了，现在退，可只能退您本金的2/3啊。

客户：怎么会这样啊，你们保险公司真够黑的。

技巧展示

技巧一：三招有效防止退保

众所周知，客户退保对保险销售人员的收益、声誉都有影响，因此，保险销售人员要提前做好预防工作，防止客户退保情况的发生。具体可用以下三招。

技巧二：了解退保原因巧应对

保险销售人员在听到客户退保的要求时，首先要冷静，然后问明客户退保的原因，并采取相应的措施和办法。具体可使用下面的沟通技巧。

三招有效防止客户退保

量身打造客户保险计划

签单前，应从客户需求的角度出发，通过对客户需求、财务等状况的了解，量身设计客户的保险计划，防止客户因对保险计划不满意、和自己需求不符等原因而退保

售后服务要做好

签单完成，保险销售人员不要就此不理客户，而是应该提供周到的服务，如续费提醒、登门拜访、生日问候等，以赢得客户的满意度，防止客户因对保险销售人员产生不满而退保

关注客户动态

建立客户档案并时时关注客户的发展变化，在客户的财力、家庭状况等发生变化时，保险销售人员要适时跟进，为客户提供相应的服务，避免客户因对服务等不满而退保

退保原因	沟通解决之道
个人财务状况等发生变化想退保	问明客户的真正原因，帮客户分析退保的利弊，再根据客户目前的实际财务状况提出中肯建议，如减少保额、保单质押贷款等，但要表明会尊重客户的意愿
客户观念有误区，如认为人在外地只能退保等	先纠正客户的认识误区，解除客户的疑虑，然后提供有意义的建议，如客户因出国或到外地工作要求退保，保险销售人员应建议客户办理保单迁移等，尽量避免退保
受身边人的误导而要求退保	如果客户受到其他保险公司人员的唆使、身边人的误导等而要求退保，保险销售人员在了解其中原因后，应向客户阐明利害，讲明情况，强调购买保险买的是保障和服务，而不是价格
因期望值过高而对服务产生不满，要求退保	了解原因后，应先平息客户的怒气与不满，然后向客户详细讲明理赔、核保等项工作的标准时间（保险公司的承诺时间等），耐心向客户解释说明

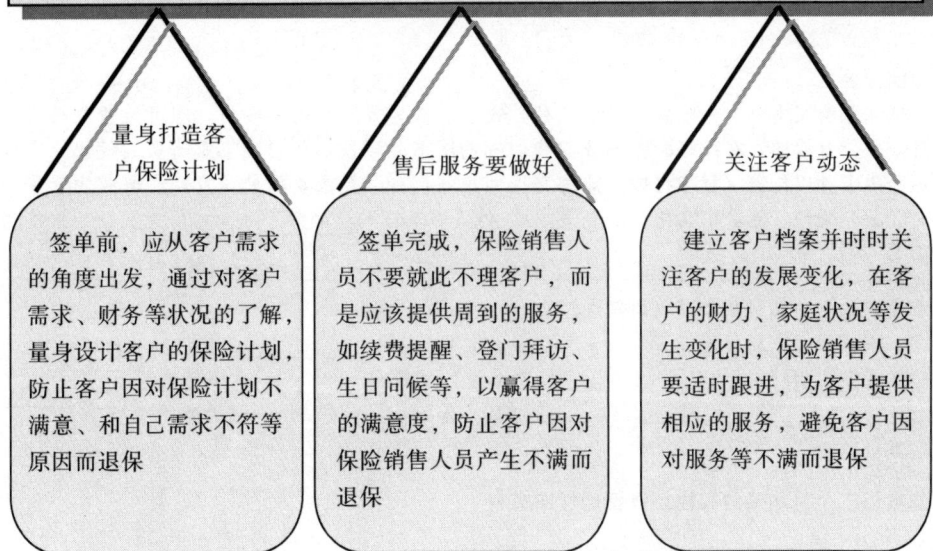

《保险销售人员超级口才训练——保险销售人员与客户的111次沟通实例》编读互动信息卡

亲爱的读者：

感谢您购买本书。只要您以以下三种方式之一成为普华公司的会员，即可免费获得普华每月新书信息快递，在线订购图书或向我们邮购图书时可获得免付图书邮寄费的优惠：①详细填写本卡并以传真（复印有效）或邮寄返回给我们；②登录普华公司官网注册成为普华会员；③关注微博：@普华文化（新浪微博）。会员单笔订购金额满300元，可免费获赠普华当月新书一本。

哪些因素促使您购买本书（可多选）

○本书摆放在书店显著位置	○封面推荐	○书名
○作者及出版社	○封面设计及版式	○媒体书评
○前言	○内容	○价格

○其他（　　　　　　　　　　　　　　　　）

您最近三个月购买的其他经济管理类图书有

1.《　　　　　　》	2.《　　　　　　》
3.《　　　　　　》	4.《　　　　　　》

您还希望我们提供的服务有

1. 作者讲座或培训	2. 附赠光盘
3. 新书信息	4. 其他（　　　　　　）

请附阁下资料，便于我们向您提供图书信息

姓　　名	联系电话	职　　务
电子邮箱	工作单位	
地　　址		

地　　址：北京市丰台区成寿寺路11号邮电出版大厦1108室

北京普华文化发展有限公司（100164）

传　　真：010－81055644

读者热线：010－81055656

编辑邮箱：liuying@puhuabook.com

投稿邮箱：puhua111@126.com，或请登录普华官网“作者投稿专区”。

投稿热线：010－81055633

购书电话：010－81055656

媒体及活动联系电话：010－81055656　　　　邮件地址：hanjuan@puhuabook.com

普华官网：http://www.puhuabook.com.cn

博　　客：http://blog.sina.com.cn/u/1812635437

新浪微博：@普华文化（关注微博，免费订阅普华每月新书信息速递）